西南大學創新團隊項目『古文字與出土文獻研究』（SWU2009108）

出土文獻綜合研究集刊

劉釗題

第十三輯

西南大學出土文獻綜合研究中心
西南大學漢語言文獻研究所
主辦

巴蜀書社

出土文獻綜合研究集刊

古文字和出土文獻研究的第一要義是求真、務實，亟望你們的刊物能辨出自己的特色，儘可能刊登有價值的文章。

裘錫圭

二〇二〇年一月十八日

目　録

Contents

簡談清華簡《四告》與金文的“祜福”
——附釋唐侯諸器的“佩（賏）”字*

陳　劍

摘　要：春秋金文多見的“祜福”應讀爲“嘏福”，是“予福”或“受福”之義。《清華簡（拾）·四告》“宜爾祜福”的“祜福”，並非單純的兩字同義連用，而應以理解作“所予之福”較爲切合原義。

關鍵詞：清華簡；《四告》；金文；祜福；嘏福

一、有關辭例與成説

《清華簡（拾）·四告》每告之末，都有“宜爾祜福”一語。“爾”顯然皆係指代所禱告對象而言。其文字寫法略有變化，略舉如下：

（一）……者魯【11】天尹咎（皋）繇（繇）……弋（式）配亯（享）丝（兹），宜尔（爾）耇（祜）福。【14】

（二）……曾子〈孫〉𡭔（小子）拜=（拜手）韻=（稽首）亓（其）休，反肎（賓）【23】康吉歸（饋）。亓（其）尚龏（恭）尔（爾）義（儀），勿又（有）庶戾，宜尔（爾）祜福。【24】

（三）……拜=（拜手）韻=（稽首），尚安盜（寧）才服嗣，宜尔（爾）祏（祜）福。【37】

* 本文爲國家社科基金冷門絶學研究專項學術團隊項目“中國出土典籍的分類整理與綜合研究”（20VJXT018）的成果。

（四）……敢用二丁、先吉玉，卲（昭）告北方死（尸）：者魯大宗，弋（式）陟降上下，……【47】……弋（式）卑（俾）曾孫永嗣先公……弋（式）卑（俾）曾孫龏（恭）爾明（盟）祀，宜爾【49】祜福。【50】

整理者（黄德寬，2020:116）注釋謂：

祜福，東周金文常語，係同義連用，爲名詞性短語，常與“永”字構成動賓結構（如春秋早期黄子鬲、黄君孟鼎等）。“宜爾祜福”與“永祜福”結構相同，都是動賓結構。《荀子·大略》“不時宜，不敬文，不驩欣，雖指，非禮也”，楊倞注：“宜，謂合宜。”

按此説需要分析。“宜爾祜福”的“祜福”確係名詞性結構，作“宜”的賓語，但兩字是否簡單地係“同義連用”關係，聯繫金文更多“永祜福”材料全面來看，恐不一定。上注所舉黄國銅器全銘如下：

黄子鬲（《集成》687）：黄子乍（作）黄甫（夫）人行器，鼎（則）永宼（祜）宼（福），霝（令）冬（終）霝（令）後。

黄君孟鼎（《集成》2497；又《銘圖》02004另一件）：黄君孟自乍（作）行器，子孫鼎（則）永宼（祜）宼（福）。

這兩件銅器皆係1983年出自河南光山縣寶相寺上官崗磚瓦廠一座夫妻（即黄君孟及其夫人）合葬墓，同出有與此相類銘文之器共二十多件，其文字多有錯訛。研究者對所謂“永祜福”的釋讀理解亦頗有分歧，已有不少論著對此加以全面列舉討論（參看陳英傑，2008:649；鄧佩玲，2019:162-187；黄錦前，2019:22-34）①，本文不再詳細徵引評述。

如前引清華簡整理者之説，“永祜福”即“使福祜長久”之類義，“永”字作及物動詞。但金文中的“永”絶大多數都是作副詞或形容詞的，如最常見的“永寶用”“永令（命）”之類。舊有對黄國諸器銘的理解，也有不少將其中“祜福”看作是用爲動詞的，解釋作“永得祜福”“永受大福”“永享大福”之類義。全面排比相關材料，諸説恐皆有問題。

①鄧佩玲（2019）主張黄國諸器銘“永祜福”釋讀爲“永耇保”，與本文看法不同。但指出郘公䤘父鎛（《銘圖》15815-15817）銘末的“用旂（祈）壽考，子之子孫之孫，永耇是保”之“耇”讀爲“胡”，“耇”即表長壽、年長義之“胡”的本字，此説則可從（郘公䤘父鎛“耇”字也有研究者讀爲“嘏”，解爲“福”）。“是”字係指代該器本身，“永胡是保”即“永久保有此鎛”之義。按新見春秋晚期䣄子楚鼎（《銘三》0272））“以祈永=䵄=（永䵄，永䵄）難老”云云，䣄子楚䡅簠（《銘三》0574-0576）“以祈永=䵄=（永䵄，永䵄）眉壽，子孫用之”，“䵄”顯然皆用爲“胡耇”之“胡”。諸“永胡”辭例可以互證。

近年新出金文爲有關問題的解決提供了幾條關鍵材料，我們就從此入手講起。

二、春秋金文的“祜福”與“*害福”

湖北隨州市義地崗墓群的棗樹林春秋曾國墓地，科學發掘和盜掘所出者有如下一組唐侯送給隨侯、隨夫人之器：

棗樹林M191唐侯鼎（《考古》2020年第7期第89頁圖三〇）：㙤（唐）矦（侯）佩（賵）隓（隆-隨）矦（侯）行鼎。

唐侯鼎（《銘三》0219-0221；隨州2012年“5・8”文物大案中追繳回）：㙤（唐）矦（侯）佩（賵）隓（隆-隨）夫人行鼎，其永祜福。

唐侯壺［《銘續》0829（私人收藏）、《銘三》1050（亦棗樹林M191出土）］：㙤（唐）矦（侯）佩（賵）隓（隆-隨）夫人行壺，其永祜福。①

“行鼎”“行壺”與前舉黄國“行器”性質相同。研究者多已指出，金文中的“行器”（尤其是春秋時期的），絶大多數應係爲死者下葬、“大行”（除下所舉又如《銘續》0820春秋晚期曾孫卲壺“曾孫卲之大行之壺”）所特别製作的明器。有些日常用器或祭祀用器，製作時亦明言死後將以之隨葬，如敬事天王鐘（《集成》73-81）“百歲之外，以之大行”（楊華，2018:88-97；吴鎮烽，2018；徐少華，2021:6），侯古堆鎛（《銘圖》15805-15812）“百歲外，遂以之逝”（謝明文，2017:149-151）。上所舉數器，亦已有研究者（魯慧，2020:55-56）指出，“‘唐侯制隨夫人’諸器也有可能是唐侯爲隨夫人所作賻賵之器”云云。所謂“制”字，即上引釋文中我釋寫作“佩（賵）”者。有關問題的討論，因與本文主題關係不大，爲免行文枝蔓，附於文末。

上引盜掘自棗樹林墓地後被追回的銅器中，還有一組加孄之器，即加孄簠一對（《銘三》0556）、加孄簋4件（《銘續》0375；現存3件）和加孄鼎1件。“加孄”即“孄加”，係曾侯寶（棗樹林M168即其墓）夫人，其墓即棗樹林M169。上述加孄諸器，最可能盜掘出自該墓。諸器銘文除了自名不同，皆作“加孄之行簠（或“簋”“鼎”），其永用之”。研究者（田成方，2021:159）已經指出，其器皆“製作較爲粗糙”，“缺乏使用痕跡，銘文草率隨意”，“這批‘行器’很可能即‘大行之器’，是專爲孄加下葬而製的明器”。按其所謂“其永用之”，係期待死者在地下、另一世界永遠使用該器。後文注中所引鄭莊公之孫鼎銘（《銘圖》02408、02409），末尾言“剌叔

①以上“㙤”讀爲“唐”（係漢東姬姓唐國而非山東姬姓陽國），從黄鳳春（2018/2019:56-60）説。

刺夫人，萬世用之”（缶銘此處有多字不清），與此大同。“其永用之”與上引“其永祜福”之“永”自應同解，顯然皆不能説爲動詞。

單看上引唐侯數器，尚與前舉黄國諸器辭例差不多，不太能説明問題。但再來看與上舉唐侯鼎同出於棗樹林M191（曾公畭夫人之墓）的如下一器（湖北省文物考古研究所等，2020）：

> 唐侯簋（《銘三》0468）：塦（唐）厌（侯）佩（賵）隓（陸-隨）厌（侯）行毁（簋），隓（陸-隨）厌（侯）其永祜福塦（唐）厌（侯）。

其辭例變化就很關鍵了。《銘三》《金文通鑒》釋文在“永祜福”之後標逗號，則銘末“唐侯”兩字語義未完，不知何意。如上連讀，則最直接的解釋，就是將“祜”看作動詞，“祜福唐侯”爲雙賓語結構。如按前引清華簡注釋之説將“永”理解爲動詞，即係“隨侯使唐侯的福祜永久”義，則句子結構很彆扭，按理應該説成“隨侯永唐侯祜福”才順，如《尚書·盤庚上》“天其永我命于兹新邑”之類。叔夷鐘（《集成》277）、鎛（《集成》285）有“不（丕）顯皇祖，其乍（作）福元孫”云云，“作福元孫”與“祜福唐侯”，皆係“動詞+直接賓語+間接賓語”結構，可相印證①。付强即作如此理解，讀“祜”爲“與”，謂：

> 我們認爲這裏的祜有賜予、給予的意思。祜从古得聲，古音是見母魚部字，可以和喻母魚部字的與相通假。……隨侯其永祜福唐侯，意思是唐侯希望死去的隨侯可以賜予福氣給自己。②

説其義頗是，但未得其字。我認爲，“祜”應讀爲“嘏”。另一重要證據，也是新見金文，即山西黎城西關M7出土的春秋早期季姒盤銘（山西省考古研究院，2020）：

> 中（仲）丂（考）父不录（禄），季妇（姒）𡸁誓，遣爾般（盤）盉（匜）、壺兩、毁（簋）兩、鼎一，永*害（嘏）福爾後。

西關M7即仲考父之墓。季姒爲仲考父之妻，同時發掘的M8即其墓。發掘者及下引吴鎮烽文皆已指出，“不禄”係死之諱稱；“遣”謂遣送，銘中所説諸器，皆係爲隨葬而製作，即原發掘報告所説“M7青銅禮器爲鼎一、簋二、壺二、盤一、匜一，與盤銘對應。器物均未使用過”云云。

“*害”字原作。發掘者釋讀爲“害（介）”訓“大”，吴鎮烽（2020）讀爲

①此類“乍（作）”不必讀爲“胙/祚”，參看郭理遠（2020b:68）引郭永秉、鄔可晶説。宋右師延敦謂“天亓（其）乍（作）純于朕身”，結構稍有變化，係以“于”字介詞結構作補語引進“作純”所及處所，實亦可變爲“天其作純朕”這樣的雙賓語結構，與“作福元孫”“隨侯其永祜福唐侯”相類。同樣的，“隨侯其永祜福唐侯”亦可如此變化，即“隨侯其永祜福于唐侯”義。

②付强：《唐侯簋銘文考釋及有關問題》，微信公衆號“古文字强刊”，2020年8月30日，http://www.pinlue.com/article/2020/09/0300/1811174250558.html。

“匄”。“耑”字發掘者讀爲“端”，“誓”字訓爲“告”，解釋謂“盤銘記載了中考父死後，夫人季妇爲其準備隨葬物品，還進行了宣讀”云云。吴鎮烽（2020）謂“耑”同“專”，義爲“專一，專此，專意”；“誓”，“有告訴、告知之義”；解釋盤銘大意謂：“仲考父去世了，季姒專此奉告：致送給你盤、匜各一件，壺兩件，簋兩件，鼎一件，祈求福佑你的子孫。”按“耑誓”兩字之意，如何準確解釋，還可進一步探討①。

金文中與此形有關者甚多，舊多釋讀爲“害（匄）”，我過去也是長期接受的。現在我則改為大致贊同大西克也（2002:303-306）的看法，即認爲其字應即“猒”字左半而與“害”字本非一字，應係魚部而非祭月部字，金文中多讀爲“嘏”（又參看沈培，2017）②。爲與一般的“害”字（包括後文所説“割”字）相區别，上引及後文在其左上角加星號。

所謂“予福曰嘏”，施於此銘及前舉唐侯簋“隨侯其永祜（嘏）福唐侯”，文從字順。

三、與“嘏”“祜”等相關的字詞問題

説到此，應先將與“嘏”“祜”等有關的字詞問題討論得略爲全面清楚一點。

（一）“嘏”“祜”詞義略論

鄭玄注經，多次云“受福曰嘏”（《詩經·周頌·我將》“伊嘏文王”、《魯頌·閟宫》“天錫公純嘏”箋、《儀禮·特牲饋食禮》“進聽嘏”注。又《周頌·烈文》“烈文辟公，綏以多福，俾緝熙于純嘏”箋：“天子受福曰大嘏。”《禮記·郊特牲》“嘏，長也，大也”注：“主人受祭福曰嘏”），又謂“予福曰嘏”（《詩經·大雅·卷阿》“純嘏

①上引釋讀，“誓”字之解尚頗可接受，“耑”字則總嫌未能講得很落實，不能令人滿意。我有一個猜測，姑志於此。按出土文獻中，“耑”用爲“短”及以兩字爲聲符者相通之例皆習見（參看白於藍2017:236、1187-1188），頗疑“耑誓”就應讀爲“短折”，猶言“短命夭折”，原發掘者已引《禮記·曲禮下》“壽考曰‘卒’，短折曰‘不禄’”云云。如此，則仲考父與其妻季姒就是相隔不久先後去世的，作器者另有其人。夫婦兩人相隔不久去世及安葬，可引以爲證之佳例如春秋晚期湖北襄阳團山M1。該墓係一夫妻“同穴合葬”墓，所出銅器有鄭莊公之孫鼎（《銘圖》02408、02409）和缶（《銘圖》14095、14096），其銘言器主“作鑄/擇鑄肆彝，以爲父母”，諸器並“其徙（于）下都”“其獻下都”云云，即謂諸器係其子爲父母安葬而專門製作，並隨葬入父母之墓。以上參看馮峰（2014）。如上述解釋合於事實，則爲仲考父與季姒夫妻作器隨葬者，最可能即仲考父之父母，因兩人均極年輕即去世（但留下了後代），仲考父之墓M7的人骨架，“經人骨鑒定爲男性，年齡在20～25歲之間”（M8人骨架則“性别年齡不詳”）。依此解釋，重讀盤銘“仲考父不禄，季姒短折。遣爾……永嘏福爾後”云云，則“爾”兼其夫婦兩人而言，出自父母口吻，頗覺順適。有關問題饒有興味，值得注意。

②按有關問題很複雜，還可以進一步討論。

爾常矣”箋。又《小雅·賓之初筵》“錫爾純嘏”箋謂“嘏謂尸與主人以福也”）。按其所解諸例多有可商，但“嘏”字確有此類義，則應無問題。

《禮記·禮運》：“脩其祝嘏，以降上神與其先祖。”鄭玄注：“祝，祝爲主人饗神辭也；嘏，祝爲尸致福於主人之辭也。”《儀禮·特牲饋食禮》：“尸受以菹豆，執以親嘏主人。”“嘏”作動詞，即“致福”義。又《儀禮·少牢饋食禮》：“祝受以東，北面于户西，以嘏于主人，曰：‘皇尸命工祝，承致多福無疆于女孝孫。來女孝孫，使女受禄于天，宜稼于田，眉壽萬年，勿替引之。’”鄭玄注：“嘏，大也。予主人以大福。”此係“尸”命“祝”代言，但祝所説者，仍係鬼神之語，此“嘏于主人”，亦即鬼神“予福於主人”。時代略晚的文獻中，還有“我公初載，**天嘏之純**”這樣的話（晉陸雲《吴故丞相陸公誄》），顯係仿自《詩經·大雅·大明》“文王初載，天作之合”語，“作之合”“嘏之純”皆係雙賓語結構。“嘏”之有“予福”義，由上述可見是没有問題的。古漢語動詞常“施受同詞”（又詳後文），“嘏”又有“受福”之義，也很自然。

古書中此義之“嘏”或以“格”“假”字爲之。上引《少牢饋食禮》“以嘏于主人”，鄭玄注：“古文嘏爲格。”王引之《經義述聞》卷十説《儀禮·士冠禮》醮辭“孝友時格，永乃保之”云：

> 鄭注曰：“善父母爲孝，善兄弟爲友。時，是也。格，至也。行此乃能保之。**今文‘格’爲‘嘏’**。凡醮者不祝。”《釋文》：**“嘏又作假。”**引之謹案：“格”借字也，“嘏”正字也（原小字注略）。大福曰“嘏”（原小字注略）。**“孝友時嘏”，言唯孝友之人是福也。**其福久而不失，故又曰“永乃保之”，“之”字正指“嘏”而言也。下文“字辭”曰“宜之于假，永受保之”，注曰：“假，大也。”案“假”亦與“嘏”通（《藝文類聚·禮部下》《通典·禮十六》，並引作“宜之于嘏”）。嘏，大福也，**“宜之于嘏”猶言“福禄宜之”也。**“永受保之”，“之”字亦指“嘏”而言也。前後文義正同，不當異訓。

由王引之説得到啓發，我還很懷疑，《詩經·小雅·楚茨》的“格”字，也應該讀爲“嘏”。該篇第三章之末云：“禮儀卒度，笑語卒獲。神保是格，報以介福，萬壽攸酢。”論者或説“格”義爲“（神保）來至”，但如此講則“是”字没有着落（後文第五章“鼓鐘送尸，神保聿歸”，用“聿”字則無此問題）。毛傳訓“格”爲“來”，其意本應係“使來”“使神保來格”（《大雅·抑》“神之格思”毛傳：“格，至也。”與此不同），又嫌與語境不合，因前文已經講到神靈享用酒食云云。上第二章之末：“祝祭于祊，祀事孔明。先祖是皇，神保是饗。孝孫有慶，報以介福，萬壽無疆。”“神保是格”與“先祖是皇，神保是饗”，理應係同一結構。後者應即“先祖皇是，神保饗是”，“皇”義爲“美”（參看陳劍，2007:292）[①]，“是”均指代其前的“祝祭”與“祀事”而言。同樣的，“神保是格（嘏）”亦即“神保嘏是”“神保福是”，“是”指代其前的“禮儀卒度，笑語卒獲”等，言神保對此合於禮儀之祭祀予以福祐。

“嘏”之常訓爲“福”或“大福”。由以上所論已經可以看出，“嘏”的“予福、受福”之類意義，應該就是由此類名詞“福”義之“嘏”作動詞而演變來的。這種用法的“嘏”，是一個所謂的“綜合性動詞”，即其義中除了動詞“予/受”之外還包含有動詞賓語“福”。金文中“福”字亦或作動詞，同樣兼有“受福”與“予福”兩類義。前者如，西周金文㝬卣（《集成》5411）最末云（此下引用金文，凡與本文所論關係不大者，釋文皆從寬）：“用作文考日乙寶尊彝，其子子孫永寶（福）。”“寶”字舊或釋“寶”，陳英傑（2011:63）指出：“依光山縣黄器文例，當以釋‘福’爲是，且上文已有‘寶’，與之區別明顯。‘福’在銘文中用爲動詞，受福之義。”表主動的“予福”之例則如㝬鐘（《集成》260）：“降余多福=（福，福）余沈（冲）孫。”另在上鐘（《銘圖》15127）“降余多福=（福，福）……”，“福”下所缺失之文亦應與㝬鐘相類。同時，我們説“嘏”義爲“予福”“受福”，但“祜（嘏）福”當然不能就釋作“予/受福福”。這跟上述“福”作動詞解爲“受福”或“予福”一樣，都只是用現代漢語來解釋“福”類“綜合性動詞”的施、受兩面之義時不得已的權宜辦法。除了“福”字，又如“佑/祐”“胙/祚”和“釐”等，亦皆兼有名動兩類用法；作動詞時，“胙”和“釐”還可帶直接賓語，與“嘏”尤近。“釐”常訓爲“福”作名詞，又常作動詞義爲“賞賜”，金文及《詩經》中皆多見[金文多作“贅”，古書或省變作“賚”，其間關係與“犛”之與“斄（斄）”同]。豳公盨（《銘圖》05677）“天釐用考，神復用祓禄”，多友鼎（《集成》2835）“釐汝，賜汝土田”，師衛鼎（《銘圖》02185）、簋（《銘圖》4937）“釐師衛，賜貝六朋”，諸“釐”字皆尚與一般的“賞賜”義有别，而與“予福”義甚近，亦應看作由“福”類義之動詞而來。

同時，“{嘏}”由“（神鬼）予福”義，可引申而爲一般的“給予美善之物”“上對下賞賜”之類義，也很自然。如下述之例。《墨子・尚賢中》引《吕刑》“三后（伯夷、禹、后稷）成功，維假於民”，續解釋謂：“則此言三聖人者，謹其言，慎其行，精其思慮，索天下之隱事遺利以上事天，則天鄉（饗）其德。下施之萬民，萬民被其利，終身無已。”孫詒讓《墨子閒詁》謂“假”與“嘏”通，以“長”“大”“大遠”之訓爲解，謂“‘維嘏於民’，言其功施於民者大且遠，下文所謂‘萬民被其利’

①《詩經・周頌・執競》：“不顯成康，上帝是皇。”毛傳：“皇，美也。”《小雅・信南山》最末：“是烝是享，苾苾芬芬，祀事孔明。先祖是皇，報以介福，萬壽無疆。”皆可與此對比印證。西周金文中亦多見同類用法的“皇”。

也”。按其實就將“嘏”看作動詞即可，“嘏於民”即三后將其所成之功予民。

“祜”字舊注亦常訓爲“福”或“大福”，此義上一般以爲與“嘏”係表同一詞。先秦秦漢古書中“祜”大多只作名詞，如“受天之祜”（《詩經》4見）、“承天之祜”（《儀禮·士冠禮》）、“皇天之祜”（《大戴禮記·公冠》），等等，與“嘏”已有明顯分工。“嘏”字本身晚出（出土文獻中似於東漢孔宙碑始見），作爲兩聲字，應與“古”“叚”兩字或分别以之爲聲符之字皆常用以表“{嘏}”有關。相類的例子，如“麕”“堂”“蠽”“賍”等，皆係因“人們把兩個長期通用、關係密切的字很自然地聚合在一起”（趙平安，2019:117）。我們可以稱之爲“通用字的糅合”，兩聲字中，有不少的形成與此有關。我們所謂“祜福”之“祜”“讀爲‘嘏’”，只是就溝通出土文獻用字與傳世古書習用字之間的關係而言。從文字職務的歷時演變來説，下文所述現最早見於西周金文的“祜”，就是“予福、受福”類義之“嘏”的本字。由於傳世文獻用字一般名詞“福”義之“祜”與“嘏”已體現出分工，故爲明確起見，以下引文多括注“嘏”。

（二）西周金文中“祜”作及物動詞表“予福”義的關鍵一例

金文中的“祜”字，“永祜福”之類用例最多（皆春秋金文），偶假借作“舅姑”之“姑”（《銘續》0428、0429京叔簋甲、乙），以及器名“匿/簠”（《集成》4581伯其父慶簠，《銘續》0518、0519曾伯克父簠甲、乙）。此外，現所見時代最早的西周中期後段的2式㾓鐘（《集成》247-250）之例，“祜”字也應該是用爲動詞的：

……用追孝𩟄祀昭格樂大=神=（大神，大神）其陟降，嚴祜（嘏）𤔲（業）妥（綏）厚多福。其豐豐繹繹，授余純魯、通禄、永命，眉壽令終。㾓其萬年，永寶日鼓。

一般將“陟降嚴祜”連讀（或再連下“𤔲”字爲讀），其後施逗號[①]，不確。這種讀法按一般的“福”義理解“祜”，“嚴”作其修飾語，“嚴祜”（解其義爲“大福”之類）又係“陟降”的賓語。按“陟降”與單言“降”者不同，此解難通。

“陟降”金文及《詩經》頗多見，皆謂鬼神之升降、往來於天上人間。開頭所引《四告》之（四），已見“陟降上下”語；亦見於新出曾公畭編鐘，言其祖南公“陟降上下，保艾子孫”云云。又如[②]：

①或以爲“祜、魯、鼓”諸字押韻（魚部），諸字既相隔太遠，又明顯分屬不同意群，此説難信。見羅江文（2001）；楊懷源、孫銀瓊（2014:224）。

②更多例子與討論參看李守奎（2012）；又後注所引沈培文。

五祀㝬鐘（《集成》358）：文人陟降=（降，降）余黄耇[①]，授余純魯……

㝬簋（《集成》4317）：其格前文人，其瀕在帝廷，陟降，申固皇帝大魯命。

《詩經·大雅·文王》：文王陟降，在帝左右。

“陟降”之後一般並無賓語。偶有帶賓語者，如《詩經·周頌·敬之》的“陟降厥士”，與《清華簡（叁）·周公之琴舞》2的“陟降其使”，都是謂天帝派遣使者往來升降於天地之間（沈培，2015:332-341；蔣文，2019:125-126），因其人降下後還要上天向天帝報告人間情況，所以有“陟”字。而所謂“陟降嚴祜”云云，與此大爲不同，“祜”並無所謂“陟”。上引“文人陟降=（降，降）余黄耇”，必得多加一“降”字（此字作用略與“嚴瑕業綏”相當），此點看得尤爲清楚。

同人所作1式、3式瘋鐘（《集成》246、253）有“融綏厚多福”語，“融綏”與“業綏”相類。“嚴祜”與“業綏”結構相同並列，“嚴”與“業”皆爲動詞“祜”與“綏”的修飾語。“融”“業”之義，論者多引《爾雅·釋詁》“業，大也”“融，長也”爲説。“嚴”字則最可能即金文多見的“嚴在上”之“嚴”。“（大神）嚴瑕業綏厚多福”語，可以補出受事者緊縮爲“大神瑕瘋福”或“大神瑕福瘋”。後者與前舉“隨侯瑕福唐侯”相類，前者則與聖簋（《銘三》0508）“用其吉金，自作寶簋。用享用孝，于其皇祖文考。用饗其德，作之永福”的“（祖考）作之永福”相類。

（三）“{瑕}”表“受（福）”義之例

同時，金文中的“{瑕}”一詞，又有不少是表示“受（福）”義的。除了尚待討論的“永祜福”類，其他皆作“*害”或“*割”[②]。如曾伯克父壺甲、乙（《銘三》1062、1063）“用*害（瑕）眉壽、黄耇”，同人所作伯克父鼎（《銘續》0223）“甘婁其用*害（瑕）眉壽”，曾㫚生甾鼎（《銘三》40270）“用*害（瑕）眉壽”，曾季簋（《銘三》0494）“用*害（瑕）眉壽萬〖年〗”，無㠱鼎（《集成》2814，西周晚期）“用*割（瑕）眉壽萬年”，㠱伯子宼父盨（《集成》4442-4445）“*割（瑕）眉壽無

① “耇”字釋讀詳見謝明文（2019:315-322）。“降”字下的重文號舊有釋文多忽略，亦詳此文所論。

②此“割*”字即曾侯乙墓鐘銘中多見的用爲“姑洗”之“姑”者，亦與切割之“割”字無關。西周晚期金文伯上父鼎（《銘圖》02211）有“用㓷眉壽”語，“㓷”字郭永秉和鄔可晶釋讀爲“割”字表意初文，讀爲“匄”，可從。其字又見於西周中期格伯簋（《集成》4262-4265）、春秋中期復丰壺甲、乙（《銘圖》12447、12448），戰國文字中的“葛”字異體或以之爲聲，或从其省聲，可見“㓷（割）”字並非生僻罕用者。詳見郭永秉、鄔可晶《説“索”“㓷”》，收入郭永秉（2015:60-84）。以上所述是想要説明，不以“*割”爲“割”，並不會造成當時語言中“{割}”這個詞以及表示它的文字之“缺位”問題。另外，曾侯乙鐘銘中“*割（姑）”字或作“箸”“*箌”等形，其中所謂魚部之“*害”亦多與一般之“害”形無別；戰國楚地出土竹簡中，多見一般的“割”字用爲“害”“蓋”或“會”等，楚遣册或用“箸”“箌”爲車蓋之“蓋”，皆應看作因訛變混同而成之同形字。

疆”（《集成》4445.2作“*害”）。同類例子，即兼有“給予”與“接受”兩類義之動詞，最典型的“受”字之外，還有“綬”“懷”等（參看蔣文，2019:158-167），都是大家所熟知的。

這類用法的“*害（叚）”，還常與“易（錫、賜）”義近連用（以下徑作“賜”）。衆所周知，金文“賜”兼有主動的施事者“賜予他人”義，和被動的受事者“受他人或神鬼之賜”兩類義。金文言器主“用賜眉壽”云云之例多見，不必贅舉。前引曾伯克父壺等，同人所作器又云“曾伯克父其用受多福無疆，眉壽、永命，黄耇、令終”(《銘續》0445、《銘三》0509曾伯克父簋)、“用賜眉壽、黄耇”(《銘三》0285伯克父鼎)，與“*害（叚)”相當之字正或换用“受”，或换用“賜”。曾伯克父簠甲、乙（《銘續》0518、0519）亦同人之器，則云“賜*害（叚）眉壽（兩器銘誤作“考”)，曾邦是保”，“賜”與“*害（叚）”義近連文。同類例又如，伯家父簋蓋（《集成》4156，西周晚期）“用賜*害（叚）眉壽、黄耇、令終、萬年”，左右簋（《銘續》0449，西周中期後段）“用賜*害（叚）眉壽萬年”，曾伯霥壺（《銘三》1069）銘末“用賜*害（叚）眉壽，子孫永寶”[①]，等等。

與上所述相對，金文“祈匄”連文或對文之例多見，都是主動的“祈求”“匄求”義；而“祈*害”或“祈*割”連文者，以及“賜匄”連文者，則連一例亦皆無之。這是因爲，二者本有主動的“祈求、乞匄”與被動的“接受、受賜”之别，是不容同時出現的。同樣地，亦屬“主動”類義的“{禱}”，情況相類。金文“𠦪（禱）”或與“匄”對文（《集成》2733衛鼎、4317㝬簋、4448-4452杜伯盨等），或與“祈”連文言“祈禱”（《集成》4073伯梡簋；《中國出土青銅器全集》10.261㚤父簋[②]），但亦無有“𠦪（禱）”與“*害/*割”對文或連文者。由上所述皆可見，一般舊説將“*害/*割”釋讀爲“匄”，或進而將與之連用的“賜”亦説爲“求”義，與有關辭例變化的表現實不合，是成問題的。金文“用祈/用匄”之與“用賜/用叚”，“祈匄”之與“賜叚”，一表主動一表受事，意義是不一樣的，完全可以清楚地區分開[③]。

---

①以上“*害”“*割”讀“叚”，解爲“受”，而非“祈求”義之“匄”，見大西克也（2002）。沈培（2017）亦贊同此説。

②㚤父簋其字作“𩐃”。參看謝明文（2020:161）。

③金文中唯有一例，似與此所述區分開“祈求”義與“接受”義兩類辭例有矛盾，即西周晚期追尸簋（《銘圖》05222、05523）“追尸用旂（祈）易（賜）眉壽、永命”云云。任家賢（2017:69）謂，此例“與其看成‘祈’‘易’同義連用，似不如按常用義理解爲祈求（祖先）易予眉壽，或祈求受易眉壽”。這是一種可能的解釋，但其理解實係斷讀作“祈/賜眉壽”，仍嫌節奏彆扭。按金文亦偶見“匄”與“受”對文者，即春秋早期仲太師鼎（《銘圖》02196）、壺（《銘圖》12370）“用宴旨飤，丁（幵-匄）壽受福”，移以説追尸簋之例，則可理解爲“祈求”與“受賜”仍是兩動詞平列，只是非義近關係。上引“丁（幵-匄）”與“受”之釋，皆見傅修才（2013:125-130）。

（四）“叚（嘏）”“魯”糾葛

研究者一般認爲，名詞“大福”義的“｛嘏｝”西周金文已有之，其字作“叚”。如寰鼎（《集成》2819）、寰盤（《集成》10172）：“敢對揚天子丕顯叚（嘏）休命。”克鐘（《集成》205、207）、克鎛（《集成》209）：“用匄屯（純）叚（嘏）、永命。”（田煒，2016:340-341）表面看來“屯叚”與《詩經》數見的“純嘏”對應很直接，但從用字習慣看，此中其實是存在問題的。陳英傑（2008:448）已經引此指出，其中“‘叚’相當於‘魯’”，謂：

> （金文）類似文例“叚”的位置均作“魯”，作“叚”者只有這幾例，“魯”“嘏”均爲魚部字，可以相假。金文中的“屯魯”文獻中均作“純嘏”，只見於《詩經》。《小雅·賓之初筵》……“嘏”其實是一個雙聲字，“福”當爲假借義。“魯”是金文通用字，“嘏”是文獻通用字，二者何爲本字不太容易斷定。克鐘之“叚”爲“福”義，寰盤（按即上引寰盤）則爲“美”“大”義。

其説可略作補充的是，“魯”字在殷墟甲骨文中已多有用爲“美善”之類義的辭例（于省吾，1979:52-53），是早已得到研究者公認的；西周金文之“魯”應係延續這類用法，如西周早期即見的伯姜鼎（《集成》2791）“世孫孫子子受厥純魯，伯姜日受天子魯休”云云。其義本與“福”相遠，上舉克鐘之“叚”讀爲“魯”，本即“（抽象義之）美善”；寰盤之例，亦讀爲“魯”以“美”義爲解即可。

由此清理有關用字習慣，我們現在可以將“｛嘏｝”與“｛魯｝”兩詞徹底分開。金文多見的“美善”義之“魯”，在傳世文獻中除了《史記·周本紀》“魯天子之命”一例，可謂已全無保留，係因其在古書傳抄中大多被替换爲了“嘏”。最典型之例，如西周金文數見“魯命”，《清華簡（叁）·説命下》9作“叚命”（“余惟弗迭天之叚命”），二者關係，亦猶上述金文之“純叚”與“純魯”［史叀鼎（《銘圖》02304）“持純魯=（魯、魯）命”，二者同見。“魯”字右下的重文號各種釋文多忽略］；亦見於《清華簡（壹）·皇門》4“王用能承天之魯命”（可對比《銘圖》14543逑盤“膺受天魯命”），而今本《逸周書·皇門》“魯命”已被改作“嘏命”。《詩經·周頌·載見》“思皇多祜”“俾緝熙于純嘏”，“祜”“嘏”兩字同見，“嘏”其實應該也是對應於“｛魯｝”的。《詩經》“純嘏”之“嘏”，本與我們所討論的“祜（嘏）福”之“祜（嘏）”無關，並非同一詞。

同樣的，金文數見之“魯福”，也就與本文所論“祜（嘏）福”無關。如啓卣（《集成》5410）“用匄魯福”，或者鼎（《集成》2662）“用匄偁魯福”；而梁其鐘（《集成》188、190）説“大魯福”（“降余大魯福亡斁”），逑盤（《銘圖》14543）、士父鐘（《集成》145-148）皆言“魯多福”（“降逑魯多福”“降余魯多福亡疆”），其表現與“祜（嘏）福”大爲不同。因爲傳世文獻“魯”字已罕見“美善”類義，故論者多謂金文“魯”用爲“嘏”義爲“福”，“魯福”即“嘏福”，同義連文云云，其實是並不正確的。

四、“祜（嘏）福”等之解釋

（一）“行器”類金文的“永祜（嘏）福”

通過以上討論，再來看金文僅簡單言“永祜福”的辭例，意思就清楚多了。先説其中明確出現“爾”字者及相關之器：

> 曾亘嫚鼎（《銘圖》02005、02006）：曾亘嫚非禄，【□□□】爲爾行器，爾永祜（嘏）福。
>
> 牧臣簠甲（《銘三》0553。蓋、器對銘）：牧臣行器，爾永古（嘏）畐（福）。
>
> 牧臣簠乙（《銘三》0554），蓋銘：曾公鷄鬣（？）爲爾行簠，爾永祜（嘏）福。器銘：牧臣行器，爾永古（嘏）畐（福）。
>
> 曾子牧臣壺甲、乙（《銘三》1047、1048）、曾子牧臣鼎（《銘三》0211）：曾子牧臣自作行器，永祜（嘏）福。

研究者多已指出，曾亘嫚鼎的“非禄”猶前舉“不禄”，亦係死之諱稱。兩器皆作“禄（原作‘录’）”字在第一行末，與第2行下部的“爲”字之間有約3字空白，應係製器人之名，不知何故未鑄出。“爾”字理解曾頗有異説（劉麗，2017:146–148；2019:328–371），黄錫全（2005:371）提出幾種可能，最後一種謂“兩個‘爾’都是指曾亘嫚。是他人或者後人爲死者曾亘嫚作器。由此證明‘行器’就是隨葬用器”云云。現在我們據季姒盤“永*害（嘏）福爾後”及上舉牧臣諸器銘，可知此説無疑是正確的。牧臣諸器可分爲曾子牧臣自作與他人製作賵贈牧臣者兩類，現皆藏於武漢九州藝術博物館，可以推斷應皆係盗掘出自曾子牧臣之墓者。據其中“牧臣行器，爾”云云還可知，像曾子伯選鼎（《銘續》0140）、壺（《銘續》0824）謂“曾子伯選行器，則永祜（嘏）福”那類，亦應係他人爲曾子伯選所作賵贈之器。吴鎮烽（2018）已經指出，金文中那些“‘行器’或者‘之行器’前面的人名，應該就是器主，但他（她）不是作器者。這些器主都是已經去世的人。這些器物的作器者應是死者的親屬或者朋友”。

以上所舉諸銘中的“爾”字，皆係對死者而言；根據前舉季姒盤“永嘏福爾後”，和唐侯器“其永嘏福”與“其永嘏福唐侯”的變化，可以推知，僅言“爾永嘏福”者，亦應係謂“你永遠嘏福給我、給我們（可包括死者的後人）”，而非如研究者或謂之“（死者）在陰間永得祜福”。據此還可進一步推斷，那些他人爲死者作“行器”而僅言“永祜福”、没有明説“爾”或“子孫”者，如上舉曾子伯選鼎，以及伯彊簠（《集成》4526）“伯彊爲皇氏伯行器，永祜（嘏）福”，亦應皆屬此類，係期待死者嘏福於作器人或死者後人。而如上舉曾子牧臣壺、鼎那樣的“自作行器”之例，另還有不少，其後多續接“其永祜（嘏）福”“則永祜（嘏）福”，則皆係器主自言在死後將永久予福於後人。

黄國諸器，其銘文格式與本文開頭所舉兩例皆大同。研究者已經指出，其特徵可以總結説爲：黄君/黄子自作器，皆言“子孫/子子孫孫永祜福”；爲其夫人作器，則無“子孫/子子孫孫”云云。按此正可分别解釋爲，黄君孟自作將入葬隨己大行之器，係自言子孫將永受自己所給之福；爲其夫人所作隨葬之器，則言祈望對方永久予福（於己及後人）。後者銘末且皆多出“令終令後”語（或有省、訛），李學勤（1985）解釋説，“意謂得享福禄名位而終，又有好的後嗣”。按聯繫“行器”性質，可以進一步説，“令終”係就其“大行”；以此器隨葬而言；“令後”則就其予福於後人而言。

進而言之，之所以“永嘏福”類辭例大量集中出現於“行器”類銘文，就是因爲死者在“新陟”成爲“人鬼”之後，從此具備了或福祐或作祟於生人的能力。古人對此是很重視的，消極的一面是希望“其鬼不祟”“鬼不厲祟”云云，乃至徹底的“死生異路，勿復相干”（東漢鎮墓文常見語），要劃清界限；而春秋金文“永嘏福”云云所言，則是積極的一面：“大行”者自謂將予福於他人、後人，“送行”者則祈求死者予福於己及後人。如謂其意僅係希望死者自己在陰間“永得祜福”，反而就覺得這話没什麼意思了。

此外還有一例乍視之下覺有難解之處者：

曾子伯誩鼎（《集成》2450）：曾子伯誩鑄行器。爾永祜（嘏）福。

按吴鎮烽（2018）曾謂：“其實（‘行器’中）所謂的‘自作’，並不一定都是死者生前自製的明器，絶大部分應該是死者親屬以死者的名義所作的隨葬品”。曾子伯誩鼎大概也只能用此解釋，即“曾子伯誩鑄行器”乃他人代言、“用其名義爲之鑄造”，“爾”字則仍指曾子伯誩而言，其間有身份與語氣的轉换問題。

有些器物並非“行器”亦言“嘏福”，則可理解爲作器者以此器受福。例如《銘續》0158：“爾孫鼎：爾孫造爲夫人叔氏曹鼎[①]，永古（嘏）福。”

①此“曹鼎”及器名修飾語“曹”皆係首見。最直接的解釋，就是説爲舊注常訓“偶”“輩”“群”等之“曹”，謂所作之器非一，而可能是一對或多件一組。由此又可推論，舊有器名修飾語中尚無定説的那些“造”字或與“造”从同一聲符之字，最可能讀爲此“曹”。其例有，筥太史申鼎（《集成》2732）“作其造鼎十”，秦懷后石磬（《銘圖》19817）“自作遳磬”（或“作造”連讀爲一詞不確），昭王之即鼎甲、乙（《銘續》0224、0225）“作鑄偕鼎”，昭王之即簠甲、乙（《銘續》0515、0516）“作鑄偕匿”，以上述“曹”義解釋皆很合適。乃至郘黛鐘（《集成》225-237）“大鐘八肆，其竈四堵”云云，“竈”字亦可讀爲此所説之“曹”，謂其八肆之鐘，每虡安放兩肆，最終形成的格局爲“其曹偶四堵”。關於郘黛鐘此句釋讀的諸家異説，可參吴毅强（2018:287-290）。

“爾孫”應與金文數見的“乃孫”同，皆就作器對象、死者而言，此應係祭祀“夫人叔氏”之器。如乃孫鼎（《集成》2431）、乃孫罍（《集成》9823）、祖日庚簋（《集成》3991、3992），皆言“乃孫”爲其祖作祭器；筥侯少子簋（《集成》4152）則言“乃孝孫不巨”爲“皇妣”作“祭器八”云云。

再如：

> 河南南陽夏餉鋪鄂國墓地M16:1銅盤（河南省文物局南水北調辦公室、南陽市文物考古研究所，2019）：人孱石（？）作寶盤，其萬年永祜（嘏）福。

> 亦上述M16出土銅匜（劉新、劉小磊，2016:46–47）：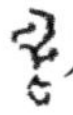人孱石（？）作寶匜，其萬年永祜（嘏）福。

此兩器應與送葬賻賵無關。對比金文習見的“其萬年永寶用”，上兩“永”字亦很難講成動詞，還是以説爲副詞，其後接動詞性結構最合。“永嘏福”謂器主永久以該器接受神鬼所予之福。王子午鼎（《集成》2811、《銘圖》02469–02471）“敬厥盟祀，永受其福”，王孫誥鐘（《銘圖》15606–15617、15621、15626、15630）“恭厥盟祀，永受其福”，齊叔姬盤（《集成》10142）“其萬年無疆，子子孫孫永受大福用”，皆其證。古書中之例，如《詩經·大雅·既醉》：“君子萬年，永賜祚胤。”《魯頌·泮水》：“既飲旨酒，永錫難老。”《小雅·楚茨》：“永錫爾極，時萬時億。”諸“永+動賓結構”之例，皆可與“永嘏福”相印證。另外，前舉𥝩卣“其子子孫永富（福）”，“永福”與此所論“永祜（嘏）福”皆爲“永受福”之義，但二者雖意思差不多而結構實有别。“永祜（嘏）福”中並非“嘏福”義近連用作動詞，而應理解作“受”義是由“嘏”體現的，否則就無法很好地貫通解釋“嘏福爾後”一類辭例。西周金文中又有：“姞作尊尊（按此字或係原鑄造有誤），用享福。”（《銘續》0244姞鬲）[①]“享福”亦猶“受福”，係動賓結構，與此所論可相印證。

（二）《四告》的“宜爾祜福”

回到開頭所舉《四告》“宜爾祜福”語。有“宜爾室家”（《詩經·小雅·常棣》）這類的話相對比，則簡單地將“祜福”講成兩同義名詞連用，似乎亦並無不可。但如上所述，聯繫金文對死者而言的“爾永祜（嘏）福”類辭例考慮，則《四告》同樣係對神鬼而言的“宜爾祜福”中的“祜福”，恐怕還是更近於“（神鬼）所嘏之福”義。亦即，“宜爾嘏福”中的“嘏福”，已經由動賓結構轉化爲名詞性結構，義爲“所嘏之福”。再看西周晚期金文的如下一例：

---

①“福”字原作上爲“畐”之上半、下从“廾”之形。“𥝩（福）”字見於周乎卣（《集成》5406），即“福”字加注“北”聲。《銘續》《金文通鑒》釋文隸定作“𢍏”，不够準確。

叔多父盤（《銘圖》14532、14533）：用賜純禄，受*害（嘏）福。

大西克也（2002）認爲此例可讀爲“胡福”或“遐福”（此兩辭例參後文）。蘇建洲（2018:48-50）認爲有可能讀爲“祜福”（“祜”亦“福”義）。按“純禄”又見於乖伯簋（《集成》4331）“用祈純禄、永命”，金文言“禄”者還多見“通禄”，亦常與“純佑”“永命”“令終”等連文或對舉；或言“百禄”（《集成》2777史伯碩父鼎），亦猶“百福”（與多見的“永福”相類），皆係偏正結構；則此“害（嘏）福”，似仍亦以講爲非平列結構爲好。“受嘏福”即“接受（作器對象‘皇考季氏’）‘所嘏之福’”。

此類“嘏福”義之變化，即在句中由動賓結構轉化爲名詞性結構，上古漢語中多見。例如，大盂鼎（《集成》2837）“雩我其適省先王受民受疆土”之“先王受民受疆土”，即“先王所受之民、所受之疆土”；《清華簡（壹）• 祭公之顧命》18“尃（敷）求先王之共明悳（德）”之“先王之共明德”，即“先王所共持之明德”。更適合拿來與此所論“嘏福”相聯繫對比的典型之例，則如金文多見的“賜休”。金文數見“賜休”作動賓結構者，亦兼主動與被動兩類，與動賓結構的“嘏福”相類。主動類意者如師朢鼎（《集成》2812）“王用弗忘聖人之後，多蔑懋賜休”（可對比金文多見的“多賜某人休”），作册封鬲甲（《銘圖》03037）“王弗叚忘亨人孫子，多賜休”（乙器只作“多休”）[①]；被動類意者如善夫克盨（《集成》4465）“克其日賜休無疆”（可對比前引伯姜鼎“伯姜日受天子魯休”）；但在如孟簋（《集成》4162-4164）“對揚朕考賜休”中，“賜休”則亦已變爲名詞性結構，義爲“所賜之休”；叔夷鐘（《集成》273-274）、鎛（《集成》285）云“弗敢不對揚朕辟皇君之賜休命”，“賜休命”即“所賜之休命”，亦可參考。“朕考賜休”與“爾嘏福”，結構相同，其中的“賜休”與“嘏福”，皆並非兩義近名詞連用。所謂“所嘏之福”，既可以是“神鬼所給予之福”義，也可以是“人所受之神鬼之福”義。作爲名詞性結構，“嘏福”又可作動詞“受、成、降”等的賓語，於是“嘏”的動詞性質逐漸弱化不顯，遂與“福”變得似完全平列，詳後文。

前引《四告》最末之語，也還略有特別之處。“式俾曾孫恭爾盟祀，宜爾祜（嘏）福”，如與前三例統一作解，則其意變爲兩層，即“希望使我恭你之祭祀，你亦要使你給我的福祜合宜”，總覺有不順之處。單看此兩句，最自然的理解，還是將“宜爾祜福”的主語仍看作祝禱人“曾孫”，兩句一貫。前引1式瘐鐘又有：“瘐其萬年，櫅（齊）角（懿）爨（熾）光，義（宜）文神無疆䪫（義與‘顯’近）福，用𡨦光瘐身。”“宜文神無疆䪫福”的主語仍是“瘐”，其義猶“瘐在文神所予無疆䪫福方面得宜”，或是“瘐與文神所予無疆䪫福相宜”；前引《儀禮 • 士冠禮》“字辭”的

①關於此句尤其是其中“亨人”的釋讀理解，詳見郭永秉（2015:188-196）。

“宜之于假（嘏）”，又《詩經 • 小雅 • 鴛鴦》第一章末的“福禄宜之”、第二章末的“宜其遐福”，諸“宜”字用法並同。《四告》最末兩句，即“希望使我恭你之祭祀，使我在你給我的福祜方面合宜（或‘使我與你給我的福祜相宜’）”之意。原整理者已經指出，《四告》文本，本是不同時代纍積形成的（趙平安，2020；程浩，2020），則同樣的話在各自語境中微有差異，亦可不足爲怪。

五、其餘“嘏福”“祜福”諸例

除前文所舉，金文“嘏福”還有如下數例。

春秋晚期承禄鈹（《銘圖》17926）：承禄休德，永成荅（嘏）福。

“荅”字舊釋多誤，此從謝明文（2020）之說。他認爲，此銘“成”字係“接受”義；最終傾向於將“荅福”理解作義近並列結構，“荅”讀爲“祜”解爲“福”。按以“荅”爲“祜”的用字習慣，從前引《四告》簡14得到了支持。

孄加編鐘（郭長江、李曉陽等，2019）：用孝用享，受福無疆……賜我令終、黄耇，用受璹（嘏）福。

“璹”字原形作，發表者讀爲“介”。其右上所从基本聲符，亦係“*害”而非一般之“害”字。已有不少研究者指出可讀爲“胡”，或更明確謂“或可讀爲春秋時期楚系金文，包括曾國金文常見的‘祜福’之‘祜’”[①]。又棗樹林M191出土的曾夫人鬲（《銘三》0306），器主名之字作，其右半所从與右半亦應爲同一字。原發掘者（湖北省文物考古研究所等，2020:84）徑釋“漁”，同墓所出還有“楚王媵漁芈”簠，僅發表了釋文和器形資料，不知所謂“漁”字原形爲何。

《詩經》中兩見“遐福”，一是前文已提到的《小雅 • 鴛鴦》第二章末的“君子萬年，宜其遐福”；一是《小雅 • 天保》：“天保定爾，俾爾戩穀。罄無不宜，受天百禄。降爾遐福，維日不足。”又《儀禮 • 士冠禮》有“胡福”（“眉壽萬年，永受胡

①見武漢大學“簡帛網”簡帛論壇-讀書空間《關於孄加編鐘銘文的一些看法》，http://www.bsm.org.cn/forum/forum.php?mod=viewthread&tid=12350&extra=&page=1。

福"）。蔡偉據《四告》辭例，主張將上三例皆讀爲同義複詞"祜福"[①]。

如前文已提到者，上舉諸例，"祜/嘏福"皆作動詞"成、受、降"等的賓語，"嘏"之"受"義已不顯。如果説"宜其遐（嘏）福"例還可以聯繫相近的《四告》"宜爾祜（嘏）福"爲説，但已與"降"字搭配的"遐（嘏）福"，如將其中"嘏"亦解爲"予福"，則嫌意義重複，恐怕就只能理解爲兩字皆作名詞、義近連用了。另一方面，傳世先秦秦漢古書中又並未看到一般的"祜福"或"嘏福"連用成詞者，也就是説，上述"遐（祜/嘏）福"或"胡（祜/嘏）福"，也不像是直接由名詞義之"祜"與"福"並列聯合成詞者；如將其統一作解，似乎更有理由皆溯源至"嘏福爾後"之類動賓結構的"嘏福"；即使這些"遐（祜/嘏）福"或"胡（祜/嘏）福"確已係同義連文，也是經歷了一個動態發展過程而演變來的。至於漢人筆下作"福祜"者，如揚雄《長楊賦》"聽廟中之雍雍，受神人之福祜"，劉向《列女傳·母儀傳》"有虞二妃"頌辭"卒享福祜"，則既可能係由已變爲一般名詞義之"祜福"語序顛倒而來（上兩文且皆有押韻的需要），亦可能係直接由"福"與"祜"義近聯合而成。

六、釋唐侯諸器的"佩（賵）"字

正文所引唐侯諸器中我釋爲"佩"之字，《銘續》隸定作"杋"，前引黄鳳春（2018/2019）文釋爲"紃（制）"，皆與字形不能盡合。郭理遠（2020a:110）已經指出，"壺銘之字左旁爲'市（巾）'"；此説與"杋"之隸定將其右半看作"人"旁，皆可從。由此即可聯繫上"佩"字。有關諸字原形及可對比之形列舉如下：

唐侯簋（《銘三》0468） 唐侯鼎（《銘三》0219–0221）

唐侯鼎（《考古》2020年第7期第89頁圖三〇）

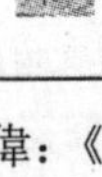唐侯壺（《銘續》829） 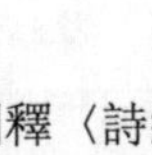𤞷盨"佩"字（《銘圖》05676） 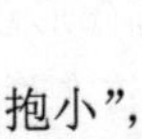二式

①蔡偉：《據清華簡〈四告〉語句訓釋〈詩經〉"遐福"之"遐"》，微信公衆號"錦州抱小"，2020年10月2日，https://mp. weixin. qq. com/s/vOlGocMRV9_F2wkKXHXgiw。蔡偉（抱小）：《海昏竹書〈詩〉異文小札》，復旦大學出土文獻與古文字研究中心網站，2021年1月20日，http://www. gwz. fudan. edu. cn/Web/Show/4752。

獄簋甲“佩”字（《銘圖》05315） 戎佩玉人尊“佩”字（《集成》5916。原全銘反書，此形已作翻正） 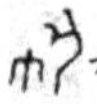戎佩玉人卣“佩”字（《集成》5324） 縣改簋“任”字（《集成》4269） 戰國早期仕斤徒戈“仕”字（《集成》11049） 媟盤“保”字（《銘續》948）

字形上的變化有幾點。第一，唐侯諸器“佩”字的“人”旁皆移到右方。按上舉已有不少同類例，包括“佩”字本身即早有作此變化者。上舉媟盤出自隨州義地崗文峰塔曾國墓地33號墓（湖北省文物考古研究所、隨州市博物館，2014），其“保”字亦“人”旁寫在右方，可見當時“佩”字可作如此變化並不奇怪。第二，或省去“凡”形。上舉獄器及相關的衛簋，諸銘中“佩”字皆作不从“凡”旁的“佮”“侢”兩類形。第三，“凡”旁不省者，其形多訛甚。其中上列最前的唐侯簋、鼎數形，與西周晚期金文“佩”字如（頌鼎，《集成》2829）相比，還是可以看出上方“凡”形聯繫的。

“賵”字先秦古書常用，但不見於《説文》與一般出土文獻（目前最早似僅見於東漢碑刻）。《説文新附》收録，解釋謂：“賵，贈死者。从貝、从冒。冒者，衣衾覆冒之意。”並不以“冒”爲聲符。其字亦乏押韻與通假材料，古音學家多將其上古韻部歸入冬部；冬部不獨立者，則歸入侵部（郭錫良，2018:181）。都很難説有多少切實的依據。據歸侵部之説，可以用“佩”的聲符“凡”正同爲侵部字來解釋；同時，同从“凡”聲的“風、鳳”①，與之關係最爲密切的“朋”“馮”爲蒸部字，如果“賵”本亦爲蒸部字，就與“佩”係陰陽對轉關係。

即使“賵”確係冬部字，亦與“佩”有其相通之理。唇音之部字常與其陽聲蒸部字相通，如“不”常通“朋”②，又《説文·邑部》“郙”字“讀若陪”，《人部》

---

①本文初稿曾引《集韻·送韻》“賵”字“古作凨”，及《篆隸萬象名義·貝部》《玉篇·貝部》等“賵”字或體作“凨”，將其看作“風省聲”，從而以“佩”與“凨”俱从“凡”聲爲説。此説之意係以“凨”爲更晚出的分頭造出的形聲異體，與“賵”没有字形演變關係。但後來注意到，近年新刊舊未著録的三體石經拓本，《春秋·文公五年》“王使榮叔歸含，且賵”之“賵”字古文作（小篆作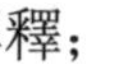），這是迄今看到最早的“凨”形（但恐不會是可靠的六國古文，而應係漢人據隸書寫法回翻），其上半顯然只能看作“冃”旁（以古文筆法書之），同時又受漢代文字“冒”“曼”等“冃”旁頭部多作“宀”形之影響。“賵”形已見於東漢文字，則此形還是以説爲由“賵”省略再偏旁移位而變來，最爲順適；由此，字書中的古文“凨”“凨”，仍應看作从“冃”省，則“凨（賵）”字本身與“佩”从同一聲符的設想，也就不能成立了。上引三體石經字形見趙振華、魏小虎、王恒（2016:62、73）。

②西周金文盠駒尊（《集成》6011）的“朋”字，同人所作盠方尊（《集成》6031）與盠方彝（《集成》9899、9990）作“不”；《周易·蹇》九五爻辭“大蹇朋來”，《上博簡（三）·周易》35“朋”作“不”。參看白於藍（2017:37–41）、謝明文（2019:92）。

“倗”字“讀若陪位（之陪）”，等等。蒸部字亦常與冬、東部字發生關係，如義爲“葬時下棺於壙中”之字，《説文·土部》作“堋”，又謂“《春秋傳》曰朝而堋，《禮》謂之封，《周官》謂之窆”云云，《周禮·地官·遂人》“及窆”鄭玄注引鄭司農（衆）云（《鄉師》《大僕》注引略同）：“窆謂下棺時，……《禮記》謂之封，《春秋》謂之塴，皆葬下棺也。聲相似。”《廣雅·釋詁一》“窆，下也”王念孫《疏證》亦謂“窆、封、塴、堋”諸字“並聲近而義同”。另如“陑、仍、娀”諸字相通①，亦之部與蒸部、冬部關係。中古音與“賵”同爲“撫鳳切”的“麷”字，《説文·麥部》謂“讀若馮（蒸部）”。由以上所述皆可見，將“佩”讀爲“賵”，語音關係上應可成立。

前舉“唐侯賵隨夫人行壺”所出之棗樹林M191，發掘者已指出“根據出土銅器銘文可知墓主人爲曾公求夫人（芈）漁”。同墓又出有“唐侯賵隨侯行鼎”“唐侯賵隨侯行簋”，大概也是因夫妻兩人去世時間相隔不遠，故唐侯賵贈隨侯即曾公𠹗（求）之器，被葬入其夫人之墓。

2021年3月24日初稿

2021年5月14日改定

附記：本文初稿先後蒙李發、蔣文、蘇建洲和張富海諸位先生審閲指正，謹致謝忱。

看校補記：本文對相關的“宜”字用法，講得比較猶疑含混。任荷、蔣文《試析清華簡〈四告〉及金文中的及物謂詞“宜”》（待刊稿）認爲：

> 上古漢語中及物謂詞“宜”的真正語義是“適配”，具體表述爲“主體（A）能滿足‘與客體（B）適配’的要求”，在句中可翻譯爲“適合……、與……相配”。《四告》“宜爾祐（嘏）福”之“宜”所記録的就是這個及物謂詞“宜”…………（《四告》）四處文句中的“宜爾嘏福”皆可解作“（某人）適合你（神靈）所予之福/（某人）與你（神靈）所予之福相配”。牆盤“義（宜）其禋”和瘐鐘“義（宜）文神無疆福”的“宜”也應該採用同樣的解讀。

其説更爲準確透徹，請讀者參看。

2021年11月9日

---

①《上博簡（二）·子羔》10的“有廼氏”，即古書“有仍氏”“有娀氏”；《尚書·湯誓·序》的“陑遂”，即《上博簡（二）·容成氏》39的“戎述（遂）”，亦即古書的“有娀之虛”。參看裘錫圭（2012:470-471）。

引書簡稱目録：

《清華簡（拾）》　　《清華大學藏戰國竹簡（拾）》
《集成》　　《殷周金文集成》
《銘圖》　　《商周青銅器銘文暨圖像集成》
《銘續》　　《商周青銅器銘文暨圖像集成續編》
《銘三》　　《商周青銅器銘文暨圖像集成三編》

參考文獻：

白於藍　2017　《金文校讀三則》，《拾遺録——出土文獻研究》，科學出版社。
白於藍　2017　《簡帛古書通假字大系》，福建人民出版社。
陳　劍　2007　《釋“琮”及相關諸字》，《甲骨金文考釋論集》，綫裝書局。
陳英傑　2008　《西周金文作器用途銘辭研究》，綫裝書局。
陳英傑　2011　《金文字際關係辨正五則》之四“寶和福”，《文字與文獻研究叢稿》，社會科學文獻出版社。
程　浩　2020　《清華簡〈四告〉的性質與結構》，《出土文獻》第3期。
大西克也　2002　《論古文字資料中的“害”字及其讀音問題》，《古文字研究》（第24輯），中華書局。
鄧佩玲　2019　《新出兩周金文及文例研究》，上海古籍出版社。
馮　峰　2014　《鄭莊公之孫器新析——兼談襄阳團山M1的墓主》，《江漢考古》第3期。
傅修才　2013　《釋金文中兩個與“幵”相關的字》，《中國文字》新39期，藝文印書館。
郭長江　李曉楊　2019　《嬭加編鐘銘文的初步釋讀》，《江漢考古》第3期。
郭理遠　2020a　《楚系文字研究》，復旦大學博士學位論文。
郭理遠　2020b　《宋右師延敦銘文補説》，《出土文獻》第3期。
郭錫良（編著）　2018　《漢字古音表稿》，華學誠（主編）《文獻語言學》（第8輯）《漢字古音表稿專輯》，中華書局。
郭永秉　2015　《古文字與古文獻論集續編》，上海古籍出版社。
郭永秉　2019　《作册封鬲銘文拾遺》，收入前引《古文字與古文獻論集續編》。
河南省文物局南水北調辦公室、南陽市文物考古研究所　2019　《河南南陽夏餉鋪鄂國墓地M7、M16發掘簡報》，《江漢考古》第4期。
湖北省文物考古研究所、隨州市博物館　2014　《湖北隨州市文峰塔東周墓地》，《考古》第7期。
湖北省文物考古研究所等　2020　《湖北隨州市棗樹林春秋曾國貴族墓地》，《考古》第7期。
黄德寬（主編）　2020　《清華大學藏戰國竹簡（拾）》，中西書局。
黄鳳春　2018/2019　《談“唐侯制隨夫人”壺的國别、年代及相關問題》，復旦大學出土文獻與古文字研究中心網站，7月19日，http://www.gwz.fudan.edu.cn/Web/Show/4278。又見於武漢大學簡帛網，7月19日，http://www.bsm.org.cn/show_article.php?id=3193。又刊於荆州博物館編《荆楚文物》（第4輯），科學出版社，第56-60頁。
黄錦前　2019　《新出兩件曾子鼎繹讀》，《上古漢語研究》（第3輯），商務印書館。
黄錫全　2005　《棗陽郭家廟曾國墓地出土銅器銘文考釋》，襄樊市考古隊等編著《棗陽郭家廟曾國墓地》，科學出版社。
蔣　文　2019　《先秦秦漢出土文獻與〈詩經〉文本的校勘和解讀》，中西書局。
李學勤　1985　《光山黄國墓的幾個問題》，《考古與文物》第2期。
羅江文　2001　《〈詩經〉與兩周金文韻文押韻方式比较》，《古漢語研究》第3期。

劉　麗　2017　《銅器銘文中所見兩周時期曾國的婚姻關係》，《青銅器與金文》（第1輯），上海古籍出版社。

劉　麗　2019　《兩周時期諸侯國婚姻關係研究》，上海古籍出版社。

劉　新　劉小磊（主編）　2016　《吉金墨影——南陽出土青銅器全形拓（壹）》，河南美術出版社。

魯　慧　2020　《新見幾則金文中的異姓媵》，《出土文獻》第3期。

李守奎　2012　《〈周公之琴舞〉補釋》，《出土文獻研究》第11輯，中西書局。

裘錫圭　2012　《〈上海博物館藏戰國楚竹書（二）• 子羔〉釋文注釋》，《裘錫圭學術文集 • 簡牘帛書卷》，復旦大學出版社。

任家賢　2017　《金文嘏辭中的易、害（割）釋讀補議》，《中山大學學報（社會科學版）》第3期。

山西省考古研究院　2020　《山西黎城西關墓地M7、M8發掘簡報》，《江漢考古》第4期。

沈　培　2015　《〈詩 • 周頌 • 敬之〉與清華簡〈周公之琴舞〉對應頌詩對讀》，《出土文獻與古文字研究》（第6輯），上海古籍出版社。

沈　培　2017　《釋甲金文中的“迓”——兼論上古音魚月通轉的證據問題》，澳門大學中國語言文學系、香港浸會大學饒宗頤國學院主辦“上古音與古文字研究的整合”國際研討會論文，7月15-17日。

蘇建洲　2010　《金文考釋二篇》，《中國文字研究》（第13輯），大象出版社。

田成方　2021　《論“嬭加”》，《第九屆出土文獻青年學者國際論壇暨先秦秦漢荆楚地區的空間整合學術工作坊會議論文集》，武漢大學，3月20-21日。

田　煒　2016　《西周金文字詞關係研究》，上海古籍出版社。

吴毅强　2018　《晉銅器銘文研究》，浙江大學出版社。

吴鎮烽　2018　《論青銅器中的“行器”及其相關器物》，復旦大學出土文獻與古文字研究中心網站，9月11日，http://www. gwz. fudan. edu. cn/Web/Show/4287。

吴鎮烽　2020　《釋讀山西黎城出土的季姒盤銘文——兼論否叔器》，復旦大學出土文獻與古文字研究中心網站，10月19日，http://www. gwz. fudan. edu. cn/Web/Show/4671。

謝明文　2017　《固始侯古堆一號墓所出編鎛補釋》，《商周文字論集》，上海古籍出版社。

謝明文　2019　《試談㝬器中兩例“章”字的讀法》，《青銅器與金文》第2輯，上海古籍出版社。

謝明文　2019　《封子楚簠小考》，《出土文獻綜合研究集刊》（第10輯），巴蜀書社。

謝明文　2020　《讀〈中國出土青銅器全集〉瑣記》，《出土文獻與古文字研究》第9輯，上海古籍出版社。

謝明文　2020　《承禄鈹銘文小考——兼談上古漢語中“成”的一種用法》，《古漢語研究》第4期。

徐少華　2021　《羅山高店曾子季卷臣器組及曾季氏析論》，《“中央研究院”歷史語言研究所集刊》（第92本第1分）。

楊　華　2018　《“大行”與“行器”——關於上古喪葬禮制的一个新考察》，《湖南大學學報（社會科學版）》第2期。

楊懷源　孫銀瓊　2014　《兩周金文用韻考》，人民出版社。

于省吾　1979　《甲骨文字釋林 • 釋魯》，中華書局。

趙平安　2019　《説字小記（八則）• 説“麇”》，《出土文獻》（第14輯），中西書局。

趙平安　2020　《清華簡〈四告〉的文本形態及其意義》，《文物》第9期。

趙振華、魏小虎、王恒　2016　《上海博物館藏未著録三體石經拓本考察》，《經學文獻研究集刊》第16輯，上海書店出版社。

A Brief Discussion of the Term Hufu(祜福) in *The Qinghua Manuscript* Sigao(四告) and Bronze Inscriptions: with an Explanation of the Character Pei(佩) Denoting the Word Feng(賵) in *Tanghou Bronze Inscriptions*

Chen Jian

Abstract: The term hufu(祜福), which is often found in the bronze inscriptions of the Spring and Autumn period, should be read as Gufu(嘏福), "to give blessings" or "to receive blessings". The hufu*(*祜福) in the phrase Yierhufu(宜爾祜福) in the *Qinghua manuscript* Sigao(四告) should not be a coordinate compound verb, but a noun phrase meaning "blessings received".

Key words: *Qinghua manuscript*; Sigao(四告); bronze inscriptions; hufu(祜福); gufu(嘏福)

（陳劍，復旦大學出土文獻與古文字研究中心　上海　200433）

清華簡《四告》篇字詞箋釋*

侯乃峰

摘　要：《清華大學藏戰國竹簡》第十輯收録的《四告》篇，是一篇典型的書類文獻。此篇簡文用辭古奥，理解難度很大。原整理者對《四告》篇簡文進行了卓有成效的整理注釋工作，爲學界深入研究本篇内容奠定了堅實的基礎，但仍有部分字詞文句留有一定的討論空間。在原整理者整理注釋工作的基礎之上，我們對《四告》篇中某些字詞文句加以補充考釋論證，以供研究者參考。

關鍵詞：清華簡；《四告》；字詞箋釋

《清華大學藏戰國竹簡（拾）》收録有《四告》篇，據説是清華簡中最後一篇書類文獻。《四告》篇凡五十簡，簡背有連續編號，部分簡文佚失。原整理者（2020:109）根據内容，以爲簡文分爲四組。四組簡均爲告辭，内容獨立，可分成四篇：第一篇是周公旦告臯繇；第二篇是伯禽父受封，赴魯前夕的告辭；第三篇是周穆王滿爲太子時的告辭；第四篇是召伯虎圍繞望鴟來集這一異象，對北方尸的告辭。四篇告辭按性質類聚，按年代排列，正體現了書類文獻的編排原則。《四告》篇文辭古奥，含有不少上古漢語特有的詞彙，加之簡文内容偶有殘缺，上下文之間或不連貫，給理解文意帶來很多困難。原整理者對簡文進行了卓有成效的整理注釋工作，爲學界深入研究本篇内容奠定了堅實的基礎。在原整理者所做工作的基礎上，我們發現部分字詞文句尚留有一定的探討空間，故擇其可説者爲之箋釋，以就教於博雅方家。

以下行文按照原整理者所分的四篇簡文的順序，依次羅列每篇告辭中需要進一步討論的字詞文句，並在前面添加相應的編號，以清眉目。爲避免行文煩瑣纍贅，所引原整理者意見，僅在其後標注原書相應的頁碼，不具注。

* 本文爲國家社科基金一般項目“《論語》古注新解綜合研究及數據庫建設”（18BZS003）階段性成果。

一、第一篇告辭

（一）簡1：⿰桼肯（⿺辶釆-悉）𢊁（表）非盄（盜/⿰金壽-討/⿰壴攴）余又（有）周

“⿰桼肯”字，原篆作“”，原整理者隸定爲“⿰桼延”，注釋以爲：⿰桼延𢊁，讀爲“薦表”。薦，奠獻。表，表明，表白。“表”的這種用法見於《禮記•内則》“子放婦出，而不表禮焉”，鄭注：“表，猶明也。”盄，讀爲“討”，治，懲罰。《書•皋陶謨》：“天討有罪，五刑五用哉！”余又周，即“我有周”，《尚書》習見（第112頁）。

今按：“”字，左部从“桼”没有問題。類似字形，可參江陵天星觀一號墓卜筮簡“（桼）”“（䣛）”（李守奎，2003:376、543）、清華簡（陸）《子産》簡6“（桼）”（李學勤，2016:87）、清華簡（柒）《越公其事》簡6“（䣛）”（李學勤，2017:53）等。但“”字右上部，却很有可能並非从“延”，而是从“止”。根據古文字材料，可知《説文》“延”與“延”本是一字分化，二者皆當是從早期的“辵”分化而來（季旭昇，2014:136-138）。“辵”“延”“延”皆从“止”作，古文字階段的字形非常接近。但在戰國文字中，由於“延（延）”已經分化成爲獨立的字，故“止”與“延（延）”二者寫法上的差别在大多數情況下還是很明顯的。戰國文字中明確的“延”或从“延”之字，如新蔡葛陵楚簡甲三261“（延）”、零13“（延）”、甲三201“（脡）”、零8“（脡）”（張新俊、張勝波，2008:55、135）、上博簡（五）《弟子問》簡2“（脡）”、上博簡（六）《天子建州（乙本）》簡8“（延）”（徐在國，2013:3042）、清華簡（壹）《楚居》簡6“（綎）”（李學勤，2010:119）、清華簡（陸）《鄭武夫人規孺子》簡11“（延）”（李學勤，2016:32）、清華簡（玖）《治政之道》簡8“（脡）”（黄德寬，2019:36）等，其中的“延”皆與一般常見的“止”字形寫法有别。當然，二者也偶有相混淆的，如清華簡（叁）《説命（下）》簡3“（脡）”（李學勤，2012:45），上部所从的“延”就寫作“止”形。原整理者大概是從這個角度考慮，故將此字隸定爲“⿰桼延”，以爲是从“延”得聲而讀爲“薦”。如果僅從字形上看，這種説法也許不無道理。然實際上，如此分析字形，首先是左部所从的“桼”無法解釋；其次，“延”與“薦”雖然上古音韻母皆屬於元部，但聲母一屬喻紐，一屬精紐，並不接近，且“延”與“薦”相通假之例前所未見，字即便是从“延”得聲，能否讀爲“薦”也不無疑問；故此説恐有問題。

我們認爲，“”應隸定爲“⿰桼肯”，其右上部當是从“止”作。以上所舉的明確的“延”字形，大都與此字右下部的寫法（即“止”字形）有明顯區别，皆可作爲字形方面的證據。此外，如果仔細辨析“”字右下部，可見其是寫作“”形，乃是四筆寫成。我們知道，古文字中“肉”和“月”形體近似，戰國文字往往把“肉”寫成四筆，把“月”寫成三筆，以示區别，然而二者仍然容易混淆（何琳儀，2017:307）。上舉戰國文字中明確的从“延”之字，如“（脡）”（新蔡簡甲三201）與“（綎）”（清華簡《楚居》簡6）等，下部顯然是三筆寫成，即嚴格説來下部當是“月”字。清華簡《楚居》的整理者（2010:186）曾指出，“綎”所从聲符䏠見於楚簡及銅器銘文，延、月雙音符。由於戰國文字中“肉”和“月”形近易混，故將“延”下部的“月”看作聲符不一定確切。但如果嚴格按照字形來分析，“”與“（綎）”之右下方分别是四筆和三筆寫成，則將“”字右下部釋成“肉”，將“（綎）”之右下部釋爲“月”且看作是聲符還是很有道理的。如果我們從古文字構形的系統性上綜合考量，即結合“”字左邊寫作“桼”旁這個偏旁限制條件，則“”字右下部釋成“肉”或許更有道理。綜上所論，我們認爲“”字右上部當是从“止”，右下部當是从“肉”，應隸定爲“䣛”，左部的“桼”爲聲符，此字就當是“厀（膝）”之異體。《説文》：“厀，脛頭卩也。从卩、桼聲。”段注：“俗作膝。”如此分析字形，則右上部的“止”與右下部的“肉”皆是義符。“厀（膝）”爲人體之一部分，故字从“肉”很好解釋。从“肉”之“膝”見於《方言》第四：“絜襦謂之蔽膝。”又見於武威漢簡《士相見之禮》甲本簡12（徐中舒，1985:642），還是較早出現的字形。“厀（膝）”又爲人體下肢的一部分，从“止”亦順理成章。如上博簡（五）《鮑叔牙與隰朋之諫》簡8“（𨁂）”字（馬承源，2005:38），即“厀（膝）”之異體，右下部即是从“止”作，可爲佐證。

如此，“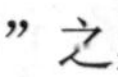”當隸定爲“䣛”，字即“厀（膝）”之異體。“䣛”从“桼”得聲，在簡文中當讀爲“悉”。上古音“桼”屬於清紐質部，“悉”屬於心紐質部，二字古音近可通。“桼”聲字與“七”聲字古音近可通，“七”聲字與“𠂤”聲字、“悉”聲字與“𠂤”聲字古音近可通（張儒、劉毓慶，2002:819、832），則从“桼”得聲的“䣛”讀爲“悉”從音理上説没有任何問題。通假例證上，如上博簡（一）《孔子詩論》簡27“蟋蟀”之“蟋”寫作“七”，清華簡（壹）《耆夜》中的“蟋蟀”之“蟋”寫作“䖝”，皆从“七”得聲而讀爲“蟋”（白於藍，2017:828），可爲佐證。又如《四告》篇簡46-47“𪓛光朕心”，王寧認爲：“𪓛”字从黽厀聲，疑是蟋蟀之“蟋”的或體，則此句當讀爲“悉光朕心”[①]。其説有理。“𪓛”字本是从“厀”得聲而讀爲“悉”，亦可爲佐證。《爾雅·釋詁》：“悉，盡也。”“䣛（厀/膝-悉）麃（表）”，即詳盡表明之義。

簡文“盄”字，又見於簡7“目（以）盄近（征）不服”，原整理者皆讀爲

①王寧：《清華十〈四告〉初讀》，簡帛網，2020年12月2日，http://www.bsm.org.cn/forum/forum.php?mod=viewthread&tid=12624&page=12。

“討”，於字形無説（第110頁）。今按：此字形當是源於早期古文字中的“盗”若“鑄”字。蔣玉斌（2012）曾經考釋過西周春秋金文中的“鑄”字，以爲“鑄”當讀爲“討”；但他將金文中的“鑄”與“盗”看作是兩個字。張富海（2015）認爲“盗”字形來源於表意的“鑄”的一種異體，兩個字的讀音（實際上是語言中的兩個詞的語音）很接近，將“盗”與“鑄”从形體和讀音的角度加以溝通認同。張説可信。今魯東南方言中，用翻砂法鑄造器物用具，仍讀“盗”之音，可爲佐證。“𥂝”字形除了下部所从的“皿”之外，與早期古文字中的“盗”若“鑄”差别較大，其右上部當是變形音化而成。或有學者以爲“𥂝”字上部是从“潮”聲，“潮”上古音屬澄母宵部，“討”屬透母幽部；聲韻俱近，故此字可讀爲“討”[①]。今按：若説此字是變形音化爲从“潮”聲或是，然若直接看作是从“潮”得聲的形聲字，恐不够精確；因爲如果按照這種分析字形的思路，下部的“皿”之來源無法合理解釋。如陳劍先生所指出的那樣，古文字中獨立成字的所謂的“潮”字，應當是從金文中那種雖然常用爲“朝”但本係爲“潮汐”之“潮”所造的本字（本从“川”）中截取分化出來的；也可以説是由“朝/潮”字省略而來的；其字形雖然本是由“川”變來的，但實際上所代表的單字或偏旁是“朝/潮”（王晨曦，2008）。也就是説，更早期的古文字中（如甲骨文中）應該不存在獨立成字的所謂“潮”字；這種獨立成字的“朝/潮”字應當是截取分化而成，或者説由“母字”省略而成的。從字形出現的先後來看，“𥂝”字形所從出的“母字”只能是“盗/鑄”，而不可能是“朝/潮”。因爲當“盗/鑄”字形出現並通行之時，那種獨立成字的“朝/潮”字形（亦即“𥂝”字右上部之字形）很有可能尚未從“母字”中分化産生出來，因而也就不可能直接作爲聲符參與構成新字形。再者，從古文字中形聲字的産生途徑來看，以上對“𥂝”字形的分析也符合古文字“變形音化”的構形規律，而且可以很好地解釋其中“皿”字符的來源。此外，“𥂝”字右上部也有可能是變形音化爲从“舟”聲，字形可對比本輯《四時》篇所見的从“弓”从“舟”之字（第220頁），二者的寫法非常近似（簡7的“𥂝”字形所从尤其類似“舟”字）。“盗”，上古音屬於定紐宵部；“舟”，上古音屬於章母幽部；二字古音極近。古文字中的“朝”字，上古音也是定紐宵部，戰國時期有些字形已經聲化爲从“舟”聲，而《説文》據小篆字形就直接分析爲“从倝、舟聲”了，恰好可以與同屬定紐宵部的“盗”字聲化爲从“舟”聲相類比。

“𥂝”字可直接釋爲後世之“盗”若“鑄”，簡文中可讀爲“討”。《四告》篇簡7“𠚤𥂝延不服”，讀爲“以討征不服”非常通順。此處“𥂝”，原整理者亦讀爲“討”，訓爲“治、懲罰”，可以講通簡文。不過，作爲向神靈禱告之辭，“治、懲罰”之義於簡文中似乎太實。討，典籍或通作“𣪠”。《説文》：“㪣（𣪠），棄也。从

①朱國雷：《清華簡〈四告〉札記（一）》，簡帛網，2020年11月24日，http://www.bsm.org.cn/show_article.php?id=3610。

攴、䛑聲。《周書》以爲討。《詩》云：‘無我斁兮。’”我們認爲，簡文中若取“討（斁）”字“棄也”之訓，似乎更爲妥帖。《左傳》僖公二十二年：“天之棄商久矣，君將興之，弗可赦也已。”天之棄商，即上天厭棄、拋棄商朝。如此，簡文“𦍏（壁-悉）㢆（表）非𥁰（盜/鑄-討/斁）余又（有）周”，意即周公旦向皋繇詳盡表明心迹，祈求其不要厭棄周邦，棄置周邦於不顧。換言之，周公祈禱皋繇要對周邦多加佑護。

（二）簡2：㑥𠒱天命

“㑥𠒱天命”，原整理者認爲：“㑥”字右上部分疑爲“匄”，讀爲“竭”。清華簡《厚父》第五至六簡：“王廼渴（竭）𠒱（失）其命，弗甬（用）先𠟭（哲）王孔甲之典刑。”《厚父》此句亦見於《書・君奭》，《漢書・王莽傳》亦有引用。從用字習慣和文意看，簡文都應讀爲“竭失”（第112頁）。

今按：將簡文“㑥𠒱”讀爲“竭失”，從文意上來説沒有問題。但需要補充説明的是，《尚書・君奭》“遏佚前人光在家”，原文的詞形是寫作“遏佚”，《漢書・王莽傳》引作“遏失前人光”。蔡沈《書集傳》訓釋《君奭》此句爲“遏絶佚墜文武光顯”。又《尚書・吕刑》“遏絶苗民”，“遏”“絶”二字爲同義連用。遏，絶也，止也（宗福邦等，2003:2297）。當然，“竭”與“遏”典籍通用，且“竭”字在典籍中也有“失去、敗亡、敗壞、毀滅”之義（宗福邦等，2003:1660）。但從與古代典籍尤其是書類文獻用字對應的角度來説，簡文“㑥𠒱”讀爲“遏佚”或“遏失”也許更合適些①。

此外，根據本篇抄手書寫比較草率的作風來看，我們懷疑，簡文之“㑥”字，原篆作“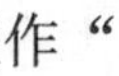”，很可能當是“𢓜（迲）”亦即“遏”字之訛寫。遏，从辵、曷聲。曷，从曰、匄聲。“迲”亦即“遏”字之簡省寫法。簡文“㑥”左部的“亻”旁，本當是“彳”旁。下面第三簡“禛（顛）遝（覆）氒（厥）典”之“遝”，原篆作“”，正好就是“彳”旁訛寫作“亻”旁，可爲佐證。由此看來，如果以上推測不誤，則將“彳”旁誤寫成“亻”旁，或許是本篇抄手的習慣性訛誤。“㑥”右下部的“女”旁，本當作“止”旁。先秦古文字中，“止”“女”二形有相混之例，毋庸贅言（劉釗，2011:284、339）。

設若以上所説有理，則簡文之“㑥”字，或許最初就是寫作“𢓜（迲）”字形的，字可直接釋爲“遏”字。如此，簡文原本就是用从“辵”旁的“遏”字，與傳世《尚書》文本用字一致。

（三）簡8：秼命于周。簡9-10：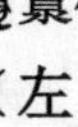㒸秼士弟男，貧氒（厥）元良，目（以）縛（傅）補（輔）王身，咸乍（作）右（左）右叉（爪）𤖼（牙），甬（用）經緯大

①關於清華簡《厚父》中的“竭失”，趙平安在國外發表的《重讀清華簡〈厚父〉筆記》一文中續有討論，讀者可以關注。此文承蒙趙先生惠贈，謹致謝忱。

【九】邦周。

簡8、簡9的“秼”字，原篆作“”“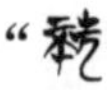”形，原整理者以爲字从先聲，皆讀爲“效”，並將後一個“效”解釋爲“授官”（第110、114頁）。或將“秼士弟男”之“秼”讀爲“招”，訓爲“來也”；“男”，即“才能”之“能”；簡文“弟”字可讀爲“第”，品第、評定的意思；簡文云“秼（招）士弟（第）男、𢍰（允/鞔/遂）氒（厥）元良，以縛（傅/扶/榜/傍）補（輔）王身”，是説招徠才士、品第賢能、擢進良善，以輔佐王身①。

今按：既然讀爲“效”，則原整理者當是認爲此字右部的聲符“先”是“堯”之簡省寫法，而非“陸”之聲符。將“秼”讀爲“招”，亦是認爲此字是从“堯”得聲。以爲字从“堯”聲而讀爲“效”或讀爲“招”，從音理上以及前後文意上看倒是可以講通簡文。不過，如果考慮到文字形體的繼承性，我們懷疑“秼”字形當是來源於秦公簋（《殷周金文集成》4315，以下簡稱《集成》）銘文“才（在）帝之（⿰不𠩺）”之“（⿰不𠩺）”；字又見於噩侯鼎（《集成》2810），作“”；又見於麥方尊（《集成》6015），作“”。前輩學者（張世超等，1996:3175）或釋此字爲“坏”；楊樹達則讀“坏”爲“覆”。設若楊説不誤，則簡8或可讀爲“覆命于周”。

秦公簋等銘文所見之“⿰不𠩺”字，學者多有討論。或認爲此字从“不”聲，可讀爲“陪”；這裏的“陪”似當理解爲“陪位”“陪貳”之“陪”，即輔佐“上帝”所處的位置；在麥尊中或讀爲“鄙”②。無論如何考慮，將此字看作从“不”得聲都是最有理據的。若金文中的這個字以“不”爲聲符可信，我們懷疑秦公簋“才（在）帝之⿰不𠩺”之“⿰不𠩺”或當讀爲“部”，《廣韻·厚韻》：“部，署也。”即後世官署、衙署之意。秦公簋銘“十又二公，才（在）帝之部”，言其十二位先公去世後登陟在上帝之官署也。“不”旁增加“𠩺”，或當是添加的義符。“𠩺”上部从“土”，下部所从類似“厂”字，所表示的字義似乎與古代某種人工建筑有關。古代的官署也是人工土木修筑而成，義符“𠩺”或與之有關。

如果簡文的“秼”字確實就是來源於金文中的“⿰不𠩺”字，則其亦當是从“不”得聲之字。簡9“秼士弟男”，或可讀爲“鄙士弟男”或“娝士弟男”。簡文或當是用一個貶義詞來修飾後面三個並列的名詞“士弟男”。鄙，鄙陋。《説文》：“娝，不肖也。从女、否聲。讀若竹皮箁。”後世又通作“痞”。“鄙士弟男”，即鄙陋的士弟男。“娝士弟男”，即不肖之士弟男。

簡9“彙”二字，原整理者屬上讀，將第一字存原篆而未釋，在其後括注

①抱小（蔡偉）：《試説清華簡〈四告〉之“秼士弟男”》，復旦大學出土文獻與古文字研究中心網，2020年12月18日，http：//www. gwz. fudan. edu. cn/Web/Show/4725。

②薛培武：《説〈閟宫〉“三壽作朋”之“朋”及相關》，簡帛網，2018年6月19日，http：//www. bsm. org. cn/show_article. php?id=3172。

“〈繇〉”，則是認爲此字當是“繇”之訛誤；將“䝝”字讀爲“繹”。注釋認爲：繇繹，疑讀爲“抽繹”，近義連用。《莊子・天地》“絜水若抽”，陸德明《釋文》引李頤曰：“抽，引也。”《詩・車攻》：“赤芾金舄，會同有繹。”繹，連綿不絶。一説讀爲“由繹”，即《書・立政》“克由繹之”，指選拔人才，屬下讀，“淵胙”則屬上讀（第110、114頁）。

今按：這種説法確實可以講通簡文。不過，“”字中間部分似乎是从“甬”，下部从“臣”，我們懷疑其當釋成“僕傭”之“傭”。先秦時期“僕傭”與“臣”意義接近，皆是役使於他人者。此字上部所从即“繇”之聲符，“繇”聲與“傭”聲古音比較接近；“繇”古音屬於喻紐幽部，“傭”古音屬於喻紐東部，二字古音聲母相同，韻部旁對轉；故上部所从之“繇”有可能是添加的聲符。再結合前後文義，我們認爲“䝝”二字或可讀爲“庸釋”。《尚書・君奭》：“天不可信，我道惟寧〈文〉王德延，天不庸釋于文王受命。”《尚書・多方》：“誥告爾多方，非天庸釋有夏，非天庸釋有殷。”蔡沈《書集傳》訓釋《君奭》“天不庸釋于文王受命”句云：“天固不可信，然在我之道，惟以延長武王（引按：實當是文王）之德，使天不容捨文王所受之命也。”周秉鈞（2010:242）《尚書易解》注云：“庸釋，舍棄也，古雙聲連語。”也即，前人（顧頡剛、劉起釪，2005:1559）多將《尚書》之“庸釋”訓解爲“舍棄、舍去、舍釋”之義。簡文之“庸釋”似亦可如此訓解。如此，“庸釋鄙（婼）士弟男”，即舍棄那些鄙陋不肖之士弟男。

簡9“㷂乎（厥）元良”，原整理者讀爲“允厥元良”，將“允”訓爲“誠信，誠實”（第110、114頁）。有學者認爲：此文“㷂（允）”字，當即《説文・夲部》訓爲“進也”之“䟭”字；“䟭”字又與“遂”字通，“遂”字也有“進”的意思[①]。

今按：後文“以傅輔王身，咸作左右爪牙，用經緯大邦周”云云，顯然是表示以上某種行爲的目的或所帶來的結果，故“㷂”當是一個表某種具體行爲的動詞，直接讀爲“允”訓解爲“誠信，誠實”似不辭。將“㷂”字釋爲《説文》訓爲“進也”之“䟭”，或讀爲“遂”，皆可講通簡文，諸字之間當有同源關係。

據古文字構形規律推測，“㷂”字从火、允聲，當即典籍之“焌”字。《説文》：“焌，然（燃）火也。从火、夋聲。《周禮》曰：‘遂籥其焌。’焌火在前，以焞焯龜。”循音以求，我們懷疑此字在簡文中或可讀爲“選”。“允”聲字與“巽”聲字古音近可通。如《論語・爲政》：“先生饌。”《經典釋文》：“饌，鄭作餕。”（張儒、劉毓慶，2002:942）“選厥元良”，表述上較爲常見，文義上似亦更爲合適。

綜上所述，簡文“庸釋鄙（婼）士弟男，㷂（選）厥元良，以傅輔王身，咸作左右爪牙，用經緯大邦周”云云，或當是説，舍棄那些鄙陋不肖之人，而選拔進用賢良

①抱小（蔡偉）：《説清華簡〈四告〉“允厥元良”之“允”》，復旦大學出土文獻與古文字研究中心網，2020年11月27日，http：//www. gwz. fudan. edu. cn/Web/Show/4702。

之才，以此來輔佐周王，治理周邦。

（四）簡11：顕（夏）甬配天

原整理者將相關簡文讀爲："惠女（汝）庑（度）天心，玆悳（德）天悳（德），用音（歆），名四方，氏尹九州，夏用配天"（第110–111頁）。學者或以爲：結合西周人普遍認爲"德"可以用音樂的形式傳播，登聞于天（或所謂"駿聲有聞"），"德音"一詞常見用於文獻，我認爲後面應該如下斷句："玆德用，音名四方，氏尹九州，夏用配天"，則通暢無礙[①]。

今按：如果前文之"音"確實是指音樂而言，則"夏"或當讀爲"雅"，指雅樂而言。又根據本篇簡文用字習慣，如簡7之"用"、簡10之"甬（誦）"等，可知本簡"夏甬配天"有可能當讀爲"雅頌配天"，是演奏雅頌之樂以祭天之義。古音"甬"與"頌"音近可通（張儒、劉毓慶，2002:321）。《大戴禮記·保傅》："號呼歌謡聲音不中律，宴樂雅誦逆樂序。"其中的"誦"亦通"頌"（方向東，2008:364–365），可爲佐證。

周公制禮作樂，主要用於祭祀。《史記·樂書》："故聖人作樂以應天，作禮以配地。""著不息者天也，著不動者地也。"正義："此美禮樂配天地也。"周人祭祀祖先，必有歌樂以侃喜之。《詩經·周頌·思文》詩序云："《思文》，后稷配天也。"正義曰："《思文》詩者，后稷配天之樂歌也。周公既已制禮，推后稷以配所感之帝，祭於南郊。既已祀之，因述后稷之德可以配天之意，而爲此歌焉。經皆陳后稷有德可以配天之事。""思文后稷，克配彼天"句，鄭玄箋云："周公思先祖有文德者，后稷之功能配天。"孔穎達疏云："以是之故，陳其久常之功，於是夏樂而歌之。言后稷功爲常久，永在歌樂，故所以配天共食也。"是爲周人祭祀祖先之時以歌樂配天之事。

（五）簡13：和我庶獄庶訟，𢍰用中型

"𢍰"字，原篆作"𠕒"，原整理者注釋以爲：師同鼎（《集成》2779）："𢍭（阱）畀其井（型）。"四十三年逨鼎（《銘圖》2512）："母（毋）敢不中不井（型）。""𢍭"字亦見於甲骨文，有關考釋參看王子楊《釋甲骨文中的"阱"字》（《文史》2017年第2期）。簡文讀爲"刑"（第115頁）。即將簡文讀爲"刑用中型"。趙平安（2020）對"𠕒"字的釋讀有較爲詳細的論證，認爲：將"𠕒"釋爲𢍰，可以讀爲刑；"刑用中型"，講的是"士制百姓于刑之中"（《吕刑》）、"刑平國用中典"（《周禮》）的道理；《立政》："玆式有慎，以列用中罰。"可與簡文"𠕒用中型"對讀，知"列"應爲𢍰（阱）的訛字；所謂"列用中罰"，應是誤讀𢍰字的結果。陳劍認爲：

①心包（薛培武）：《清華十〈四告〉初讀》，簡帛網，2020年11月26日，http：//www. bsm. org. cn/forum/forum. php?mod=viewthread&tid=12624&extra=&page=7。

𠁥應即“𠭊”省去“又”旁之“𣶒”部分①；並引鄔可晶（2013）之説，將簡文釋讀作“决用中型”。

今按：傳世本《尚書·立政》：“兹式有慎，以列用中罰。”叔尸鎛（《集成》285-2）：“昚（慎）中于罰。”比照其中的“中罰”一詞，再結合簡帛古書以“型”爲“刑”的用字習慣來看（白於藍，2017:1129-1131），則“中型”自然當以讀爲“中刑”爲妥，故“姘”字再讀爲“刑”恐怕就不合適了。至於將簡文“𠁥”釋爲“𠭊”字省體，似乎也有不好解釋之處。因从“井”之字從甲骨文到《説文》皆見，字形演變源流清晰，自成一系，似毋庸置疑。《説文》是成系統的字書。在出土古文字材料證據尚不足徵，且甲骨文中也能找到來源的情況下，我們恐怕很難否定《説文》所收録的“姘”字之存在，或者認爲其是另外某個字的訛變之形。因此，將“𠁥”釋爲“姘”字，若後世字書之“阱”與“穽”，是一個从“井”得聲之字，從目前所見的材料來看，這種看法都是最有理據的。

我們認爲，如果釋“𠁥”爲“姘（阱/穽）”可信，此字从“井”得聲，在簡文中或當讀爲“聽”。“井”聲字與“巠”聲字古音近可通，“巠”聲字又與“殸”“聽”聲字古音近可通（張儒、劉毓慶，2002:555、563；白於藍，2017:1158）。聽，謂議獄，决斷（案件），平治（獄訟）。簡文讀爲“聽用中刑”，意即聽訟量刑時要秉持中正公平的原則。《尚書·吕刑》：“兩造具備，師聽五辭；五辭簡孚，正于五刑；五刑不簡，正于五罰；五罰不服，正于五過。”“罔不中聽獄之兩辭。”《周禮·秋官·小司寇》：“以五刑聽萬民之獄訟，附于刑，用情訊之。”“以五聲聽獄訟，求民情。”《禮記·王制》：“司寇正刑明辟，以聽獄訟。”“凡聽五刑之訟，必原父子之親，立君臣之義，以權之。”《大戴禮記·盛德》：“故季冬聽獄論刑者，所以正法也。”《大戴禮記·千乘》：“司寇司秋，以聽獄訟，治民之煩亂，執權變民中。”《論語·顔淵》：“聽訟，吾猶人也。”《晏子春秋·内篇問上第三·景公問明王之教民何若晏子對以先行義第十八》“中聽以禁邪”，俞樾云：“案‘聽’，謂聽訟也。古謂聽訟爲‘聽’，《書大傳》‘諸侯不同聽’，注曰：‘聽，議獄也。’‘中聽以禁邪’，言聽訟得中則足以禁邪也。《尚書·吕刑篇》曰：‘罔不中聽獄之兩辭。’然則‘中聽’二字，蓋本於《尚書》矣。《問下篇》曰：‘中聽則民安。’夫刑罰不中，民無所措手足，故中聽則民安也。又曰：‘慢聽厚斂則民散。’‘聽’與‘斂’並言，亦《孟子》‘省刑罰，薄税斂’之意。”《晏子春秋·内篇問下第四·景公問富民安衆晏子對以節欲中聽第七》“中聽則民安”，孫星衍云：“中聽，聽獄得中也。”（吴則虞，1962:222-223、253）中聽，聽獄得中，當即簡文“聽用中刑”之義。

---

①陳劍：《簡談清華簡〈四告〉的“𠭊”字省體》，復旦大學出土文獻與古文字研究中心網，2020年11月4日，http：//www. gwz. fudan. edu. cn/Web/Show/4690。

二、第二篇告辭

（六）簡19：弋（式）卑（俾）曾孫有㵘（渙）壄（壯）=

“㵘”字，原篆作“”，原整理者隸定爲“㵘”，讀爲“濬”（第117頁）。

今按：此字當直接釋爲“渙”。上博簡（三）《周易》簡54、55對應“渙”卦名之字，作“”“”形，可隸定爲“𢍰”“𣪠”（馬承源，2003:66–67）。李零（2006）指出：渙，簡文从睿从爰，左右皆聲旁。其首字，睿旁加廾，其實就是奐字，等於奐加爰。其説可信。上博簡對應“渙”卦名之字，實際上應該是由“奐”“爰”兩個聲符構成。“奐”聲字與“爰”聲字古音近可通（張儒、劉毓慶，2002:743）。簡文中“睿旁加廾”的“奐”字既然可以省寫成“睿”旁，則可證明此字除去“廾”旁之字（即“睿”）可以獨立作爲“奐”之聲符。孟蓬生（2006）曾指出，奐上部所从的字符，是一個可以獨立成字的構件，奐即从之得聲。其説當是。

根據本簡“”字形，結合學界多有討論的“叡”“叡”等字，竊以爲諸字皆當是从“歺”得聲。《説文》：“歺，列骨之殘也。”如此理解，諸字之形、音、義皆可貫通起來。作爲一種可以手持的工具，先民正有以骨頭爲挖土之工具者，如考古出土的骨耜之類（黄渭金，1996；何駑，2017）。“”釋爲“渙”，即是以左上部所从的“歺”爲聲符。古音“歺”屬於疑紐月部，“奐”屬於曉紐元部，二字聲母同屬牙音，韻部月、元對轉，上古音很接近。

此字釋爲“渙”，在簡文中可讀爲“寬”。“渙”與“寬”古音近可通（張儒、劉毓慶，2002:749）。簡文“有渙（寬）”即“寬寬”。《詩・邶風・谷風》：“有洸有潰。”毛傳：“洸洸，武也。潰潰，怒也。”鄭箋：“君子洸洸然，潰潰然。”王先謙（1987:179）曰：“有者，狀物之詞。有洸，猶洸洸；有潰，猶潰潰。”《詩・齊風・南山》：“魯道有蕩。”王先謙（1987:384）曰：“有蕩，猶‘蕩蕩’也，即‘有洸’猶‘洸洸’、‘有潰’猶‘潰潰’之例。”準此，“有寬”猶“寬寬”，簡文“有渙（寬）壄（壯）=”即“寬寬壯壯”也。今傳本《逸周書•祭公》有“寬壯厥心”一語，其中的“寬壯”一詞應該與簡文“有寬壯壯”含義接近，當是一個形容人之身心寬舒安適，呈坦然狀態的詞。又《清華簡（壹）・祭公之顧命》簡11對應今傳本的文句作“𡨋臧𠂭（厥）心”（李學勤，2010:174），對應今本“寬”之字寫作从“亘”聲。“奐”聲字和“亘”聲字古音近可通（張儒、劉毓慶，2002:739），則“有渙”亦可讀作“有桓”，意即典籍所見的“桓桓”。如《詩・周頌・桓》：“桓桓武王，保有厥士。”《詩・魯頌・泮水》：“桓桓于征，狄彼東南。”《尚書・牧誓》：“勖哉夫子！尚桓桓。”虢季子白盤（《集成》10173）銘文：“桓（桓）桓（桓）子白。”同銘又有

“壯武于戎工（功）”之語，可爲“寬（桓）壯”一詞之參證。毛傳訓解“桓桓于征”云：“桓桓，威武貌。”威武之貌與身心寬舒之狀態密切相關，“桓桓”與“寬寬”當是同源詞，二者與“壯壯”一詞的含義似乎也很接近。簡文“式俾曾孫有寬（桓）壯壯”，當是伯禽祈求神靈讓自己身心寬舒安適、儀態雄壯威武也。

（七）簡19：不㱿威義（儀）；簡36：不誨戩（畏-威）義（儀）

兩處簡文，原整理者皆讀爲“丕謀威儀”（第117、120頁）。

今按：據簡20“弋（式）尚光明余小子”、簡21“母（毋）迷于猷，母（毋）蛩（愆）于圖（圖）”等文句，我們懷疑，此句簡文當讀爲“不晦威儀”。晦，昏昧不明之義。簡19“弋（式）卑（俾）曾孫……不晦威儀”，句意當是伯禽祈求神靈讓自己在威儀方面光明顯著而不昏昧糊塗；或者説讓自己在威儀方面比較諳熟，心裏很明白，從而威儀顯赫。唐人王起《雍時舉爟火賦》：“晦威儀之秩秩，迷俎豆之莘莘。”用辭可參。先秦時期，在正式的禮儀場合要求上層貴族對於禮節儀式方面非常嫻熟，從而顯得雍容優雅，威儀顯赫。《詩・邶風・柏舟》：“威儀棣棣，不可選也。”毛傳：“棣棣，富而閑（嫻）習也。”《大戴禮記・保傅》記載，天子如果“不閑（嫻）於威儀之數”，“凡是其屬太師之任也”。典籍中諸如此類的記載，皆可爲參證。

（八）簡21：進退走聑（揖），兡=麋（麋）=

此簡重文二字，原篆作“（兡）”“（麋）”，原整理者在釋文中僅作如上隸定而無注釋，並於第二字後括注“麋”字（第117頁），則是將其看作“麋”之訛字；後附的字形表又將第一個字形放到“不識字”欄中（第238頁）。

今按：根據戰國簡帛文字材料所見的現象，我們認爲，簡文“”字，上部當是“門”之省形。楚簡文字中有類似的例子。如《上博簡（三）・周易》簡16“出門”之“門”，寫作“”（馬承源，2003:28），即省寫左右兩邊的兩豎筆而成“非”字形。有學者認爲，楚簡文字中存在借用竹簡邊緣的現象，並把這種借用竹簡邊緣作爲文字組成部分的借用方式叫作借用簡緣；借用簡緣是一種特殊的省略形式①。其説有理。《上博簡（九）・靈王遂申》簡1“軍門”之“門”寫作“（處理後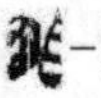-）”形（馬承源，2012:31），兩邊筆畫稍有殘損，整體上近似“非”字形，也有可能此字本當是借邊字，兩邊本來就没有豎筆。準此，本篇簡10“開（闢-辟）”字，原簡字形作“”（第31頁），左上部没有一豎筆；後附的字形表中所收録的字形作“”（第215頁），在左上部添加了一豎筆，此豎筆或許本來也是不存在的。無論如何，將簡文“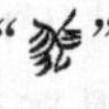”字上部的“非”看作是借用竹簡邊緣而省去兩邊豎筆的“門”字，是符合戰國文字構形規律的。

①蕭毅：《竹簡文字中的借邊》，簡帛網，2007年12月29日，http://www.bsm.org.cn/show_article.php?id=765。

“”字下部，左邊从“人”，右部从“目”（以），則其下部所从整體上來看當是“以”字。古文字中的“以”字，早期完整的字形本是从“人”形（如《合集》43“”），後來截取其中部分形體寫作“目”形（如《合集》26992“”）（劉釗，2014:830–831）。西周、春秋時期的“以”字形大都沿襲截取之後的簡省寫法。戰國秦系文字中，又出現保留“人”形而將“人”形分離出來之例，如宗邑瓦書之“”（以）（王輝，2015:2187）。隸楷階段繼承此類从“人”之字形，遂成今之“以”字。學界一般認爲，戰國秦系文字从“人”之“”（以）是由早期甲骨文的“”字形演變而來的（裘錫圭，2012a）。但是，也有學者（張世超等，1996:3478）或以爲：然時代懸隔，中無遞承之迹，據較早之瓦書文字，所从之“目”“人”乃爲二體，則“以”當爲从“人”，“目”聲字，“人”乃後增之義符。也即，由於戰國秦系文字从“人”之“”（以）與甲骨文時代遠隔，中間又缺少字形演變環節，所以戰國時代秦系文字所見的从“人”之“”（以）更有可能是後來重新增添“人”旁而形成的。不過，話又説回來，由於我們對先秦古文字材料的瞭解都是片段性的，古文字形體的演變存在“隔代繼承”的現象，即早期古文字（如甲骨文）中出現過的字形，中間缺乏演變環節，到了後來（如戰國時代）又重新出現了。所以，目前學界一般認爲戰國秦系文字从“人”之“”（以）是由早期甲骨文的“”字形演變而來的説法，實不可輕易否定。然從目前所見的材料來看，認爲戰國秦系文字从“人”之“”（以）當分析爲从“人”“目”聲之字，將“人”看作是後增之義符的説法還是很有道理的。如果此説可信，因古文字偏旁位置左右無别，則戰國秦系文字从“人”之“”（以）與後來的“似”當是一形之分化。傳抄古文有“似”字作“”“”形（徐在國，2006:786），與《説文》小篆“似”字形“”完全一致。或將碧落碑的“”字形收到傳抄古文的“似”字頭下，並括注“以”（劉建民，2013）。若是按照上述看法，則寫作“”類的字形很可能原本就是“似”字，與傳抄古文的“似”字寫作“”“”形本是一字，只不過是將“人”旁寫在“目”之右部而已。最早考釋甲骨文中从“人”形之“”（以）字的孫詒讓，就是將其釋爲“佀”（似）字的。據此説來反觀古文字材料，可知侯馬盟書中所謂的“”（似）字（張頷等，2016:420），與中山王方壺中的“”（㞐–怠）字（湯餘惠，2015:709），同屬於三晉系文字，且“尸”與“人”本是一字分化，則二者所从的聲符都應當是“似”，不過是“人”旁或“尸”旁所處的位置不同而已。又如，馬王堆漢墓帛書《老子》乙本卷前古佚書《十六經·立命》：“允地廣裕，吾類天大明。”施謝捷（1994）認爲其中的“允”當讀爲“似”。一般認爲，“允”上部演變成从“㠯”屬於變形聲化（謝明文，2017）。“允”上部聲化爲从“㠯”後，其實未嘗不可看作是从“人”“㠯”聲的“佀”（似）字之異體，不過是將“人”旁寫在下部而已。準以上諸例，“”字下部即是从“佀”（似），則此字可隸定成“闀”或“闞”。

按照文字學的一般規律來分析，此字當是一個从門、似（㠯/以）聲之字，在簡文中可讀爲“怡”。《説文》：“怡，和也。从心、台聲。”《玉篇・心部》：“怡，悦也，樂也。”《論語・鄉黨》：“出，降一等，逞顏色，怡怡如也。”《論語・子路》：“兄弟怡怡。”何晏《集解》引馬融曰：“怡怡，和順之貌。”怡怡，當是和悦安適之貌。

簡文下一字“麢（㲋）”當是从“㲋”得聲，在此可讀爲“懌”。《説文》新附：“懌，説（悦）也。从心、睪聲。”《爾雅・釋詁》：“懌，樂也。”“懌”與“怡”是同義詞。“怡怡懌懌”，即和悦安適、怡然自得之貌。

簡文“進退走咠（揖），閪（怡）=麢（㲋-懌）=”，當是伯禽祈求神靈讓自己在禮儀場合，能够做到儀容和悦安適、怡然自得。

（九）簡23：鼀（竈）贛（貢）饔餼（餼）

原整理者注釋以爲：竈，進獻，貢納。《合集》9187“我蛛（竈）五十”、《戰後京津新獲甲骨集》（群聯出版社，1954年）264“我鼀（竈）……”均爲記事刻辭，“竈”意爲進獻、貢納。西周金文琱生尊（《文物》2007年第8期，第19頁圖31、32）“余鼀（竈）大章（璋）”，“竈”亦表示進獻、貢納。簡文的“竈”“貢”，應理解爲賞賜，這就是所謂的施受同詞。餼，《左傳》僖公三十三年“吾子淹久於敝邑，唯是脯資餼牽竭矣”，陸德明釋文：“牲腥曰餼，牲生曰牽。”《儀禮・聘禮》“君使卿韋弁歸饔餼五牢”，鄭注：“牲，殺曰饔，生曰餼。”（第119頁）

學者或以爲：“竈貢饔餼”，我們以前曾説過，甲骨金文裏的“竈”可讀爲“輸”，“竈”端紐侯部，“輸”書紐侯部，二字皆舌音侯部，古音至近。典籍中也有二聲系字相通的例子，如《莊子・達生》：“紫衣而朱冠”，《釋文》：“朱冠，司馬本作俞冠。”“輸”有奉獻、交納的意思，如《左傳》襄公九年：“魏絳請施舍，輸積聚以貸。”《漢書・卜式傳》：“式上書，願輸家財半助邊。”（《甲骨文所見動物研究》第361–362頁）參《鹽鐵論・本議》“郡國諸侯各以其物貢輸”“所以齊勞逸而便貢輸”，正是“貢”“輸”連言[①]。後來，作者又采信馬楠先生的説法，進一步認爲：承蒙馬楠先生告知，“輸貢饔餼”的意思應該是“天子賜給魯國嚮天子輸貢饔餼的待遇”，其言甚確，即“輸貢饔餼”相當於使動用法，是“使魯國嚮天子輸貢饔餼”的意思，而不理解爲“賞錫”“所謂的施受同詞”[②]。

今按：上述兩種説法都可以講通簡文，且將“竈”讀爲“輸”，訓解爲“奉獻、交納”，也可以講通早期的甲骨刻辭與金文銘文。不過，體會上下文意，簡文此句緊接在“天子賜我林寶、金玉庶器”之後，後面的“饔餼”應該是天子賞賜給伯禽的，

①ee（單育辰）：《清華十〈四告〉初讀》，簡帛網，2020年11月21日，http://www.bsm.org.cn/forum/forum.php?mod=viewthread&tid=12624&extra=&page=3。

②參單育辰先生《清華十〈四告〉釋文商榷》一文（待刊稿）。此文承蒙單育辰先生惠贈，謹致謝忱。

而不是伯禽貢獻、交納給天子的東西。因此，原整理者認爲簡文中的“貢”應理解爲賞賜，是很有道理的。“輸”在“奉獻、交納”的義項上與“貢”接近，但似乎不含有“賞賜”之意。且簡文與甲骨文時代遠隔，在用辭上是否具有一致性，也是需要考慮的。

至於將“輸貢饔飧”看作使動用法，理解爲“使魯國嚮天子輸貢饔飧”的意思，恐不可信。這段簡文是伯禽向神靈禱告之辭，祈禱時所面對的對象是神靈，而非周天子。如果伯禽真想“使魯國嚮天子輸貢饔飧”，直接向周成王或輔政的周公申請即可，大可不必去向神靈禱告的。而且，簡文前面的禱告辭“弋（式）卑（俾）皇辟又（有）焯天子賜我林寶、金玉庶器”句，明顯是祈求神靈讓天子賞賜寶物的，此句又轉而祈求“使魯國嚮天子輸貢饔飧”，語意未免太過突兀。按照常理來説，“饔飧”可以通過交易獲得，也屬於財物之一種；伯禽既然想“使魯國嚮天子輸貢饔飧”，那似乎就没有必要祈求天子賞賜寶物了。再者，根據《尚書 • 禹貢》等先秦典籍的記載，諸侯國向中央政府貢獻財物當是題中應有之義，魯國自然也不應例外。也就是説，魯國向周天子“輸貢饔飧”（如果當時有此項規定的話）大概是應盡的義務，而不是什麽特殊的權利，自然是毋需祈求的。

根據“鼄”字在戰國文字中的用法，我們認爲簡文“鼄貢饔飧”之“鼄”或當讀爲“重”。上古音“朱”聲字與“重”聲字音近可通（張儒、劉毓慶，2002:317）。又如，《清華簡（陸）• 鄭武夫人規孺子》簡13“加重”“慎重”之“重”寫作“𨤲”（李學勤，2016:33、104），顯然是一個雙聲符字，“童”與“主”皆是聲符。“童”“重”皆从“東”得聲，上古音“主”聲字與“朱”聲字音近可通（張儒、劉毓慶，2002:273），亦可證戰國文字中“朱”聲字讀爲“重”没有問題。《説文》：“重，厚也。”重，即豐厚，數量多。貢，謂賞賜，賜予。《爾雅 • 釋詁》：“貢，賜也。”重貢，即多多賜予之義。《左傳》昭公十三年：“昔天子班貢，輕重以列。列尊貢重，周之制也。卑而貢重者，甸服也。”當然，這裏的“貢”是指向上貢獻、納貢，詞義與簡文“貢”訓爲“賜”正好相反，但同樣是以“重”來修飾，用詞却可參。“重貢饔飧”，當是伯禽祈求神靈讓天子多賞賜饔飧。推測前後文意，伯禽祈望天子多賞賜饔飧，大概是準備作爲赴魯就封路途中的食物。

三、第三篇告辭

（十）簡29：剥達（撻）氒（厥）家

簡文所謂的“剥”字，原篆作“”。原整理者釋爲“剥”，注釋以爲：剥，《書 •

泰誓中》"剥喪元良，賊虐諫輔"，孔傳："剥，傷害也。"（第120、122頁）

今按："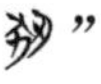"字左部从"豕"，右部从"刃"。因古文字中"刃"與"刀"作爲義符可以通用（何琳儀，2017:283），故此字即可隸定作"㓾"。將其釋爲"剥"，應該是采用陳劍（2007）之説（以下簡稱"陳文"）。陳文認爲：金文（西周中期的静簋，《殷周金文集成》8.4273）中的"㓾"字當釋爲"剥"；"㓾"字作以刀向豕之形，表"剥皮""割裂"等之意。陳文同時説明，至於殷墟卜辭中"㓾"字的釋讀，還有待進一步研究。此外，陳文還指出，本从刀从豕會意的"剥"字，與从刀从"彖"聲的"剶（劙）"字相混；馬王堆帛書"剥"字大都跟"剶（劙）"字形全同，以致《馬王堆簡帛文字編》就將兩例"剶（劙）"字誤收入"剥"字下了。也即，陳文原本是將馬王堆帛書中所見的"剶（劙）"字（如《五十二病方》第112、246行）與"剥"字分成二字的。不過，後來出版的《長沙馬王堆漢墓簡帛集成・五十二病方》（裘錫圭，2014:236、261）的釋文注釋中，並没有采用原釋文讀爲"劙"訓爲"割"的説法，而是采用了釋爲"剥"的説法。

《四告》篇公布後，有學者認爲：簡29所謂的"剥"，左部从豕，非录，實爲"剶"，修剪[①]。當是直接將簡文此字形與古代字書（如《玉篇》《康熙字典》等）訓爲"去木枝也"的"剶"（《康熙字典》中注明此字"音川"）認同。雖然此説没有搞清楚字从"豕"爲何可以釋爲"剥"，且訓解爲"修剪"也難以讀通簡文，但其將此字與"剶"聯繫起來還是值得注意的。

綜合以上諸字形與文例，我們懷疑，陳文所謂的"剶"（劙）字，或許就是來源於早期甲骨文和金文中的"㓾（剥）"字，二者本是一形之分化。首先，從字形上看，陳文所舉的馬王堆漢墓帛書中"剶"（劙）與"剥"字形寫法相同；又《方言》第十三："**劙**（音儷），解也。"今傳本"**劙**"字上部或訛成"剥"；皆可爲佐證。其次，從字義上説，"剥"字常訓爲"裂也，割也，削也"，引申或假借爲"擊也，傷害也"（宗福邦等，2003:235-236）。《廣雅・釋詁》："剶，剔也。"《玉篇・刀部》："剶，削也，去枝也。""劙，解也，分割也。"《廣韻・薺韻》："劙，刀刺。"《集韻・薺韻》："劙，刺也。"《説文》："剺，剥也。劃也。"段注："《方言》：'劙，解也。'劙與剺雙聲義近。""剥"與"剶（劙）"二者顯然爲同義詞。甚至早期字書中的某些"剶"是否本當是"剥"字，也是可以考慮的。雖然從讀音上説，"剶（劙）"字當是从"彖"得聲的形聲字，古音屬來紐支部，與幫紐屋部的"剥"不同，這或許是由於古人對早期文字中"㓾"字的構形理解不同，二字産生分化導致的。總而言之，將簡文此字釋爲"剶（劙）"，訓解爲"剔也""削也""解也""刺也"等義項，也可講通簡文；且"剶（劙）"字所从的"彖"與"豕"形義皆近，在字形演變環節上似

①潘燈：《清華十〈四告〉初讀》，簡帛網，2020年11月25日，http：//www.bsm.org.cn/forum/forum.php?mod=viewthread&tid=12624&extra=&page=7。

乎更容易解釋些。因此，我們懷疑“剝（劙）”字與早期文字中的“刴（剥）”本是一字分化。當然，此説尚待進一步證明。

四、第四篇告辭

（十一）簡40：（載）覓

簡40首字，原整理者在釋文中存原篆而未作隸定，在後面括注“載”，又將此字形放到後附的字形表“不識字”欄中（第45、123、238頁）。

今按：原整理者將此字作爲“不識字”處理，未作隸定，似是覺得此字構形無法分析。然在釋文中又括注“載”，這個看法其實是正確的。我們認爲，此字當隸定成“飡”，就是“𩚵”字之簡省寫法或者説初文。《説文》：“𩚵，設飪也。从丮、从食，才聲。讀若載。”裘錫圭（2012b）曾經説過：“在古文字裏，形聲字一般由一個意符（形）和一個音符（聲）組成。凡是形旁包含兩個以上意符，可以當作會意字來看的形聲字，其聲旁絶大多數是追加的。也就是説，這種形聲字的形旁通常是形聲字的初文。……如果不算那些在一般形聲字上追加形旁而成的多形形聲字……這條規律幾乎可以説是毫無例外的。”陳劍（2010）曾據此“通例”考釋甲骨文中从“丮”从“皀（簋）”之“”（《合集》15819）爲《説文》之“𩚵”字，其字後添加聲符“才”作“”（《合集》26899）等形；此形象跪坐人形兩手奉盛食之皀（簋），應該就是“𩚵”字之表意初文；西周金文中，“皀”又變爲“食”（如沇子它簋，《集成》8.4330）。也即，甲骨文中尚未添加聲符“才”的“𩚵”字，其初文本是从“丮”从“皀（簋）”會意，後來添加聲符“才”，西周金文中又將義符“皀”替换爲同義的“食”，才形成《説文》中的“𩚵”字形。我們知道，先秦古文字中“丮”與“又”作爲義近形旁可以通用。如甲骨文中的“埶”可以从“又”作（劉釗，2014:160），而到金文中大都从“丮”作（董蓮池，2011:317）。又如，西周金文中的“對”字既从“又”作，又从“丮”作（江學旺，2017:93）。準此，“𩚵”字省去聲符“才”，僅保留其表意初文“飢”，再將義符“丮”替换爲同義的“又”，即成簡文“飡”字。其與甲骨文中从“丮”从“皀（簋）”之字所會之意相同，都可表“設飪”之義，則將其釋爲“𩚵”就順理成章了。《説文》“𩚵”字“讀若載”，在此簡文中自可讀爲“載”。

（十二）簡49：詈豈我家

“詈豈”，原篆作“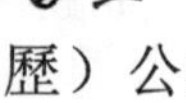”，原整理者將其釋爲“詈豈”，注釋云：詈，讀爲“鬲”，金文有“膺鬲（歷）公家”，見叔夷鐘（《集成》273、274）、叔夷鎛（《集

成》285)。亖,从亡聲,讀爲“光”,金文有“用寵光我家”,見通录鐘(《集成》64)(第49、123、125、198頁)。

今按:讀爲“鬲光我家”,似有不辭之嫌。細看“”字,我們懷疑其下部或當是“音”,而非“言”。因下部中間的筆劃明顯要粗一些,很可能是下部本來寫作“曰”形,而上部的横筆與上面的筆劃粘連在一起,從而寫成近似“言”字形了。再者,一般認爲“言”與“音”是一字分化,作爲偏旁常有混用之例。因此,即便下部所从本是“言”,也不妨看作是“音”之訛寫。至於“亖”字形,上从“亡”,下所从近似“豆”字形,也是前所未見。我們懷疑,此字形當是源自戰國文字的“亯”“盲”字,如“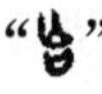”(《集成》11343)、“”(包山楚簡129“郜”)等。這些字在出土文獻中多用作“許”,通作“鄦”(周波,2012:62–63)。無論如何,將“亖”字看作是从“亡”得聲,還是很有理據的。

如果“网”下確是“音”,則此字即當釋爲“罯”,是一個从“音”得聲之字。“亖”字若是从“亡”得聲,則“罯亖”當可讀作“掩撫”或“俺憮”,倒文作“撫掩”或“憮俺”。《説文》:“罯,覆也。从网、音聲。”又《説文》:“罨,罕(罕)也。从网、奄聲。”段注於“罨”字“奄聲”下注云:“奄,覆也。此舉形聲包會意。”即“罨”字本身即包含有“覆蓋”之義,與“罯”字義近,二者當有同源關係。古音“音”聲字與“奄”聲字音近可通(張儒、劉毓慶,2002:1023),故从“音”得聲的“罯”讀爲“掩”或“俺”就順理成章了。

《爾雅·釋訓》:“矜、憐,撫掩之也。”郭璞注:“撫掩,猶撫拍,謂慰恤也。”《方言》第一:“憮、俺、憐、牟,愛也。韓鄭曰憮;晉衛曰俺;汝潁之間曰憐;宋魯之間曰牟,或曰憐。憐,通語也。”“悛、憮、矜、悼、憐,哀也。齊魯之間曰矜;陳楚之間曰悼;趙魏燕代之間曰悛;自楚之北郊曰憮;秦晉之間或曰矜,或曰悼。”“亟、憐、憮、俺,愛也。東齊海岱之間曰亟;自關而西秦晉之間,凡相敬愛謂之亟;陳楚江淮之間曰憐;宋衛邠陶之間曰憮,或曰俺。”《爾雅正義》於“矜、憐,撫掩之也”下引《方言》“陳楚江淮之間曰憐,宋衛邠陶之間曰憮,或曰俺”之文,注曰:“‘憮俺’與‘撫掩’通。”《廣雅·釋詁》:“憮、俺,愛也。”王念孫疏證云:“‘撫掩’與‘憮俺’聲近義同。” “撫掩”與“憮俺”屬於同源詞。

據上引《爾雅·釋訓》“矜、憐,撫掩之也”,可知“撫”“掩”二字可以連字成詞;又據上引《方言》“宋衛邠陶之間曰憮,或曰俺”,可知“憮”“俺”二字屬於同義連文;則詞形顛倒寫作“俺憮”或“掩撫”就不足爲奇了。且將“罯亖”讀作“掩撫”或“俺憮”,簡文“掩撫(俺憮)我家”訓釋爲哀矜、慰恤、憐愛我家,於簡文上下文義亦可貫通。作爲告神之辭,“掩撫(俺憮)我家”當是召伯虎祈求神靈哀矜、慰恤、憐愛其家也。同時,這句話與上文簡44“差(嗟)=我家”、簡45“禺(遇)天喪𤔲(亂)于我家”之語適相呼應。嗟嗟,是表哀嘆之聲的語氣詞。召伯虎之家遭遇喪亂，故禱告於神靈，哀求其矜憐慰恤其家也。

以上釋讀，是將"睯豈我家"這句話的主語直接看作是神靈，即是將"睯豈我家"這種行爲動作看成是直接由神靈針對其家發出的。不過，簡文前一句説"弋（式）卑（俾）曾孫永嗣先公，配（熙）₌萬年"，後一句説"畢狄（逖）不恙（祥），遠于不辝（辭）"，前後文句的主語雖然都是神靈，但"永嗣先公，配（熙）₌萬年""畢狄（逖）不恙（祥），遠于不辝（辭）"接在"弋（式）卑（俾）曾孫"之後，明顯是賓語補足語成分，這些行爲動作都應該是由賓語"曾孫（召伯虎）"發出的。雖然古人行文句式有錯綜互文之例，但畢竟罕見。因此，"睯豈我家"更有可能屬於賓語補足語，這個舉動應該是由"曾孫（召伯虎）"發出的，是召伯虎對於其家的某種行爲。

循此思路，簡文"睯豈我家"讀爲"掩撫（俺憮）我家"，其中的"掩（俺）""撫（憮）"作爲同義連文，或當訓爲"愛撫、安、安存、存恤、有、存撫、定"之義。《爾雅·釋言》："憮、敉，撫也。"郭璞注："憮，愛撫也。"《楚辭·九章·悲回風》"掩此哀而不去"，洪興祖補注："掩，撫也。"《左傳》桓公十三年"其謂君撫小民以信"，洪亮吉詁引《説文》："撫，安也。"《淮南子·原道》"以撫四方"，高誘注："撫，安也。"《廣雅·釋詁》："撫，有也。""撫，安也。""撫，定也。"司馬相如《喻巴蜀檄》"存撫天下"，張銑注："撫，安也。"《周禮·秋官·大行人》"王之所以撫邦國諸侯者"，鄭玄注："撫，猶安也。"《大戴禮記·五帝德》"撫教萬民而利誨之"，王聘珍解詁云："撫，安存也。"《左傳》定公四年"若以君靈撫之"，杜預注："撫，存恤也。"《禮記·文王世子》"君王其終撫諸"，鄭玄注："撫，猶有也。"孔穎達疏："撫爲存撫，故爲有也。"《廣雅·釋詁》"撫，有也"，王念孫疏證："撫爲相親有之有。"（宗福邦等，2003:828、897–898、933）《左傳》襄公十三年："赫赫楚國，而君臨之，撫有蠻夷，奄征南海，以屬諸夏，而知其過，可不謂共乎？""撫"與"奄"同義對文，亦當是安定、存恤、保有之義。簡文"掩撫（俺憮）我家"，當是召伯虎祈求神靈讓他能够安定、存恤、保有、安撫其家也。如此解釋，則此句簡文或與上文簡43"余小子不尚（當）于乃係（繼）嗣"一句有關，似是召伯虎在神靈（"北方尸""者魯大宗"）面前謙稱自己作爲家族繼嗣的宗主，没能盡到安定宗族的責任，故而禱告祈求神靈保佑幫助自己能够安定、存恤、保有、安撫其家族。

參考文獻：

白於藍　2017　《簡帛古書通假字大系》，福建人民出版社。
陳　劍　2007　《金文"彖"字考釋》，《甲骨金文考釋論集》，綫裝書局。
陳　劍　2010　《釋"甴"》，劉釗（主編）《出土文獻與古文字研究》（第三輯），上海古籍出版社。
董蓮池　2011　《新金文編》，作家出版社。
方向東　2008　《大戴禮記彙校集解》，中華書局。

顧頡剛　劉起釪　2005　《尚書校釋譯論》，中華書局。
何　駑　2017　《陶寺遺址ⅡM26出土骨耜刻文試析》，《考古》第2期。
何琳儀　2017　《戰國文字通論》（訂補），上海古籍出版社。
黄德寬（主編）　2019-2020　《清華大學藏戰國竹簡（玖）—（拾）》，中西書局。
黄渭金　1996　《河姆渡文化“骨耜”新探》，《文物》第1期。
季旭昇　2014　《説文新證》，藝文印書館。
江學旺　2017　《西周文字字形表》，上海古籍出版社。
蔣玉斌　2012　《釋西周春秋金文中的“討”》，《古文字研究》（第二十九輯），中華書局。
李　零　2006　《讀上博楚簡〈周易〉》，《中國歷史文物》第4期。
李守奎　2003　《楚文字編》，華東師範大學出版社。
李學勤（主編）　2010　《清華大學藏戰國竹簡（壹）》，中西書局。
李學勤（主編）　2012　《清華大學藏戰國竹簡（叁）》，中西書局。
李學勤（主編）　2016-2017　《清華大學藏戰國竹簡（陸）—（柒）》，中西書局。
劉　釗　2011　《古文字構形學》（修訂本），福建人民出版社。
劉　釗　2014　《新甲骨文編》（增訂本），福建人民出版社。
劉建民　2013　《傳抄古文新編字編》，復旦大學博士學位論文。
馬承源（主編）　2003　《上海博物館藏戰國楚竹書（三）》，上海古籍出版社。
馬承源（主編）　2005　《上海博物館藏戰國楚竹書（五）》，上海古籍出版社。
馬承源（主編）　2012　《上海博物館藏戰國楚竹書（九）》，上海古籍出版社。
孟蓬生　2006　《上博竹書〈周易〉字詞考釋》，饒宗頤（主編）《華學》（第八輯），紫禁城出版社。
裘錫圭　2012a　《説“以”》，《裘錫圭學術文集•甲骨文卷 • 甲骨文字考釋（續）》，復旦大學出版社。
裘錫圭　2012b　《釋殷墟甲骨文裏的“遠”“𨒪”（邇）及有關諸字》，《裘錫圭學術文集•甲骨文卷》，復旦大學出版社。
裘錫圭（主編）　2014　《長沙馬王堆漢墓簡帛集成》，中華書局。
施謝捷　1994　《馬王堆漢墓帛書〈經法〉注釋商榷》，《文史》（第三十九輯），中華書局。
湯餘惠（主編）　2015　《戰國文字編》（修訂本），福建人民出版社。
王　輝（主編）　2015　《秦文字編》，中華書局。
王晨曦　2008　《上海博物館藏戰國竹書〈三德〉研究》，復旦大學中國語言文學系碩士學位論文。
鄔可晶　2013　《説金文“䝿”及相關之字》，《出土文獻與古文字研究》（第五輯），上海古籍出版社。
吴則虞　1962　《晏子春秋集釋》，中華書局。
謝明文　2017　《“或”字補説》，《商周文字論集》，上海古籍出版社。
徐在國　2006　《傳抄古文字編》，綫裝書局。
徐在國　2013　《上博楚簡文字聲系（一～八）》，安徽大學出版社。
徐中舒（主編）　1985　《秦漢魏晉篆隸字形表》，四川辭書出版社。
張富海　2015　《試説“盜”字的來源》，《中國文字學報》（第六輯），商務印書館。
張頷等　2016　《侯馬盟書》，三晉出版社。
張　儒　劉毓慶　2002　《漢字通用聲素研究》，山西古籍出版社。
張世超等　1996　《金文形義通解》，（日本）中文出版社。
張新俊　張勝波　2008　《新蔡葛陵楚簡文字編》，巴蜀書社。
趙平安　2020　《清華簡〈四告〉的文本形態及其意義》，《文物》第9期。

周　波　2012　《戰國時代各系文字間的用字差異現象研究》，綫裝書局。
周秉鈞　2010　《尚書易解》，華東師範大學出版社。
宗福邦等　2003　《故訓匯纂》，商務印書館。

Notes and Explanations of the Characters and Words in Sigao(四告) on *The Bamboo Slips of Tsinghua University*

Hou Naifeng

Abstract: The literature of Sigao(四告) on *the 10th volume of the Tsinghua Bamboo Slips* is a typical document of the *Shangshu* style. The characters and sentences in this document are quite abstruse and difficult to understand. The former collator has done a good job in annotating the literature of Sigao(四告), which has laid a solid foundation for the academic circles to study the contents of this article in depth, but some words and sentences still leave some room for discussion. On the basis of the former collator's collation and annotation work, we supplement the textual research on some characters and sentences in the literature of Sigao(四告), to provide reference materials for future researchers.

Key words: *The Bamboo Slips of Tsinghua University*; the literature of Sigao(四告); reading notes and explanations

（侯乃峰，山東大學文學院　山东　250100）

清華簡八《攝命》釋文商榷*

單育辰

摘　要：《清華大學藏戰國竹簡（捌）》收入的《攝命》是一篇佚失已久的《尚書》類文獻，内容爲周王對伯攝的誡告。整理者做了非常完善的工作，但是由于簡文古奧，有些地方仍有疑義。本文對其中的一些詞句進行了補充釋讀。

關鍵詞：《清華大學藏戰國竹簡（捌）》；攝命；釋文商榷

新近出版的《清華大學藏戰國竹簡（捌）》（李學勤，2018）收入的《攝命》，是一篇佚失已久的《尚書》類文獻，内容爲周王對伯攝的誡告。此篇簡背有序號，但無篇題，篇題爲整理者所擬。其所述文句多能和金文尤其是《毛公鼎》對應（甚至有《攝命》的周王與《毛公鼎》的周王爲同一人的可能），但在傳世文獻中找不到痕迹，很難判定是否爲《書序》所録之篇，清華簡整理者以爲或是《冏命》。篇中周王雖然説道“人有言多，唯我鮮”（簡28），但洋洋灑灑訓誡了千言。此篇的發現，爲先秦經典又增加了一篇巨撰。整理者馬楠先生做了非常完善的工作，大大方便了學界的研讀。但此篇文句古奧，我們在拜讀過程中，也有一些不同的意見，今羅列於下，以作獻曝之資。

一、簡2：甚余我邦之若否，雩（越）小大命。

“甚余”，整理者無注。

按，“甚余”疑讀爲“堪予”，即堪能給予之義。

二、簡3：虘！今民丕造不康。

整理者把“虘”與“今”連讀爲“且今”。

按，從文義上看，“虘”更可能是語氣詞，讀爲“嗟”。簡32：“王乎作册任册命伯攝：‘虘！’”整理者已云：“虘，金文多作‘叡’形，句首語詞。楊樹達説《費誓》

* 本文受到2021年國家社科基金重點項目“清華簡佚《書》類文獻整理與研究”的資助。

‘徂兹淮夷、徐戎并興’，‘徂’即金文‘䖒’字，讀爲‘嗟’，‘徂兹’即‘嗟兹’，《管子·小稱》有‘嗟兹乎’。王曰‘虘’，收束全篇。”整理者對簡32“虘”的理解較勝，此亦可作簡3“虘”讀爲“嗟”之證。

三、簡6+7：“汝能諞（歷），汝能并命，并命難（勤）【6】緑。”

整理者把“緑”讀爲“肆”，並説：“難，讀爲‘勤’。《後漢書·周燮傳》‘肆勤以自給’，李注‘肆，陳也。’”

按，從下文“汝其敬哉，犾（虔）卹乃事”看，整理者把“難”讀爲“勤”應無誤。簡1+2“余一人無晝夕【1】難（勤）卹”，整理者説：“難，《説文》以爲堇聲，簡文四見，皆讀爲‘勤’。勤恤，見《召誥》‘上下勤恤’，《國語·周語上》‘勤恤民隱’。”亦“難”讀爲“勤”之證。“緑”整理者釋“肆”訓爲“陳”，書中未加訓解，據馬楠先生告知，是理解爲“陳力就列”的“陳力”之義。然“肆”訓爲陳力有增字解經之嫌。按，從“勤”字看，“緑（肆）”不如讀爲“肄”，訓“勞”。《書·顧命》“陳教則肄，肄不違”，孔傳：“雖勞而不違道。”《詩·邶風·谷風》“有洸有潰，既詒我肄”，毛傳：“肄，勞也。”《左傳》昭公三十年“若爲三師以肄焉”，杜預注：“肄猶勞也”。“肄”又作“勩”，二字語音相近。上引《谷風》，《釋文》：“肄，《爾雅》作‘勩’。”《詩·小雅·雨無正》“正大夫離居，莫知我勩”，毛傳：“勩，勞也”，《左傳》昭公十六年引作“莫知我肄”。整理者所引《周燮傳》全句作：“有先人草廬結于岡畔，下有陂田，常肆勤以自給。”李訓“肆”爲陳，不知所云，錢大昕（2004：217）已説應是“肄”字，亦是勤的意思。

四、簡8+9：“矧行𨻰（隨）敬茅（懋），惠【8】不惠，亦乃服。”

“𨻰”，整理者説：“𨻰，从陸从力，訓爲廢壞。……簡文謂行墮者亦敬勉之，不惠者亦當施惠，亦汝之服。”

整理者所理解的文意比較曲折，并且“行墮”與“不惠”所處語句位置不同，似不能理解爲對文。不如把“𨻰”讀爲“隨”，“行隨敬懋”是説行爲行動隨從敬懋，這樣理解要簡潔得多。

五、簡9：隹（唯）民攸協，弗龏其魯（旅），亦勿殁（侮）其遝（童），恫瘝寡鰥，惠于小民。

此句整理者斷讀爲“隹（雖）民攸協弗龏（恭）其魯（旅），亦勿殁（侮）其遝（童），恫瘝寡鰥，惠于小民。”並説：“隹，讀爲‘雖’。魯，讀爲‘旅’，訓爲衆，《多方》云周文王‘靈承于旅’。敄（辰按，應爲‘殁’），讀爲‘侮’。遝，試讀爲‘童蒙’之‘童’。”

按，今在“攸協”下斷讀，“隹”改讀爲“唯”。“龏”若讀爲“恭”，則“弗恭其旅”與“亦勿侮其童”文義並不相諧，今把“恭”改讀爲“恐”或“邛”，“恭”見紐東部，“恐”溪紐東部，“邛”，群紐東部，三字古音相近。“恐”是恐嚇的意思。

"邛"，《詩・小雅・巧言》"匪其止共，維王之邛"，鄭箋："邛，勞也。"《詩・小雅・小旻》"我視謀猷，亦孔之邛"，毛傳："邛，病也。"（暮四郎，2018）[①]相關三句的意思是説："唯民衆要和協，不要恐嚇（或勞病）大衆，也不要侮辱兒童。"

六、簡10：汝亦毋敢A在乃尸服，敬學睿明，勿繇之庶不順。

A作下形，整理者把它隸定爲"豙"，並説："'豙'當爲'彖'字之訛，讀爲'惰'，如逆鐘'毋彖（惰）乃政'，毛公鼎'汝毋敢彖（惰）在乃服'，逑盤'不彖（惰）□服'。説詳陳劍《金文'彖'字考釋》。……繇，用。'之'指代'庶不順'。"

按，簡2"宬圂在憂"整理者已言對應《毛公鼎》"圂湛于艱"，簡2"圂"作B1形，《毛公鼎》"圂"作B2形，兩相對照，可知B1中間確實从"豕"，亦可知B1上面的兩撇其實象豕頭，非"豙"頭的兩撇。本篇的A和簡2"圂"中"豕"形參照，可知A字上部也不是"豙"頭的兩撇，而是"豕"的頭部，A兩撇下面的圈正象金文中"彖"身中象繩索的圈形，可參下面所舉的金文中的C、D兩形，故A直接隸作"彖"即可。又，"之"應指代的是上文的"尸服"，而非"庶不順"。

A B1 B2 C（彖，《集成》245） D（墜，《集成》4317）

七、簡11+13：弗𢦏我一人在位，亦則乃身亡能謒用非頌。汝正命，汝有告于【11】朕。

整理者原來簡11+12+13的編聯文氣不順，簡11+13+12的編聯從王寧先生説[②]，他説"懷疑是古代的編簡者將簡12和簡13弄倒了"。這是有可能的，如《清華二・繫年》在簡52背標記成"五十二"，在簡53背又誤標成"五十二"，以後沿襲此誤，後在簡89背才修改成正確編號；《清華五・厚父》簡11背"廿一"實是"十一"之誤（李松儒，2016:79-89、287）；《清華五・殷高宗問于三壽》簡10背誤標爲"十五"，簡15背誤標爲"十"，整理者據文義互倒。另外我們查驗圖版，簡12背與簡13背似乎都是"十二"（見下頁圖），這裏似不排除抄寫者誤寫，或整理者誤認的問題。具體如何，尚待整理者的進一步説明。

整理者把"亦則乃身亡能謒用非頌（庸）汝正命"連讀，並言："'弗𢦏我一人在位'，略同於毛公鼎'毋童（動）余一人在位'，'𢦏'讀爲'功'，《説文》'以勞定國也'，功、動皆訓爲'勞'。"又説："正命，見塱盨'厥非正命'。"

按，今把"汝正命"與上句斷讀，"正命"即命正，命百正百官。其中"頌"在

①小文寫畢後，見"暮四郎"亦把"𢍰"讀爲"邛"，參看王寧《清華簡八〈攝命〉初讀》"暮四郎"第99樓發言。

②王寧：《清華簡八〈攝命〉初讀》，簡帛網，2018年11月18日，http://www.bsm.org.cn/bbs/read.php?tid=4352&page=1。

本篇凡三見，又見於簡12、簡19，整理者皆讀爲“庸”，從其對簡19的解釋看，似訓“庸”爲“用”。按，此三處“頌”似皆讀爲“容”，“頌”“容”出土文獻常通用（白於藍，2012:651），如郭店《老子》甲簡8“是以爲之頌”，郭店《緇衣》簡17“其頌不改”，今本皆作“容”。這裏的“容”有舉止之義，“非容”即不好的舉止。又，《清華三·周公之琴舞》簡14“介澤恃德，不畀用非頌”，“頌”整理者原讀爲“雍”，黄傑先生改讀爲“容”，認爲指容儀[①]，此處“不畀用非頌（容）”正好可以與本篇“亡能諑用非頌（容）”對讀。

“𢍏”字又見於簡29，應即金文如《毛公鼎》（《集成》2841）、《录伯𢦚簋蓋》（《集成》4302）、《四十三年逑鼎》（《銘圖》2501-2512）等中之“𤔲”字的異體。“𤔲”字舊有多種解釋（石帥帥，2016:55-59），現在看來，以董珊（2003）釋“𤔲”爲“功”及“恭”最好（參看李春桃，2018:47-118）[②]。

 12背  13背

八、簡12：汝有命正，有即正，亦若之頌（容），弜羕。

整理者釋簡12“弜羕”言：“弜，甲骨卜辭中用作‘勿’。羕，永，《詩·漢廣》‘江之永矣’，《説文》引作‘江之羕矣’。此句句義略同於《洛誥》‘乃惟孺子頒，朕不暇聽。……汝乃是不蘉，乃時惟不永哉。篤敘乃正父，罔不若予，不敢廢乃命’。彼云周公歸政成王，云惟成王事，我不暇聽，凡事當就教於官長耆老，汝不黽勉從事，則惟不永。此謂汝有命卿官長，當就彼咨諏，若事事告於我，則不能永長。”

按，“弜”今讀爲“弗”，如上博三《周易》簡24“䰞經于北頤”“䰞頤”，簡25“䰞經”，今本“䰞”皆作“拂”，“䰞”从“弜”得聲；《清華三·周公之琴舞》簡11“弻（弼）敢荒在位”、簡15“弻（弼）敢荒德”，“弻（弼）”皆應讀爲“弗”，“弻”亦从“弜”得聲。又，《乙》393（《合》21153）有一個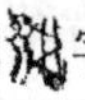字，是从“弜”从“弗”的兩聲字；《古文四聲韻》卷五“弼”字古文引《古尚書》作“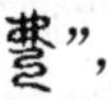”，很明顯也是从“弗”从“弜”（下面的“弓”形爲“弜”之訛省）的兩聲字（黄天樹，2013:130）[③]。這些都是“弜”可通“弗”之證。簡文中的“弜羕”還以讀爲“弗祥”好，是不善的意思。

簡12此句應參考本篇上文簡11+13+12：“汝正命，汝有告于【11】朕。汝毋敢有退于之，自一話一言。汝亦毋敢泆于之。言唯明，毋淫，毋弗鲞，其亦唯【13】余事

①黄傑：《初讀清華簡（三）〈周公之琴舞〉筆記》，簡帛網，2013年1月5日，http://www.bsm.org.cn/show_article.php?id=1770。

②又，“𤔲”字暫從舊時隸定，李春桃先生認爲其上非从“爵”而从“觴”的象形字，參看李春桃《從斗形爵的稱謂談到三足爵的命名》，《“中央研究院”歷史語言研究所集刊》（第八十九本第一分），第47-118頁。而“觴”古音與“功”十分相近。

③此兩條“弗”與“弜”通假的證據承王挺斌先生告知。

（使）。”[①]簡12是説汝如命于百正百僚，趨就于百正百僚，如果出現“退”“泆”“淫”“弗鲞”的行爲，則不善。古人文句苟簡，簡12所説的各種“弗祥”的行爲其實出現在上文的“毋”的後面。

九、簡14：乃亦唯肇謀，亦則匃逆于朕，是唯君子秉心。是汝則唯肇咨，弜（弗）羕（祥），乃既悔。

整理者説：“匃，讀爲‘遏’。‘遏逆于朕’，略同於《君奭》‘遏佚前人光在家’，清華簡《厚父》‘王廼遏失其命’。《大雅·桑柔》：‘君子實維，秉心無競。’悽，讀爲‘咨’。《説文》：‘謀事曰咨。’句謂君子秉心，汝始謀則亦遏逆於我；汝始謀不永之事，終則必悔。”

按，“匃”應讀爲“謁”，簡7“汝毋敢怙偈（謁）余曰乃毓”，整理者亦讀“偈”爲“遏”，王寧先生改讀爲“謁”，認爲是告的意思[②]。其言是。“曷”从“匃”得聲，所以“匃”亦可讀爲“謁”。“逆”字義亦可參簡23“袛逆告于朕”，《周禮·天官·宰夫》“以待賓客之令、諸臣之復、萬民之逆”，鄭注：“於朝庭奏事自下而上曰逆。”簡14的“匃（謁）逆”屬於近義詞連用，這也是簡14的“匃”應讀爲“謁”的證據。簡14是説汝有謀度，應謁我上告我，君子秉心即應如此。汝應咨詢，（如不咨詢），不善，會有後悔。

十、簡14+15：汝廼敢【14】整恐（極），汝則亦唯肇丕子不學，不啻汝，亦畏獲懃朕心。

整理者説：“整，齊。恐，讀爲‘極’‘殛’。《洪範》‘嚮用五福，威用六極’，六極‘一曰凶短折，二曰疾，三曰憂，四曰貧，五曰惡，六曰弱’，《康誥》：‘爽惟天其罰殛我’，皆訓爲‘罰’。整極謂至於殛罰。”

按，若如整理者把“整”釋爲“整”，訓爲齊，則是褒義，與下文並不能銜接。所謂的“整”作E形，从東（但下部未寫全）、从攴、从正，參《清華六·子産》簡5（F1、F2）、上博九《陳公治兵》簡7、簡9、簡11（G1、G2、G3），釋“整”似無問題。但“整”字或从“束”，或从“木”，而此處从“東”。E疑是“繄”字的誤寫，讀爲“懈”（魏宜輝，2009）[③]。如《與兵壺》（《銘圖》12445）“不墼春秋歲嘗”（H1），《清華三·周公之琴舞》簡15+16“德【15】非惰帀，純惟敬帀，文非敷帀”（H2），魏宜輝先生、蘇建洲先生即分別讀H爲“懈”。與H2相近的字形又有《上博五·弟子問》簡1（I1）、《上博九·靈王遂申》簡4（I2），可見E之上部與H2、I1、I2形甚近，

①按，標點有改動，“事”讀爲“使”，“唯余使”的意思是唯余是使唤的意思。

②王寧：《清華簡〈攝命〉讀札》，復旦大學出土文獻與古文字研究中心網站，2018年11月27日，http://www.gwz.fudan.edu.cn/Web/Show/4343。

③蘇建洲：《初讀清華三〈周公之琴舞〉、〈良臣〉札記》，簡帛網，2013年1月18日，http://www.bsm.org.cn/show_article.php?id=1821。

而下部的“正”形似是與“整”形過近而誤加。下面“極”可參簡17“罔非胥以淫極”之“極”，似乎是極度的意思。

E F1 F2 G1 G2 G3 H1 H2 I1 I2

十一、簡17+18：余辟相唯御事，余猒，既異厥心厥【17】德，不迣則𡨦（俾）于余。

整理者把“余猒既異厥心厥德”連讀，並説：“《國語·周語下》‘克猒帝心’，韋注：‘猒，合。’迣，讀爲‘之’，訓爲‘往’‘適’。《經義述聞》據《爾雅·釋詁》‘俾、使，從也’，以《君奭》‘海隅出日，罔不率俾’、《大戴禮·少閒》‘出入日月，莫不率俾’猶《魯頌》‘至于海邦，莫不率從’、《五帝德》‘日月所照，莫不從順’、《文侯之命》‘罔不率從’。句謂輔相御事，其心其德與我異，則不從己志，而從於我。”

按，今把“余猒”單獨斷爲一句，其意是説輔佐我的御事，我猒惡，和我心我德相異，他們做不好事則順從於我。其中的“迣”字尚待考慮，這裏試理解爲“去做某事”的意思。

十二、簡18+19：今乃辟余，小大乃有聞知，𢏚恙。汝其有睪（斁）有甚（湛），【18】乃眔余言，乃知唯子。

整理者説：“毛公鼎言小大政‘引唯乃智，余非用有聞’，謂小大事當總聽于汝毛公，我非用有聞。類於《立政》‘文王罔攸兼于庶言、庶獄、庶慎，惟有司之牧夫，是訓用違；庶獄、庶慎，文王罔敢知于兹’，《洛誥》‘乃惟孺子頒，朕不暇聽’。‘智（知）’‘聞’‘聽’皆指權責歸屬。弼，《説文》：‘輔也’。詳，《説文》：‘審議也’。”

按，整理者把“𢏚恙”理解爲“輔審議”，不太通順。“𢏚恙”與簡12、簡14“弜羕”指的應該是一個詞，都應讀爲“弗祥”。在楚簡中，一個詞有多種寫法是很常見的。即以本篇來説，“逆”字就有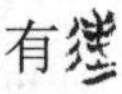（簡14）；（簡22）、（簡23）；（簡28）三種寫法。簡18是説汝如今輔弼我，小大事都和我説，不善。汝“有睪（斁）”“有甚（湛）”的時候，才要和我説，這樣才知道是你。

另外要注意的是簡11+12“汝正命，汝有告于【11】朕”是説汝若命於百正百僚，則要告訴我，且一話一言也不能“退”“佚”；而簡18是説如小大事都和我説，則不善（其意是説要選擇重要的嚮王上報）。兩者並不冲突。

十三、簡21+簡22+簡23：汝毋敢橐橐，凡人有【21】獄有眘，汝毋受幣，不明于民，民其聽汝？寺（時–是）唯子乃弗受幣，亦尚（當）宑逆于朕。凡人無【22】獄亡眘，廼唯悳享，享載不閒（孚），是亦引休，汝則亦受幣，汝廼尚（當）祇逆告于朕。

整理者在“不明于民，民其聽汝”後加句號，並云：“‘聽’謂治獄，《周禮·大司寇》云兩造‘入束矢於朝，然後聽之’。”然而治獄的施動者爲伯攝，並非民，所以把“聽”理解爲治獄是不可以的。“聽”很明顯應理解爲聽從，但此句若點成陳述句，則非常突兀。如果從全段來看，應在“聽汝”後加問號而成“不明于民，民其聽汝？”是一個反問句。

整理者云：“‘尚辯逆于朕’與下‘尚袛逆告于朕’，‘尚’表祈使語氣。‘𡨋’讀爲‘辯秩東作’‘勿辯乃司民湎于酒’之‘辯’，訓爲使。‘逆’訓爲迎。句謂有獄訟之事不明，則勿受理，而使上告于朕。”

按，本段的兩個“尚”今改釋爲“當”，應當之義（單育辰，2009:107-126）。“𡨋”作形，原隸定不算特別準確，其下所从即“弁”，今改隸爲“㝸”。“㝸”从“弁”，可讀爲“反”，“弁”並紐元部，“反”，幫紐元部，二字音近可通。“反逆”指反命而上告之義。“逆”字用法可參簡14“亦則匃（謁）逆于朕”、簡23“汝迺當袛逆告于朕”，其義即上文所說的《周禮·天官·宰夫》“以待賓客之令、諸臣之復、萬民之逆”，鄭注：“於朝庭奏事自下而上曰逆。”

整理者云：“‘𨵦’字‘門’中所從爲上博簡《紂衣》‘萬邦作孚’之‘孚’字。‘孚’訓爲‘信’，詩書中習見天命不誠，天不可信之語，如《詩·大明》‘天難忱斯’、《蕩》‘其命匪諶’，《大誥》‘天棐忱辭’‘天棐忱’，《康誥》‘天畏棐忱，民情大可見，小人難保，往盡乃心’，《君奭》‘若天棐忱，我亦不敢知曰，其終出于不祥’。孫詒讓《尚書駢枝》：‘謂天命無常，不可信也。’簡文‘亯載不孚’與上引《康誥》文義相類。”

按，整理者已言“孚”可訓信，但“不孚”與後面的“引休”沒有邏輯關係，整理者認爲這句話與《康誥》“天畏棐忱”文義相類，但本句上下文未見“天”字，這樣理解比較曲折。“不”不如讀爲“丕”好。“丕”，大也。在本篇簡3“今民不造不康”、簡25“穆穆不顯”中的“不”亦用作“丕”，這就是本篇“不”可用爲“丕”的證據。“亯載丕孚，是亦引休”是說亯德大信，這是大休美。這樣解釋在文義上很融洽。

十四、簡23+24：王曰：“攝，余肇【23】使汝，汝毋斁（禁），汝亦引毋好好、宏宏、劊悳。有汝由子，唯余其卹。”

整理者言：“由，用。句謂汝毋好己所好，大己所大，壞傷德行；有汝，故用子，汝當恤我。”

按，“斁”，整理者讀爲“婪”，似也有讀爲“禁”的可能（單育辰，2017a:210-218）。“宏”作“”形，可參《厚父》簡12之“”形，本篇此形與《厚父》之“厷”字更近，但一右臂一左臂而已，左右臂皆可稱之爲“厷（肱）”。據李松儒先生研究，《厚父》與《攝命》爲同一抄手所抄，《厚父》之字我們以前曾釋它爲“厷”

（單育辰，2017b:204-210），本篇“宏”字的出現給我們的舊釋提供了一個積極的證據。

“有汝由子”，整理者釋“由”爲用，意思不太通順。按，“由子”應讀爲“猶子”，即猶如我的兒子，此指伯攝。《禮記·檀弓上》：“喪服，兄弟之子猶子也。”與“有汝由子”句式相類者有簡29“有汝唯冲子”、簡15“汝有唯冲子”，可見“由子”理解爲一種身份名稱是很恰當的。本篇多處用“冲子小子”（簡6）、“冲子”（簡15）、“乃毓”（簡7）指稱伯攝，可見其比王要小。“猶子”之釋對探討伯攝的身份意義比較重大。

十五、簡28：亦則唯肈不咨，逆所朕命，獲羞毓子。

整理者把“亦則唯肈不咨逆所朕命”連讀，並言：“逆，訓爲迎候。所，讀爲‘許’。”

按，今在“咨”後斷讀，“逆所朕命”之“所”應讀爲“牾”或“忤”，“逆牾（忤）”即“牾（忤）逆”。

十六、簡29+30：余亦唯肈散汝悳【29】行，唯穀眔非穀。

整理者讀“散”爲“耆”，並云：“耆，《周頌》‘耆定爾功’，毛傳：‘致也。’穀，《爾雅·釋詁》‘善也’。句謂我以德行之善與不善致告汝。”

按，“耆”應讀爲稽，是稽查、考覈的意思。此處是言王會稽查、考覈汝德行，唯善及不善之事（是察）。

參考文獻：

白於藍　2012　《戰國秦漢簡帛古書通假字彙纂》，福建人民出版社。

董　珊　2003　《略論西周單氏家族窖藏青銅器銘文》，《中國歷史文物》第4期。

黄天樹　2013　《殷墟甲骨文形聲字所佔比重的再統計——兼論甲骨文“無聲符字”與“有聲符字”的權重》，《“中央研究院”第四届國際漢學會議論文集：出土材料與新視野》。

李春桃　2018　《從斗形爵的稱謂談到三足爵的命名》，《“中央研究院”歷史語言研究所集刊》（第八十九本第一分）。

李松儒　2016　《清華五字迹研究》，《簡帛》第2期。

李學勤　2018　《清華大學藏戰國竹簡（捌）》，中西書局。

錢大昕　2004　《廿二史考異》（卷十二），上海古籍出版社。

單育辰　2009　《戰國卜筮簡“尚”的意義——兼説先秦典籍中的“尚”》，《中國文字》（新三十四期）。

單育辰　2017a　《清華六〈子産〉釋文商榷》，《出土文獻》（第十一輯）。

單育辰　2017b　《〈清華大學藏戰國竹簡（伍）〉釋文訂補》，《戰國文字研究的回顧與展望》，中西書局。

石帥帥　2016　《毛公鼎銘文集釋》，吉林大學碩士學位論文。

魏宜輝　2009　《利用戰國竹簡文字釋讀春秋金文一例》，《史林》第4期。

Supplementary Readings for the Sheming(摄命) Manuscipt from*The Tsinghua University Collection*

Shan Yuchen

Abstract: The bamboo slips of Sheming(摄命) have been published in *The Bamboo Slips in Warring States Collected by Qinghua University*(vol.8) in recent years, and the editors' study is at a high level. Eversince, many scholars did some corrections and emendations to its annotations, but there are still some omissions. In this paper we continued to do some corrections.

Key words: Sheming(摄命)；*the Bamboo Slips in Warring States Collected by Qinghua University*; corrections to the annotations

（單育辰，吉林大學考古學院古籍研究所　吉林　130012）

説清華簡《金縢》的“尃有四方”*

蘇建洲

摘　要：對於金文“匍有四方”與傳世文獻“敷佑四方”的訓解，歷來有三種影響力比較大的説法。根據《清華簡》的文例，可推測應該讀爲“溥有四方”，意思是“廣有四方”。據此可對相關的幾個材料做一併梳理。

關鍵詞：《尚書》；《金縢》；清華簡；金文；字詞釋讀

一

《尚書·金縢》：“乃命于帝庭，敷佑四方，用能定爾子孫于下地。”《史記·魯周公世家》作：“乃命于帝庭，敷佑四方，用能定汝子孫于下地。”對於“敷佑”的訓解，顧頡剛、劉起釪（2005:1230）有很好的歸納，茲引用如下：

> 王引之《經義述聞》、俞樾《群經平議》都訓“敷”爲“徧”（遍）。俞並謂訓徧之“敷”與“溥”“普”通用，文異義同（《詩·般》“敷天之下”，《詩·北山》作“溥天之下”，《孟子·萬章》作“普天之下”）。而“佑”乃俗字，當作“右”，讀爲“有”，古“右”“有”“侑”通用，或假“有”爲“右”（《公羊傳·宣公十五年》“狄人不有”即“不右”，“不助”也）。此處假“右”爲“有”，“敷佑四方”即“普有四方”。王國維、楊筠如則以爲“敷佑”音義皆同“撫有”，由“敷”與“溥”通，而古“溥”與“匍”爲一字，《盂鼎》言“匍有四方”，即撫有四方（《觀堂讀書

* 本文為“清華簡《攝命》《四告》研究”階段性成果，獲得“國科會”的資助（MOST 110-2410-H-018-027-MY2），特此致謝。

記》《尚書叢詁》)，王説是。按《秦公鐘》“匍有四方”（《秦公簋》則云“奄有四方”)，又 1976 年新出土的《墻盤》有“匍有上下”，可知“匍有”爲西周以來周人的習用語。到典籍中寫爲“撫有”，如《左傳》之《襄公十三年》“撫有蠻夷”、《昭公元年》“撫有爾室”、《昭公三年》“撫有晋國”都是。“敷佑”是“匍有”“撫有”的同音假借。

後來的研究者對於西周金文“匍有（四方）”一詞的理解，大抵不出俞樾與王國維的説法，即理解爲“溥有”或“撫有”①。張富海（2007）則認爲兩種説法都有問題②。他舉了以下幾條金文例證作爲論證的依據：

1. 大盂鼎：匍有四方，畯正厥民
2. 史牆盤：匍有上下，會受萬邦
3. 逑盤：膺受天魯命，匍有四方/膺受大命，匍有四方

他指出“匍有”句式對應“畯正”“會受”“膺受”，因此“匍有”是並列結構，“匍”當訓爲“有”。“撫有”之“撫”雖然也訓爲“有”，但是雙唇塞音和雙唇鼻音之間不能隨便諧聲假借，而且文獻未見“甫”與“無”相通假的例證，因此“匍有”不能讀爲“撫有”。至於將“匍”與“溥”相通自無問題，但是文獻却未見“溥有”的文例，而且“溥有”是偏正結構，與並列結構的“匍有”不合。他認爲西周金文中對應古書中的“敷”和“溥”的字作“尃”。如毛公鼎銘文（《集成》5.2841)：“尃命於外”，“尃”讀“敷”，義爲“布”；番生簋蓋銘文（《集成》8.4326)：“尃求不朁德”，“尃求”即《尚書·康誥》“往敷求于殷先哲王”之“敷求”，“敷求”亦即“溥求”。説明西周時期“匍”與“尃”的用字習慣並不相同。“匍”字記録的是一個聲母是雙唇塞音，韻部是魚部（上古音值 a)，義爲“有”的詞，跟《詩·召南·鵲巢》“維鵲有巢，維鳩方之”，毛傳“方，有也”中的“方”是同源詞。

清華簡《金縢》：“惟爾元孫發也，不若旦也，是佞若巧，能多才多藝，能事鬼神。命于帝庭，尃有四方，以定尔子【四】孫于下地。”必須指出的是“命于帝庭”前的主語也當是“爾元孫發也”（陳劍，2011；陳劍，2013；陳劍，2018）③。對於“尃有四方”的理解大抵不出上面幾家的説法。整理者（清華大學出土文獻研究與保

①參見張富海（2007）的介紹。

②以下簡稱“張文”。

③周秉鈞先生翻譯今本《金縢》作：“就用我姬旦代替他（按：指武王）的身子吧！我柔順巧能，多材多藝，能奉事鬼神。你們的長孫不如我多材多藝，不能奉事鬼神。而且他在天帝那裏接受了任命，普遍取得了四方，因此能够在人間安定你們的子孫。”除了個别字詞有争議外，大體可從。參見周秉鈞（2001:134)。

護中心編、李學勤主編，2010:160注11）讀爲“溥有四方”，注釋云：“溥有四方，今本作‘敷佑四方’。溥有猶廣有，溥有四方即《詩·皇矣》之‘奄有四方’，大盂鼎（《殷周金文集成》2837）作‘匍有四方’。”在新出版的《清華大學藏戰國竹簡(壹—叁)文字編》（修訂本）仍是采用這個讀法（李學勤等主編，2020:402）。劉國忠（2011）、黄懷信、陳民鎮等贊同此説[①]。復旦大學出土文獻與古文字研究中心研究生讀書會釋文作“尃（匍）又（有）四方”[②]。蕭旭、高中正（2018:17）同此説[③]。朱鳳瀚（2013）理解爲“佈佑于四方”，大概是根據孔傳訓解今本“敷佑”爲“汝元孫受命於天庭爲天子，布其德教，以佑助四方”而來，此説信從的人不多[④]。這個文例又見於《清華五·殷高宗問三壽》簡23–24，整理者釋文作：“甬（用）肖（孽）卲（昭）句（后）成湯，代桀尃（敷）有（佑）下方。”並注釋云：“《書·金縢》：‘敷佑四方。’清華簡《金縢》：‘尃（溥）又（有）四方。’”（清華大學出土文獻研究與保護中心編、李學勤主編，2015:151、159注88）《三壽》的釋文讀爲“敷佑”，與清華簡《金縢》處理得並不一樣。

謹按：首先，筆者贊同“匍有”不能讀爲“撫有”。從後來陸續出現的楚簡用字習慣來看，確實如張文所説“甫”聲與“無”聲未見相通。《清華九·治政之道》簡14整理者釋文作：“夫以兼尃（撫）諸侯，以爲天下儀式，是以不刑殺而修中治，諸侯服，不唯上能興乎？”注釋云：“尃，讀爲‘撫’，《説文》：‘安也。’”（清華大學出土文獻研究與保護中心編、黄德寬主編，2019:136注57）“尃（撫）諸侯”的讀法似乎是對張文的反證。不過，鄔可晶指出《治政之道》篇除本簡此例外，簡8、15、18、19還有四個“尃”字，皆用爲“敷”；《成人》篇簡20的“尃”用爲厚薄之“薄”；《廼命一》篇簡2的“尃”，整理者讀爲“布”，“布”“敷”音義極近。《清華（捌）》所收的與《治政之道》本爲一篇的《治邦之道》，簡13、25也有兩個“尃”字，亦皆用爲“敷”。而在《治政之道》中，簡26就有一個“紨（撫）”字，整理者训爲“安”。所以，簡14的“尃”讀爲“撫”，從用字上看，也是很不合理的。他認爲

---

①黄懷信：《清華簡<金縢>校讀》，武漢大學簡帛網，2011年3月21日，http://www.bsm.org.cn/show_article.php?ID=1420。陳民鎮、胡凱：《清華簡〈金縢〉集釋》，復旦大學出土文獻與古文字研究中心網，2011年9月20日，http://www.gwz.fudan.edu.cn/SrcShow.asp?Src_ID=1658。

②程少軒、鄔可晶主編，復旦大學出土文獻與古文字研究中心研究生編“清華簡字形辭例檢索數據庫1.1版”《釋文索引》，2011年1月。復旦大學出土文獻與古文字研究中心研究生讀書會（蔡偉執筆）：《清華大學藏戰國竹簡（壹）·〈金縢〉研讀札記》，復旦大學出土文獻與古文字研究中心網站，2011年1月5日，http://www.gwz.fudan.edu.cn/SrcShow.asp?Src_ID=1344。

③蕭旭：《清華竹簡〈金縢〉校補》，復旦大學出土文獻與古文字研究中心網站，2011年1月8日，http://www.guwenzi.com/SrcShow.asp?Src_ID=1365。

④程浩先生認爲：“先王在天作帝之賓，同時有着保佑在下之子孫的責任。《尚書·金縢》周公告三王云‘乃命于帝庭，敷佑四方，用能定爾子孫于下地’，就是這種觀念的體現。”似乎認爲主語是“三王”，且解釋爲“保佑”云云恐亦不可取。參見程浩（2020）。

“尃”當讀爲“傅”或“溥”，“兼尃（傅/溥）諸侯”意謂使諸侯全都親附、全部有所歸止①。此說可從。此外，春秋晚期的曾侯與鐘也有“伯适上譽，左右文武，達殷之命，䍵（撫）敹（定）天下”（A組，M1:1正面鉦部、左鼓）的文例。凡國棟（2014）將“䍵敹”讀爲“撫定”，即是安撫平定。《史記・韓信盧綰列傳》：“故立韓諸公子横陽君成爲韓王，欲以撫定韓故地。”李零（2015）也讀爲“撫定”，並以爲即古書的“敷定”②。“撫定天下”文例還可比對《史記・秦始皇本紀》引秦瑯琊刻石“皇帝之德，存定四極”、《漢書・禮樂志》引漢《安世房中歌》“撫安四極”。又上博四《曹沫之陣》02“攺（撫）又（有）天下”、清華簡《命訓》11“杗（撫）之以季（惠）”、《祝辭》三見“攺（撫）咢（額）”、《三體石經》“撫”作“攺”、《説文》古文作“辷”，以上皆以“亡”聲表{撫}③。可見春秋戰國時期的楚系文字“撫”字與“甫”聲字不相通，“尃”不能讀爲“撫”。過去曾有研究者將清華簡《金縢》簡11“王捕箸（書）以潌（泣）”的“捕”讀爲“撫”實不可信，當從復旦大學出土文獻與古文字研究中心研究生讀書會讀爲“搏”或“把”，訓爲“執取”之意，與今本“王執書以泣”相合④。

其次，對於“匍”訓爲“有”，筆者以往也相信此説，但現在考慮起來還是將“匍”讀爲“溥”的意見較爲合理。請比對以下文例：

> 逨盤：“膺受大命，匍有四方”
> 清華簡《封許之命》簡2“膺受大命，旻（畯）尹四方”

“匍有四方”與“畯尹四方”句式相同，可見“匍”相當於“畯”。這種對比的效力應該大於與“膺受大命”相比，所以“匍有”未必是並列結構。就像與“膺受”相對的“畯尹”顯然不是並列結構（詳下）。而且金文中這類詞語的位置並不固定，比如《集成》267 秦公鎛“秦公其畯黔才位，膺受大命，眉壽無彊，匍有四方，其康寶。”其中“膺受大命”與“匍有四方”就不在相對的位置，因此這兩句話恐怕不能作爲比對的標的。對於“畯尹四方”的“畯”的用法，不少研究者討論過（周法高，1975:7498-7502），比較近期的如謝明文（2020）説：

> 金文中常見“畯在位”“畯臣天子”“畯疐在位”“畯尹四方”“畯保四

---

①鄔可晶：《讀〈清華大學藏戰國竹簡（玖）〉札記》，《簡帛》，待刊。

②又文峰塔M4曾侯鐘銘“弗討是䍵”，孫啓燦《文峰塔M4曾侯鐘銘文補正》（《江漢考古》2021年第1期），第62頁讀爲“弗討是撫”，可從。

③《包山》164“賓敹之州加公許勝”，其中“敹”多釋爲“撫”，可備一説。

④復旦大學出土文獻與古文字研究中心研究生讀書會（蔡偉執筆）：《清華大學藏戰國竹簡（壹）・〈金縢〉研讀札記》，復旦大學出土文獻與古文字研究中心網站，2011年1月5日，http://www.gwz.fudan.edu.cn/SrcShow.asp?Src_ID=1344。

方”一類話，其中“畯”字舊一般訓爲“永”“長”，有一些學者反對此説，主張大多數“畯”應該讀作“允”。結合相關辭例來看，我們認爲訓作“永”“長”一類的説法比較合理。五祀㝬鐘（《集成》00358，《銘圖》15583）“㝬其萬年，永畯尹四方，保大命”、南宫乎鐘（《集成》00181，《銘圖》15495）“畯永保四方，配皇天”，“永”“畯”可看作近義連用。

鄔可晶（2019）也指出：“永畯尹四方”（“畯”似當讀爲“不駿其德”之“駿”，訓“長”，意爲長久地管治四方）。郭理遠（2020）也有相似的意見。總之，“畯”當理解爲副詞，訓爲長也、永也。那麼與副詞“畯”文法地位相當的“匍”自然也當理解爲副詞，因此當從俞樾、唐蘭讀爲“溥”[①]。唐蘭（1986:172–173）説“匍”即《詩·北山》“溥天之下”的溥，古書多作普，意思是説普遍地保有了四方。王輝（2003）認爲匍讀爲溥，廣大，溥有四方，廣有天下，又見大盂鼎及秦武公鎛鐘。此説似更合理。《詩·大雅·皇矣》：“受禄無喪，奄有四方。”《毛傳》：“奄，大也。”現在看來是合理的[②]。也見於《廣雅·釋詁一》：“奄，大也。”《説文·大部》云：“奄，覆也。大有餘也。”《助字辨略》卷三：“奄有函蓋之意，故云大也。”（劉淇，1954:180）再比對另一組文例：

> 䜌鼎（《銘圖》2439）：“丕顯天尹，匍保王身，諫辥四方”
> 清華簡《四告》簡12：“畯（駿）保王身，廣啓厥心”

根據這組文例，也可見“匍”相當於“畯”。《四告》整理者（清華大學出土文獻研究與保護中心編、黄德寬主編，2020:115注38）注釋云“畯，讀爲‘駿’，長也”，可從。“畯”與“廣啓厥心”的“廣”用法相同，也可反證“匍”當是副詞的用法。此外《四告》簡9“縛補王身”，整理者讀爲“傅輔王身”，網友“Tuonan”指出“縛補王身”與“駿保王身”比較，可讀爲“溥輔/傅王身”，“溥”與“駿”對，亦大。文中也引了西周金文“匍（溥）保王身”的文例[③]。其説甚是。“匍”“縛”“駿”的文法意義顯然是相同的。“匍保”的文例也見於逨盤，云“克匍保厥辟孝王夷王”，同時逨盤也有“匍有”的文例，前者的“匍”顯然不能訓爲“有”。董珊（2003）説：金文“匍有四方”之“匍”字常讀爲“撫”，訓爲“有”（或讀爲“旉”訓爲“徧”），在這裏都不合適。此處“匍”與“保”連用，當讀爲“輔”或“傅”。即是將兩處文

①朱力偉也反對張文的觀點，認爲當從唐蘭先生讀“匍”爲“溥”，但未給出相關證據。參見朱力偉（2013:30–31）。

②向熹將“奄”訓解爲“包括、全部”。“奄有”表示全部擁有。這應該是受到高亨《周頌考釋》“奄猶盡也，包括一切之詞”的影響。這也是將“奄”理解爲副詞。參見向熹（2014:607）。

③Tuonan：《清華十〈四告〉初讀》，簡帛網簡帛論壇，2020年10月3日，http://www.bsm.org.cn/forum/forum.php?mod=viewthread&tid=12624。

例做不同的解釋。同一篇銘文的“匍”却有不同的訓解，恐怕不合常態。如依照上面所説統一訓解爲“溥”則可以避免這個問題。

將“匍”訓解爲表示“有”的詞，是根據《詩•召南•鵲巢》“維鵲有巢，維鳩方之”毛傳：“方，有也。”其中的“方”與“匍”是同源詞。不過，對於“方，有也”的解釋，清人也有不同意見。《毛詩正義》阮元校勘引段玉裁云：“《傳》當云‘方之，方有之也’。下《傳》當云‘成之，能成百兩之禮也’。皆引經附傳時所删。”《説文》“方”字下段注云：“（方）又假借爲甫。《召南》：‘維鳩方之。’毛曰：‘方之，方有之也。’方有之，猶甫有之也。”可見段玉裁不同意將“方”訓爲“有也”。又王引之《經義述聞》“維鳩方之”條下云：

> 《召南•鵲巢》篇：“維鵲有巢，維鳩方之。”毛傳曰：“方，有之也。”戴氏東原《詩考正》讀方爲房，云：“方之，猶居之也。”引之謹案：“鳥巢不得言房。方，當讀爲放。分罔切。《天官•食醫》：“凡君子之食恒放焉。”《論語•里仁》篇：“放於利而行。”鄭孔注並曰：“放，依也。”《墨子•法儀》篇：“放依以從事。”放，亦依也。“放依”之“放”通作“方”，猶“放命”之“放”通作“方”也。《堯典》：“方命圮族。”今文《尚書》“方”作“放”。説見段氏《古文尚書撰異》。字或作旁。蒲浪切。《莊子•齊物論》篇：“旁日月，挾宇宙。”《釋文》引司馬彪注曰：“旁，依也。”“維鵲有巢，維鳩方之”者，維鵲有巢，維鳩依之也。古字多假借，後人失其讀耳。

沈培也指出“方”爲何有“有”義，其實一直未有合理的解釋。過去認爲“方”通“撫”，故有“有”義。此説未必正確，張富海（2007）同意“方”有“有”義，但未指出其來源。因此，“方”有“有”義可能是語境義。其實，“維鳩方之”或許可以讀爲“維鳩並之”。“並之”是“比並兩個或多個鵲巢在一起（使巢更大）”的意思①。既然“方，有也”的解釋存在疑義，那麼“匍”訓爲“有”的基礎也就有商榷空間了。根據上面的討論，清華簡《金縢》“尃有四方”當從整理者讀爲“溥有四方”，溥有猶廣有，與“撫有”無關，這從前面提到{撫}只寫作從“無”或“亡”，與“甫”聲無涉已可證明。用“尃”表{溥}，用字相當直接。清華簡《金縢》：“尃（溥）有四方”，到《尚書•金縢》作“敷（溥）佑（有）四方”，用字演變情况正如豳公盨“尃土”，到《尚書•禹貢》作“敷土”②。至於“匍”，楚簡多用爲{匍匐}，如《清華

①沈培：《“黄帝四面”相關文獻考辨》，香港中文大學中國語言及文學系文德徽猷學術演講系列（第二輯），2020年9月25日。

②《説文》：“尃，布也。”《説文》訓“敷”爲“㪟”，“㪟”通“施”，義與“布”近。裘錫圭先生認爲未嘗不可將“敷”看作“尃”的後起字。參見裘錫圭（2002）。又見裘錫圭（2004）。

七 • 越公其事》簡 21“迗（甸）逳（訇）稾（就）君”，似乎已經没有單用。從這個角度來看，將“尃”讀爲“甸”恐也不合用字習慣。

二

秦公大墓石磬殘銘“竈尃蠻夏”、秦伯喪戈銘“竈尃東方”，張文根據秦公鎛（《集成》1.270）之“竈又（有）下國”和秦公簋（《集成》8.4315）“竈[①]囿（有）四方”的文例，認爲磬銘和戈銘中的“尃”也是“有”的意思。此“尃”即“甸有”之“甸”，説明春秋時秦文字中義爲“有”的“甸”已經可以寫作“尃”，而跟“尃”的其他用法相混了，那麼《尚書 • 金縢》作“敷”就是很自然的事了（張富海，2007）。董珊（2006）則將“尃”讀爲“撫”，理解爲“安定鎮撫”。謝明文（2017）讀爲“敷”，但未作解釋。武振玉（2017:103）也讀爲“敷”，並歸爲“安定類”動詞，訓爲“安定”。謹按：“尃”不能讀爲“撫”已見前述。武振玉將“尃”讀爲“敷”相通自無問題，將“敷”與“燮”“懷”等同歸爲“安定類”動詞也有一定的道理[②]，但是“敷”似乎没有“安定”的意思（宗福邦等，2003:970–971）。張文的問題在於如果依照文中所説“西周時期‘甸’與‘尃’的用字習慣並不相同”的標準來看，《集成》203“秦公鐘”（春早）、《集成》267–270“秦公鎛”（春早–春中）都有“甸有”一詞，爲何同爲春秋早期的秦伯喪戈却用“尃”表示{甸}[③]？春秋早期與西周時代相去不遠，“尃”與“甸”的用字習慣爲何就打破了？這也是比較奇怪的。比對秦公鐘（《集成》262）“虩事蠻方”，秦公鎛（《集成》270）、秦公簋（《集成》8.4315）“虩事蠻夏”，戎生編鐘“適嗣（司）蠻戎”（《銘圖》15240）、晉公盞（《集成》10342）“左右武王，敬□百蠻，廣嗣（司）四方”，可見秦公大墓石磬、秦伯喪戈的“尃”可能相當於“事”“司”。謝明文（2010）將“事”讀爲“司”，是治

①楊樹達：《秦公𣪘再跋》謂：“《詩 • 商頌 • 玄鳥》云：‘肇域彼四海。’余謂銘文之竈囿即《詩》之肇域。竈肇音近，囿域二字音義並近，古通。” 參見楊樹達（1997:27）。此外，對於“肇”的用法，陳劍先生指出“肇”用於動詞之前，似乎都是表示對發出的動作的一種肯定和强調。參見陳劍（2007）。也有訓“肇”爲“始”，如董珊（2006）。也有訓“肇”爲“敬敏”，參見謝明文（2013）。又見謝明文（2017）。不過，鄔可晶先生提示我：“竈”讀爲“肇”的説法有待保留，畢竟二字聲母不同系（“竈”是精母字，“肇”上古當是*l-）。他認爲不如就讀爲“造”，“造”也有“始”義；或“造”訓“成”“就”，似也可通。見鄔先生給筆者的通訊内容，2021年3月14日。

②“燮”“懷”等動詞的理解，參見鄔可晶（2019）。

③秦伯喪戈是春秋早期的器物，這是根據董珊（2006）的意見。

理、管理的意思[1]。可見“尃”也應該是治理一類的意思。隨州文峰塔曾侯與的編鐘“君△淮夷”，王凱博指出“△”字右从“匕”聲，結合辭例看當讀爲“庀”，訓作治理，典籍中或以“庇”“比”來表示。《左傳》襄公九年“官庀其司”、襄公二十五年“楚子木使庀賦”，杜預注：“庀，治。”“君庀淮夷”大意謂王使南公統治、治理淮夷。王文還以上述“廣司四方”“適司蠻夏”“虢事（司）蠻夏”的“事（司）”訓爲“治理”作爲論証的證據之一[2]。《廣雅•釋詁下》：“傅，治也。”王念孫《疏證》云：

> 傅者，《孟子•滕文公》篇“堯獨憂之，舉舜而敷焉”，趙岐注云“敷，治也”，引《禹貢》：“禹敷土。”[3]敷與傅同。故《史記•夏本紀》作“傅土”，今本《孟子》“敷”下有“治”字，後人取注義加之也。

王念孫認爲《孟子•滕文公》本作“堯獨憂之，舉舜而敷焉”目前並無確證，多數意見仍是認爲本作“敷治”。焦循《孟子正義》對趙、王二説有所評論，並認爲：“按《禹貢》‘禹敷土’，《史記集解》引馬氏注云：‘敷，分也。’敷之訓布，布，散也。散亦分也。敷治即分治，堯一人獨憂，不能一人獨治，故使舜分治之。下文使益掌火，使禹疏河，舜又使益、禹等分治之也。”楊伯峻（2003:132 注 17）將“敷”訓爲“徧”，楊逢彬（2017:155-156）也認爲“敷”同“溥”“普”，普遍，翻譯爲“總管治理工作”。上述三説皆有道理，可以比對清華簡《程寤》簡 2“俾靈名兇（總）柭（蔽），祝忻柭（蔽）王，巫衛柭（蔽）大姒，宗丁柭（蔽）大（太）子發”[4]。《孟子》的“敷”相當於《程寤》的“總”，所以王念孫的疏證恐怕是有問題的。但我們認爲《廣雅•釋詁下》“傅，治也”的解釋不能輕易否定。鄔可晶懷疑“尃”可以讀爲“傅”，即《孟子•滕文公下》“使齊人傅諸？使楚人傅諸？”的“傅”，“保傅”之“傅”的動詞用法。“竈傅蠻夏”“竈傅東方”意思是秦要教導、教育蠻夏、東方。秦伯喪戈“戮政西方”的“政”是“以正道匡正、引導之”（詳《釋“鏶”》一文），典籍一般寫作“正”，這跟“竈傅東方”的“傅”的理解相應[5]。這個説法很有道理。“治”與“正”意思相關，都是由教導、教育引申而

①謝明文（2010）又載復旦大學出土文獻與古文字研究中心網站，2010年11月13日，http://www.gwz.fudan.edu.cn/SrcShow.asp?Src_ID=1306。

②最早以網名“鳲鳩”首發在許可《試説隨州文峰塔曾侯與墓編鐘銘文中从“匕”之字》文下第2樓，2014年10月10日。後見李零（2015）也有同樣讀法。又載王凱博（2018:77）。

③豳公盨“天命禹尃土”，《禹貢》作“敷土”，《史記•夏本記》作“傅土”，“尃”“傅”“敷”三者相通。古人對“敷土”有三種解釋：一曰分土（《史記集解》引馬融説），二曰布土（《禹貢》鄭玄注），三曰治土（《孟子•滕文公上》趙岐注）。

④這段話的理解參見裘錫圭（2011）。

⑤參見鄔可晶先生給筆者的通訊内容，2021年3月14日。

來。《周禮 · 夏官 · 大司馬》："賊殺其親，則正之。" 鄭玄注："正之者，執而治其罪。"《禮記 · 經解》："禮之於正國也，猶衡之於輕重也。""正國"猶"治國"。據此，"竈専蠻夏""竈専東方"可讀爲"竈傅蠻夏""竈傅東方"，即"治蠻夏""治東方"。

三

北大漢簡《趙正書》18："王死而胡亥立……有（又）欲起屬車萬乘以扶天下，曰：'且與天下更始。'""扶"字寫作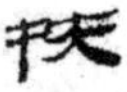，"夫"旁可比對（簡26），這種寫法還見於簡17、20、43、45，可見此字確實是"扶"。整理者（北京大學出土文獻研究所，2015:191注3）指出："扶"讀爲"撫"。近年湖南益陽兔子山遺址古井出土秦簡牘有所謂"秦二世登基文告"，其辭曰："元年與黔首更始，盡爲解除流罪，今皆已下矣，朕將自撫天下。"與簡文相合[①]。研究者大多同意整理者"扶（撫）"的釋讀[②]。文獻也確實常見"撫天下"的説法，如《史記 · 南越列傳》："及孝文帝元年，初鎮撫天下，使告諸侯四夷從代來即位意，喻盛德焉。"《淮南子 · 齊俗》："許由、善卷，非不能撫天下、寧海内以德民也，然而羞以物滑和，故弗受也。""撫"是據有、占有之意。《禮記 · 文王世子》："武王曰：'西方有九國焉，君王其終撫諸？'"鄭玄注："撫，猶有也。"[③]但是"夫"是幫紐，根據前面的討論，"夫"與"撫"是不能相通的。既然"甫"與"無"不能相通，與"甫"關係密切的"夫"自然也不能與"無"聲之字相通，因此《趙正書》"以扶天下"不能與秦二世詔書"自撫天下"貿然等同。

對於"扶"與"撫"的關係，這裏提出兩種解釋：一是《趙正書》的"扶"是"抚"的錯字。"无"作（《馬王堆 · 戰國縱横家書》86）、《銀雀山（二）》1142"抚"作、《馬王堆 · 老子乙》15上"芜"作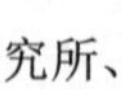，"芜"的上面二横筆寫作左右

①謹按：這批材料已經公布，圖版見湖南省文物考古研究所、益陽市文物處（2016）。釋文參看陳偉《〈秦二世元年十月甲午詔書〉考釋》，簡帛網，2015年6月14日，http://www.bsm.org.cn/show_article.php?id=2259。陳偉：《秦簡牘中的"辠"與"罪"》，簡帛網，2016年11月27日，http://www.bsm.org.cn/show_article.php?id=2673。何有祖：《〈秦二世元年十月甲午詔書〉補釋》，簡帛網，2015年11月24日，http://www.bsm.org.cn/show_article.php?id=2373。何有祖（2020）。

②白於藍（2017:268）、何有祖（2020）、陳侃理：《〈史記〉與〈趙正書〉——秦末歷史的記憶和遺忘》，北京大學中國古代史研究中心公衆號，2020年11月11日，https://mp.weixin.qq.com/s/rWK_fUPLiIRsQA8-X7wHDQ。

③辛德勇先生將秦二世詔書的"撫"訓解爲"巡行"，比較特殊。參見辛德勇（2020:51）。

分向，類似“大”形，與本簡的“扶”字作相近，只是後者右邊最末一筆拉得較長，二者有相混的可能。對於《説文》古文奇字“无”的來源，董珊（1996）認爲“无”是抽取“無”字作的中間部分而來的，方勇（2015）贊同此説[①]。李家浩（1993；2009）則認爲是假借“夫”字而來[②]。趙平安（1996；2009:163-165）也認爲：“‘无’是借‘夫’爲之，後世以中間是否出筆來區分‘夫’與‘无’，《説文》所收‘无’字已經不出頭。”陳劍也指出：“无”自“夫”字分化，二者形體、字音皆相近，微小的區别在於“无”的右邊最末一筆往往拉得較長，“夫”因爲從“大”，左右長度相近[③]。根據上面的討論，“无/無”與“夫”聲紐不近，董珊之説更直接合理，不過諸家指出秦漢文字“无”與“夫”形體相近還是很有道理的。第二種解釋是《趙正書》的“扶”訓爲“治”，“扶天下”即“治天下”。《淮南子·本經》：“用六律者，伐亂禁暴，進賢而退不肖，扶撥以爲正。”高誘注：“扶，治也。”當時秦始皇剛死，胡亥即位，想要扶天下之既傾，這樣理解也是合理的。“夫”聲多與“甫”聲相通（張儒、劉毓慶，2002:337），如《上博（六）·慎子曰恭儉》簡5“首戴茅芺（蒲）”、《清華三·良臣》簡2“敖”假借爲“傅説”之“傅”、《説文》古文“扶”作“敖”、《清華七·越公其事》簡21“迭（匍）遣（匐）豪（就）君”、北大漢簡《妄稽》簡70“尚（上）堂扶（匍）服（匐）”[④]、《虛無有齋摹輯漢印》3205“張扶台”，魏宜輝（2017）讀爲“張甫始”。“甫始”在漢印中或作“輔始”“夫始”。訓爲“治”的“扶”與“傅”當是同源關係。

四

《上博五·季庚子問於孔子》11A：“氏（是）古（故）夫攺邦甚難[⑤]，民能多。”《論語·顏淵》：“季康子問政於孔子。孔子對曰：‘政者，正也。子帥以正，孰敢不正！’”鄭康成曰：“康子，魯上卿，諸臣之帥也。”因此季康子向孔子謙稱爲“肥從有司之後”（簡 1）。“攺邦”可考慮讀爲“輔邦”，即文獻常見的“輔國”。“攺”可與

①方勇：《天水放馬灘秦簡零拾（二）》，復旦大學出土文獻與古文字研究中心網站，2013年9月28日，http://www.gwz.fudan.edu.cn/srcshow.asp?src_id=2128。

②謹按：李先生文中指出他自1984年在北大中文系講授《説文解字概論》已主此説。

③此爲2016年10月11日陳劍先生在彰化師大國文所“出土文獻研究”課堂上表示的意見。又參見陳劍（2020）。

④陳劍：《〈妄稽〉〈反淫〉校字拾遺》，復旦大學出土文獻與古文字研究中心網站，2016年7月4日，http://www.gwz.fudan.edu.cn/SrcShow.asp?Src_ID=2850。

⑤這句話的斷讀參見李守奎、曲冰、孫偉龍（2007:903）。

“甫”聲字相通，如《容成氏》08：“與之言禮，敓故（溥、博）以不逆。”“輔國”是幫助治理國家，這是大臣的職責所在。《論衡》：“韓非著治術，身下秦獄。身且不全，安能輔國？”《史記·春申君列傳》：“春申君既相楚，是時齊有孟嘗君，趙有平原君，魏有信陵君，方争下士，招致賓客，以相傾奪，輔國持權。”《漢書·匡衡列傳》：“衡位三公，輔國政，領計簿，知郡實，正國界……”《漢書·彭宣列傳》：“飽宣復上言乃召宣爲光禄大夫，遷御史大夫，轉爲大司空，封長平侯。……莽白太后，策宣曰：‘惟君視事日寡，功德未效，迫于老眊昏亂，非所以輔國家，綏海内也。’”由於簡文的編聯位置尚無定論，這段話可能是出自孔子或季康子之口，但都不妨礙對“輔國”的理解。上述孟嘗君、匡衡、彭宣的例證有助於理解位居魯上卿，諸臣之帥的季康子提到或涉及“輔國甚難”的問題①。

附記：拙文寫完之後，蒙復旦大學研究生孫颺先生指出張富海先生新發表的《大盂鼎銘文釋讀》一文（文載《中國書法報》2020年5月12日），對“匍有”有新的看法，原文如下：匍有，孫詒讓、楊樹達讀“撫有”，唐蘭等讀“溥有”，都存在問題。疑“匍”可讀爲“把”，“把有”，相當於“控有”“持有”。謹按：讀爲“把有”比較奇特，文獻未見相同的文例，恐怕也有問題。

本文初稿蒙鄔可晶先生惠賜高見，在“出土‘書’類文獻研究高端學術論壇”會議上又蒙鄧飛教授賜教，在此一併向兩位先生致上謝意！

參考文獻：

白於藍　2017　《簡帛古書通假字大系》，福建人民出版社。
北京大學出土文獻研究所編　2015　《北京大學藏西漢竹書·叁》，上海古籍出版社。
陳　劍　2007　《釋造》，《甲骨金文考釋論集》，綫裝書局。
陳　劍　2011　《清華簡〈金縢〉研讀三題》，《出土文獻與古文字研究》（第四輯），上海古籍出版社。
陳　劍　2013　《清華簡〈金縢〉研讀三題》，《戰國竹書論集》，上海古籍出版社。
陳　劍　2018　《清華簡〈金縢〉研讀三題》，復旦大學出土文獻與古文字研究中心（主編）《出土文獻與古典學重建論集》，中西書局。
陳　劍　2020　《釋金文“毒”字》，《中國文字》（夏季號總第三期），萬卷樓圖書股份有限公司。
程　浩　2020　《清華簡〈四告〉的性質與結構》，《出土文獻》第3期。
董　珊　1996　《釋燕系文字中的“無”字》，《于省吾教授百年誕辰紀念文集》，吉林大學出版社。
董　珊　2003　《略論西周單氏家族窖藏青銅器銘文》，《中國歷史文物》第4期。
董　珊　2006　《珍秦齋藏秦伯喪戈、矛考釋》，《故宫博物院院刊》第6期。
凡國棟　2014　《曾侯輿與編鐘銘文柬釋》，《江漢考古》第4期。
方　勇　2015　《天水放馬灘秦簡零拾》，《簡帛》（第11輯），上海古籍出版社。

①鄔可晶先生認爲簡文“夫”“故”有一爲音近衍文或二本不同用字合而爲一？跟陳劍先生講過的《競公瘧》“約、疠”、《孔子見季桓子》“粲、専”等情況相類？也就是説，這句話實當讀爲“是故輔邦甚難”，像原文那樣“是故”後加一“夫”，讀起來較怪。參見2021年3月14日與筆者的通訊内容。

高中正　2018　《文本未定的時代——先秦兩漢“書”及〈尚書〉的文獻學研究》，復旦大學博士學位論文。
顧頡剛　劉起釪　2005　《尚書校釋譯論》，中華書局。
郭理遠　2020　《宋右師延敦銘文補説》，《出土文獻》第3期。
何有祖　2020　《秦二世元年詔書解讀》，《文獻》第1期。
湖南省文物考古研究所、益陽市文物處　2016　《湖南益陽兔子山遺址九號井發掘簡報》，《文物》第5期。
李家浩　1993　《貴將軍虎節與辟大夫虎節——戰國符節銘文研究之一》，《中國歷史博物館館刊》第2期。
李家浩　2009　《忓距末銘文研究》，《古文字與古代史》（第二輯），“中央研究院”歷史語言研究所。
李　零　2015　《文峰塔M1出土鐘銘補釋》，《江漢考古》第1期。
李守奎等編著　2007　《〈上海博物館藏戰國楚竹書〉（一～五）文字編》，作家出版社。
李學勤等（主編）　2020　《清華大學藏戰國竹簡（壹—叁）文字編》（修訂本），中西書局。
劉國忠　2011　《清華簡九篇釋文簡注》，《走近清華簡》，高等教育出版社。
劉　淇　1954　《助字辨略》，中華書局。
清華大學出土文獻研究與保護中心編　李學勤（主編）　2010　《清華大學藏戰國竹簡（壹）》，中西書局。
清華大學出土文獻研究與保護中心編　李學勤（主編）　2015　《清華大學藏戰國竹簡（伍）》，中西書局。
清華大學出土文獻研究與保護中心編　黄德寬（主編）　2019　《清華大學藏戰國竹簡（玖）》，中西書局。
清華大學出土文獻研究與保護中心編　黄德寬（主編）　2020　《清華大學藏戰國竹簡（拾）》，中西書局。
裘錫圭　2002　《燹公盨銘文考釋》，《中國歷史文物》第6期。
裘錫圭　2004　《燹公盨銘文考釋》，《中國出土文獻十講》，復旦大學出版社。
裘錫圭　2011　《説清華簡〈程寤〉篇的“敂”》，《出土文獻與古文字研究》（第四輯），復旦大學出版社。
沈　培　2020　《“黄帝四面”相關文獻考辨》，香港中文大學中國語言及文學系文德徽猷學術演講系列（第二輯）。
唐　蘭　1986　《西周青銅器銘文分代史徵》，中華書局。
王　輝　2003　《逨盤銘文箋釋》，《考古與文物》第3期。
王凱博　2018　《出土文獻資料疑義探研》，吉林大學博士學位論文。
魏宜輝　2017　《秦漢璽印人名考釋（九題）》，《中國文字學報》（第七輯），商務印書館。
鄔可晶　2019　《釋“鑠”》，《出土文獻與古文字研究》（第九輯），上海古籍出版社。
武振玉　2017　《兩周金文動詞詞彙研究》，商務印書館。
向　熹　2014　《詩經詞典》（修訂本），商務印書館。
謝明文　2010　《金文札記兩則》，《古代漢語研究》第3期。
謝明文　2013　《晉公簋銘文補釋》，《出土文獻與古文字研究》（第五輯），上海古籍出版社。
謝明文　2017　《晉公簋銘文補釋》，《商周文明論集》，上海古籍出版社。
謝明文　2020　《承祿鈹銘文小考——兼談上古漢語中“成”的一種用法》，《古漢語研究》，商務印書館。

辛德勇　2020　《生死秦始皇》，中華書局。
楊伯峻譯注　2003　《孟子譯注》，中華書局。
楊逢彬　2017　《孟子新注新譯》，北京大學出版社。
楊樹達　1997　《積微居金文説》（增訂本），中華書局。
張富海　2007　《金文“匍有”補説》，《中國文字研究》（第9輯），大象出版社。
張　儒　劉毓慶　2002　《漢字通用聲素研究》，山西古籍出版社。
趙平安　1996　《秦至漢初簡帛文字與假借改造字字源考證》，《簡帛研究》（第二輯），法律出版社。
趙平安　2009　《新出簡帛與古文字古文獻研究》，商務印書館。
周秉鈞注譯　2001　《尚書》，嶽麓書社。
周法高（主編）　1975　《金文詁林》，香港中文大學。
朱鳳瀚　2013　《讀清華楚簡〈金縢〉兼論相關問題》，陳致（主編）《簡帛·經典·古史》，上海古籍出版社。
朱力偉　2013　《兩周古文字通假用字習慣時代性初探》，吉林大學博士學位論文。
宗福邦等編　2003　《故訓匯纂》，商務印書館。

A Brief Discussion of the Term Fuyousifang(尃有四方) in *The Qinghua Manuscript* Jinteng(金縢)

Su Jianzhou

Abstract: There have always been three influential sayings regarding the interpretation of the inscriptions of Fuyousifang(匍有四方) in the bronze inscriptions and the classical documents Fuyousifang(敷佑四方). Based on the example of the *Qinghua manuscript* , this phrase should be read as Puyousifang(溥有四方), which means “widely there are four directions”. At the same time, several related material were sorted out in this article.

Key words: *Shangshu*; Jinteng(金縢); *Qinghua manuscript*; bronze inscriptions; interpretation of the ancient characters

（蘇建洲，彰化師範大學　台灣　50007）

清華簡校讀瑣記*

程　浩

摘　要：清華簡《程寤》簡9的“逡=戒”應讀爲“後。戒後”。《保訓》中文王圍繞“中”講述的三個故事不是“寳訓”的具體内容；簡5的“厥有”指的是舜的財貨；簡11“佰不羕”應讀爲“宿不永”。《祭公之顧命》簡18的“緄㹃”應讀爲“眩瞑”。《封許之命》簡2的“雚”應讀爲“觀”；簡4缺字應補爲“今在”；“畏天之非沈”應理解爲敬畏天命之沉淪；簡8“囩童才𡰥”意爲困頓、哀慟於憂慮。《命訓》簡8的“述”應讀爲“物”；簡13“伆■”讀爲“刃人”，“勿”如字讀；簡15“鈛”讀爲“戴”。《子犯子餘》簡2“身”讀爲“仁”；簡11“與”讀爲“歟”。《攝命》簡6“啻”讀爲“惕”。《邦家處位》簡3“躔啻”讀爲“皆惕”。

關鍵詞：清華簡；《保訓》；《祭公之顧命》；《封許之命》；《命訓》

清華簡的整理工作不斷推陳出新，每一輯整理報告的出版都引發了熱烈的討論。在學界的共同努力下，先期公布的篇目中大部分問題都得到了很好的清理，遺留下來的疑義並不是很多。即便如此，我們最近在校閱舊章的過程中，仍發現了一些零詞剩義，在此略加討論，供專家批評指教。

一

收入第一輯整理報告（李學勤，2010:136）的《程寤》，其全篇之末爲：

人𢘓（謀）疆（强），不可以藏（藏）逡=戒（後。戒後）人甬（用）女

* 本文爲國家社科基金重大項目“清華大學藏戰國竹簡的價值挖掘與傳承傳播研究”（20&ZD309）、國家社科基金重大項目“清華簡與儒家經典的形成發展研究”（16ZDA114）的階段性研究成果。

（汝）毋（謀），悉（愛）日不跋（足）。【九】[①]

關於簡文“遂=戒”的讀法，整理報告疑“戒”字下脱一重文符號，全句應讀爲“後戒，後戒”。如此釋讀，不但有增字解經之嫌，語義與上下文也不能相諧。實際上，《逸周書·大開》中就有類似文句，作：“王拜儆我後人謀競，不可以藏，戒後人其用汝謀，維宿不悉日不足。”而《酆保》亦有“戒後人其用汝謀”之説。根據這些異文，頗疑《程寤》“遂”字下的重文符號指示的乃是該字當在其下“戒”之後重讀一次。重文符號在楚簡中的用法雖然比較固定，但也有一些特殊的用例。比如清華簡《命訓》的“大命世罰，小命=身”，傳世本中與之對應之處作“大命世罰，小命罰身”，孟躍龍（2016）已經指出其重文符號所指示乃是上一句的“罰”而非通常認識中的“命”。

如果此處的重文符號確有隔字重讀的功能，此句便可斷讀爲“人謀强，不可以藏後。戒後人用汝謀，愛日不足”，意爲“人要謀求强盛，就不可以潛藏在後。去戒訓後人采用你的謀劃，並且要珍惜時日之短”。不僅文通字順，與《逸周書·大開》的文句也能够高度契合。

二

收入第一輯整理報告（李學勤，2010:143）的《保训》，記載了文王臨終前向嗣君武王“傳寶”的故事。關於傳遞“寶訓”的過程，簡文是這樣描述的：

> [王]若曰：“發（發），朕〈朕〉疾壹〈壷（漸）〉甚，忑（恐）不女（汝）及【二】訓。昔歬（前）人逋（傳）保（寶），必受（授）之以詷（誦）。今朕〈朕〉疾允痞（病），忑（恐）弗念（堪）夂（終），女（汝）以箸（書）【三】受之。欽才（哉）！勿淫！

根據文王所言，前人如要傳遞“寶訓”，爲了表示敬畏，必須以背誦的方式進行授受，而他此時由於病情加重力不從心，只能姑且將載有“寶訓”的書卷傳授給武王了[②]。照此理解，傳遞“寶訓”的過程至此就已經結束了。文王口中至高無上的“寶訓”，並非下文中舜和上甲微等人關於“中”的故事，其具體内容應是類似《逸周書》“三《訓》”等專講治國之道的篇章。“三《訓》”的作者爲了宣揚自己的思想理念，

①本文所列示的簡文，均已綜合各家意見並按照我們的理解重新斷句與破讀，整理者的釋讀意見雖加以説明，仍請核對原書爲準。

②學界對此段簡文的理解有較大分歧，具體見劉麗（2018）。

乃自詡爲上天降命，比如《命訓》就號稱“天立明王以訓之”，是天帝對明王的訓誡。考慮到《保訓》與《逸周書》諸篇的密切關係以及文王的恭敬態度，《保訓》所描述的治國理政綱領“寶訓”，應該也是天帝所作。或是由於其中包含關於“中”的内容，文王就在下文中列舉了前代聖王的事例，對其重要價值開展了進一步闡釋。也就是説，在《保訓》構擬的場景中，文王乃是“寶訓”的傳承者、解釋者，而並非作者。

三

《保訓》所載舜的故事，由於關涉求“中”得“中”的過程以及“中”的内涵而備受學者關注，其簡文爲：

> 昔鳌（舜）舊（久）复（作）火=（小人），親勂（耕）于鬲（歷）茅，忎（恭）救（求）中自詣（稽），氒（厥）志【四】不諱（違）于庶萬眚（姓）之多欲，氏<氒（厥）>又（有）敀（施）丁上下遠埶（邇）。迺（乃）易立（位）埶（設）詣（稽），測【五】侌（陰）敡（陽）之勿（物），咸川（順）不詤（逆）。鳌（舜）既旻（得）中，言不易實弁（變）名，身兹備（服）隹（惟）【六】身（允）。翼=（翼翼）不解（懈），甬（用）乍（作）三隆（降）之悳（德）。帝尧（堯）嘉之，甬（用）受（授）氏<氒（厥）>緒。於（嗚）虐（呼），鼎（祗）之【七】才（哉）！

簡文“忎”在此處應讀爲“恭”，“求中自稽”也應依李零（2009）説連讀。稽，考也，“自稽”即自考、自省。簡文描述舜以“中”進行自我審視的結果是“厥志不違于庶萬姓之多欲”以及“厥有施于上下遠邇”。兩句爲互文，語法結構也應當一致。然而之前的論者却均將其中的“有”字理解爲虛詞，實難與名詞“志”相對應。在我們看來，“有”或可理解爲舜掌握的財貨。《詩經・大雅・公劉》“爰衆爰有”，朱熹《集傳》：“有，財足也。”施，恩賜、恩惠。上下遠邇，即四方遠近。“厥有施于上下遠邇”，大意是將自己的物資贈予四方遠近之人。

簡文接下來又説舜“乃易位設稽，測陰陽之物，咸順不逆”。“易位設稽”是“測陰陽之物”的前期準備，“位”和“稽”當指觀測天象陰陽的站點和設施。《尚書・堯典》載堯之時“乃命羲和，欽若昊天，曆象日月星辰，敬授民時”，已經派人到四方對日月星辰的運轉進行觀測，與《保訓》所述舜的事迹有相似之處。值得注意的是，簡文描述舜之得“中”乃是通過“易位設稽，測陰陽之物”獲得的。天文曆法是古代社會指導農業生産的“核心科技”，前文説舜“久作小人，親耕于歷茅”，必然掌握了一定的天文知識。早期哲學發生於自然，《保訓》篇屢次稱道的“中”，很可能就是由舜從日月星辰的運轉規律中總結而來的。而“咸順不逆”，或許就是“中”的具體内涵。

根據簡文記載，舜得中後依然保持謙虛，“翼翼不懈，用作三降之德”，故而得到了堯的嘉許①。實際上，緊接着“舜既得中”一句的“言不易實變名，身兹服惟允”，也是在贊美舜的谦逊。身，指自身。服，職事。允，誠懇、恰當。按照本篇的理論，得“中”者即可保有天下，但是舜得“中”後却“言不易實變名，身兹服惟允”，是説他没有改變君臣之分，仍恪守原有的職事。

四

《保訓》篇的最後一句話作：

日不足，隹（惟）佰（夙）不羕（永）。【一一】

“佰”即“宿”，趙平安（2009）讀爲“速”，李學勤（2011）讀爲“肅”，均有較多信從者。實際上，周人常感嘆時間不多、光陰寶貴，除清華簡《程寤》外，類似的話還見於《逸周書·大開》“維宿不悉，日不足”以及《小開》“宿不悉，日不足”。其中的“宿”，丁宗洛《逸周書管箋》注爲“夜也”（黄懷信等，2007:216）。已經有不少學者（季旭昇，2013:108）指出，簡文中的“宿”當讀爲“夙”，可惜都没有舉出相關的證據。“夙”的本義是凌晨，在此處泛指夜間，可以與“日”建立很好的對應關係。而“宿”讀爲“夙”，最直接的證據是清華簡《周公之琴舞》篇的“夙夜不逸”“夙夜不懈”等句，其“夙夜”的“夙”即是寫作“佰”的。除此之外，上博簡《周易》“有攸往，佰吉”，馬王堆帛書本作“宿”，傳世本作“夙”，説明楚文字確有把“佰”用爲“夙”的習慣。至於“羕”字，在楚簡中常借作“永”，是長久的意思。整理報告爲了將簡文與《大開》《小開》趨同，讀之爲“詳”，認爲其與“悉”同義。實際上，《逸周書》中的“悉”字，李零（2009）已據簡文指出皆當視作“羕”字之訛誤，是很正確的意見。

在厘清了通假與訛字的問題後，《逸周書》與《保訓》中復見的“日不足”與“夙不永”就可以視作一組相對的概念，是説日間的時光總是不足够的，夜間（凌

①關於“三降之德”的釋義，詳見寧鎮疆（2019）。

晨）的時光也同樣不能長久。

五

收入第一輯整理報告（李學勤，2010:175）的《祭公之顧命》，有一句祭公對穆王與三公誡勉：

> 公曰："於（鳴）虎（呼），天子，三公，女（汝）念孳（哉）。【一七】女（汝）母（毋）覞（眩）臤（瞑）𢘅=（㩡㩡），冟（厚）𢈪（顏）忍耻，寺（時）隹（惟）大不弔（淑）孳（哉）。"

"毋"下一字，彩色照片漶灭不可識，故整理報告缺而未釋。後來賈連翔（2013）根據補拍的紅外照片指出此字从糸从見，乃是"䌥"字；而"䌥"下的"臤"字，從紅外照片來看，右下也没有學者懷疑的重文符號。二字的字形雖然已經搞清楚了，但"䌥臤"究竟應該怎麽讀，以及如何與傳世本"泯泯芬芬"對應，目前還没有太好的意見。

在我們看來，"䌥"字从元部的"見"得聲，或可讀爲真部的"眩"[①]。真部與元部旁轉，同樣从"玄"得聲的"弦"字，在張家山漢簡《奏讞書》中就有讀爲"元"的用例。清華簡《邦家處位》"荒政眩邦"的"眩"，就是寫作从"見"的"䀏"，或可視爲一個"見""玄"雙聲的字。

至於"臤"字，整理報告認爲"从臤聲，疑讀爲同在匣母真部之'眩'"，然而其上已有讀"眩"的字，此字就只能考慮别的讀法了。頗疑真部的"臤"可讀爲耕部的"瞑"，耕真通轉，北大簡《妄稽》中的"瞑"字，就有用爲真部的"眠"的情況。最直接的證據則是清華簡《説命中》"若藥，如不瞑眩，越疾罔瘳"一句。此句由於見引於《國語》與《孟子》，因而在釋讀方面没有任何疑問，而此中的"瞑"，就是寫作从真部的"民"得聲的"䁕"。"眩"與"瞑"音義皆近，《祭公之顧命》的"眩瞑"與《説命中》的"瞑眩"都是同義連用，意即頭暈眼花、糊塗昏聵。

其下的重文"𢘅"，則當讀爲同在陽部的"㩡"。㩡㩡，紛亂貌，《史記·貨殖列傳》："天下㩡㩡，皆爲利往。""㩡㩡"是對"眩瞑"的補充説明，都是指治國理政時無法冷静面對、從容處理。

---

①文章作成後，檢得吴祺有將"䌥"讀爲"瞑"之説，但是"瞑"在耕部，與元部字音律稍隔，不如真部的關係更加密切。説詳吴祺（2019）。

《逸周書·祭公》中與“眩瞑擾擾”對應的“泯泯芬芬”四字，“泯”與《説命中》的“覭”都从“民”得聲，顯然應同讀爲“瞑”。傳世本的“泯”與簡本的“㝠”一樣，都是“瞑”的假借字。簡本的“眩瞑”是一組疊韻連綿詞，傳世本的“瞑瞑”則用的是疊字詞。而“芬芬”可讀爲“紛紛”，與簡本的“擾擾”是同義换用的關係。

“紛紛”與“擾擾”由於意思相近在後世經常連用，這是大家都比較熟悉的。實際上，在早期文獻中，“紛紛”“擾擾”“瞑瞑”“眩眩”這類的詞就已組合在一起表示昏聵紛亂貌。清華簡《赤鳩之集湯之屋》簡12形容夏桀病重，即云“慭=恂=（棼棼眩眩）”。清華簡《禱辭》簡15有“閿==”，整理報告讀爲“紛紛翼翼”，考慮到後字含糊不清而該篇文字訛混現象又比較嚴重，或讀爲“紛紛擾擾”亦無不可①。若此説可從，則“紛紛”與“擾擾”同義連言在先秦時期就已經有了用例。

六

收入第五輯整理報告（李學勤，2015:118）的《封許之命》，首簡佚失未見，第二支簡簡文爲：

> ……【一】雩（越）才（在）天下。古（故）天蘿（觀）之乍〈亡〉（無）臭（斁），向（尚）昏（振）氒（厥）悳（德），雁（膺）受大命，旯（畯）尹三（四）方。則隹（惟）女（汝）吕丁，肁（肇）橐（右）玟（文王），訟（毖）光氒（厥）剌（烈）。【二】

缺失的首簡，根據“册命”類文體的通例，可能記有時間、地點、佑者以及“王若曰”等語。另據第二支簡描述的是文王之德來看，第一簡的後半應該也提到了文王事迹。因此，簡文“越在天下”的主語應即文王，此句蓋從上支簡連讀。“越在天下”，猶《尚書·立政》“其克詰爾戎兵以陟禹之迹，方行天下”，清華簡《四告》“以討徵不服，方行天下”，所稱頌的應是文王的赫赫武功。

簡文“蘿”字整理報告原讀爲“勸”，考慮到此句的主語爲天，不如讀“觀”貼切。上帝在天上可觀察下土之人的德行，如《詩經·大雅·皇矣》：“皇矣上帝，臨下有赫。監觀四方，求民之莫。”清華簡《皇門》“先王用有蘿，以賓佑于上”，有學者（張德良，2018）已經指出“蘿”即應如此理解而讀爲“觀”。上天觀察到文王的行

①在該篇整理的過程中，楊蒙生等已有類似看法。

爲無可挑剔，遂使他承受天之大命，類似的表述，在周代文獻中不勝枚舉。

七

《封許之命》在最初刊布時還缺少第四支簡，隨着整理工作的不斷深入，整理小組又在未公布的竹簡中發現了這支簡，並由賈連翔（2020）撰文作了介紹。簡文作：

> [今在] 舍（余）𡮐=（小子），舍（余）隹（惟）緟<緟（申）>玟=（文王）明型（刑），非敢巟（荒）㠯（怠），戢（畏）天之非（棐）沝（沈），册羞折（哲）人，甚（审）民之若不（否）。今朕永念乃愼（勛）【四】，命女（汝）侯于鄦（許）。女（汝）隹（惟）斃（壯）者尔（爾）猷，虔（虔）血（恤）王豪（家），柬（簡）胯（乂）亖（四）方不𢦔（賓），以堇（勤）余𠀀（一人）。

余小子，乃成王自謙之稱。成王在前文中追述了文王、武王的偉業和吕丁先後輔佐文、武時的功績，在這裏又講到了自己的執政理念以及對吕丁的期許。類似的敘事結構在“書”類文獻中經常可以見到，如《君奭》、《多士》、《多方》、清華簡《祭公之顧命》以及西周金文逨盤、史墻盤等。簡首的兩個缺文，據文例或可補爲“今在”，有如《君奭》“今在予小子旦”。

簡文“非”應讀爲“棐”。其後之“沝”字，从兩水，中間从心，根據黄德寬（2020）的研究，類似的形體均應視作“湛（沈）”的異體。“天之棐沈”，又見於清華簡《迺命二》，同於《尚書・大誥》“天棐忱辭”“越天棐忱”、《康誥》“天畏棐忱”、《君奭》“若天棐忱”、《詩經・蕩》“其命匪諶”等。過去的注家均以“天命無常不可信”來解釋，從新材料中的“沈”字均从水來看，舊訓皆未達其義[①]。“非”“棐”等應以“匪”爲本字，而“匪”常可用爲語助詞，訓爲“彼”。“忱”“諶”“湛”的本字都是“沈”，意思是沉没。“天之棐沈”，即天命的沉淪，乃是周人由殷商鼎革總結出的經驗教訓。周人常對天之大命易於被轉改而感嘆，因而反復强調要對天命有特别地敬畏，即“畏天之棐沈”。

《詩》《書》中“越天棐忱”一類的話，大約都應如此理解。唯有《君奭》的“天難諶”，似乎意思完全相反。但如果我們仔細去讀上下文，就會發現其與别的篇

①徐難于（2001）對舊説有很好的歸納總結，讀者可以參看。

章感嘆天命易沉應屬於不同的語境。其文云“在我後嗣子孫，大弗克恭上下，遏佚前人光在家；不知天命不易、天難諶，乃其墜命，弗克經歷”，實際上是在批評後嗣子孫不恭上下，因而未能承繼天命。對這些人來説，要去改易殷人的天命當然是困難的。至于清華簡《厚父》所説的“天命不可沈”，即不要讓天命沉淪、更改，是周人敬德保民所追求的目標，則屬另外一個層面的表述了。

八

《封許之命》的最後一段爲：

> 王曰：“於（嗚）虐（呼），丁，戒才（哉）！余既監于殷【七】之不若，匝（图）童（慟）才（在）悥（憂），朮（靡）念非尚（常）。女（汝）亦隹（惟）亯（就）章尔（爾）遠（慮），䉷（祗）敬尔（爾）猷，以永厚周邦，勿灋（廢）朕命，經【八】嗣枼（世）亯（享）。”【九】

其中的“匝童才悥”一句，整理報告讀“匝”爲“稚”，認爲“稚童”是成王的謙稱。在我們看來，此句的理解當與清華簡《攝命》的“咸图才悥”聯繫起來①。“匝”以“帀”爲聲符，“图”以“豕”爲聲符，而“帀”與“豕”都與脂部密切關聯，作爲聲符自可换用，“匝”與“图”表示的應該是同一個詞。我們（程浩，2020）之前在討論《攝命》時曾指出，“图”由其字形結構可引申爲“困囿”一類的意思，《攝命》的“咸图在憂”即可理解爲“總是困頓於憂愁”，而毛公鼎的“图湛于艱”則應解爲“困頓、沉陷於憂愁”。與之相應的，《封許之命》的“童”可讀爲“慟”②，意爲哀傷，“图慟在憂”即“困頓、哀傷於憂愁”。

---

①蔡偉已將兩者聯繫起來進行考慮，但釋讀和理解與我們的看法都不相同。參見抱小（蔡偉）：《〈攝命〉“湛图在憂”與〈封許之命〉“图童在憂”合證》，復旦大學出土文獻與古文字研究中心網站，2018年11月22日，http://www.gwz.fudan.edu.cn/Web/Show/4332。

②王寧：《讀〈封許之命〉散札》，復旦大學出土文獻與古文字研究中心網站，2015年4月28日，http://www.gwz.fudan.edu.cn/Web/Show/2507。

九

收入第五輯整理報告（李學勤，2015:125）的《命訓》，有一段專論“天道”與“人道”之内涵：

夫天道三，【六】人道三。天又（有）命，又（有）福，又（有）禍（禍）。人又（有）佴（恥），又（有）市冒（冕），又（有）鈙（斧）戉（鉞）。以人之佴（恥）尚（當）天之命，以亓（其）市冒（冕）尚（當）天之福，以亓（其）斧戉（鉞）尚（當）天之禍（禍）。[六]【七】方三述（物），亓（其）亟（極）鼠（一），弗智（知）則不行。

簡7與簡8銜接處之句，傳世本作“六方三述，其極一也，不知則不存”。第七簡所缺之末字，可據以補爲“六”。由於此句涉及較多抽象的概念，因而不是很好理解。潘振《周書解義》解釋説：“方，比也。述，稱也。合而比之則六，别而稱之則三。天有極，人無極，道皆至善，故曰其極一也。”唐大沛《逸周書分編句釋》云：“曰命、曰禍、曰福、曰醜、曰紼絻、曰斧鉞，有此六方，方即道也。術者，道之用也。天人相合，則道之用惟三述耳。論其極，三術實皆一理耳。”（黄懷信等，2007:29）綜合來看，六方即命、福、禍、恥、市冕、斧鉞六種概念。而三述的“述”，前人讀爲“述”，解爲道術，猶有未安。我們認爲“述”或可讀爲“物”，馬王堆帛書《繫辭》“夫且茅之爲物也”，即以“述”字假爲“物”。前文説“以人之恥當天之命，以其市冕當天之福，以其斧鉞當天之禍”，“六方”中兩兩相當，故約爲“三物”。

十

《命訓》簡12-13有這樣一段話：

嵩（權）不灋（法），中不忠，罰[不服]，[賞]【一二】不從裳（勞），事不替（理），正（政）不成，埶（藝）不逕（淫），豊（禮）又（有）旹（時），樂不繙（申），哀不至，均不鼠（一），季（惠）必刅₌（刃人）。凡此，勿卒（厥）嵩（權）之榪（屬）也，季（惠）而不刅₌（刃人），人不勳（勝）【一三】[害，害]不智（知）死。

整理報告把“仞₌”讀爲“忍人”，“勿”讀“物”，由於有傳世本作爲參照，學者均没有提出異議。但是所謂的“惠必忍人”以及“物厥權之屬”等句，自《逸周書》有注疏以來就從來没有講通過。

在我們看來，簡文的合文“仞”應讀爲“刃人”，傳本與之對應的“忍”，亦是“刃”的通假字。刃有殘害之義，“惠必刃人”是説恩惠反而殘害了人民。下文將“惠而不刃人”與“人不勝害”連言，説明“刃”確是用作與“害”相近的意義。前文列舉的“權不法，中不忠，罰不服，賞不從勞”等一系列不當的施政措施，造成的後果就是“惠必刃人”。實際上，文獻中許多做動詞的“忍人”，大概均應讀爲“刃人”。對於“忍人”最著名的論述是《孟子·公孫丑上》：“人皆有不忍人之心。先王有不忍人之心，斯有不忍人之政矣。以不忍人之心，行不忍人之政，治天下可運之掌上。”細繹其文，所謂“不忍人”就是不加害於人。

簡文中由“凡此”所引領的句子，是對上述負面教訓的總結。“勿”在這裏作否定詞，如字讀就好。傳世本作“物”，乃是在本字“勿”的基礎上進行了不恰當的通假。屬，托付。“勿厥權之屬也”，是説凡是有這種情況的，就不要把權力賦予這種人。

簡文接下來又强調“惠而不刃人”，即不要讓恩賜反過來傷害人民，因爲“人不勝害，害不知死”。傳世本由於使用了錯誤的通假，使得此處文義的理解也有錯亂，更導致這些句子長期被認爲是從下段連讀的。

十一

《命訓》接下來又講：

均一不和，哀至則貴（匱），樂繡（申）則亡（荒），豊（禮）[無時]則不貴，埶（藝）逕（淫）則割（害）於材（才），正（政）成則不長，事替（理）則不攻（功）。以賞從裳（勞）₌而不至；以【一四】[罰從]備（服，服）而不鈇（戴）。以中從忠則尚₌（賞）不北（必）中；以耑（權）從灋（法）則不行₌不必灋（法）₌以智（知）耑（權）₌以智（知）散（微）₌以智（知）訇（始）₌以智（知）夂（終）。【一五】

此段的核心思想在於行事不可過於追求極致，否則過猶不及，即前文所説的“正人莫如有極，道天莫如無極”。

其中“以罰從服，服而不䊷”的“䊷”字，整理者疑讀爲“恥”，然篇中屢見“恥”字，均是寫作“佴”的。頗疑此字應讀爲“戴”，“戴”从“𢦏”聲，“𢦏”聲與“才”聲字常可通假，比如楚簡中的語氣詞“哉”，很多都是寫作“才”的。《國語•周語上》“庶民不忍，欣戴武王”，韋昭注：“戴，奉也。”“以罰從服，服而不戴”，與“以賞從勞，勞而不至”句式相同，謂以刑罰强行使人服從，即便表面服從却不會真心擁戴。

十二

收入第七輯整理報告（李學勤，2017:92）的《子犯子餘》，有子犯對秦穆公的一段答話：

> 子軘（犯）豿（答）曰：“誠女（如）宔（主）君之言。虗（吾）宔（主）好定（正）而敬訐（信），不秉禍（禍）利，身（仁）不忍（刃）人，古（故）走去之，【二】以即中於天，宔（主）女（如）曰疾利女（焉）不跌（足），誠我宔（主）古（故）弗秉。”

子犯評價其君晉文公，首先說他“好正而敬信”，其下一句，有學者斷讀爲“不秉禍利身，不忍人”。實際上，子犯對文公的評語基本上以四字爲句，此句也應如此斷讀。秉，持也，“不秉禍利”是說晉文公不願因禍獲利。下文的“主如曰疾利焉不足，誠我主故弗秉”[①]，正是對文公不“秉利”的補充說明。

“身”字，整理報告解爲“自身”，但“身不忍人”不是很好理解。我們懷疑此處的“身”字或可讀爲“仁”。大家都知道，楚簡中的“仁”與“信”關係密切，字形結構都與“身”有關。“仁”字一般寫作“𢒼”，“身”爲聲符而“心”爲義符。“信”字一般寫作“𧨓（訐）”，“身”爲聲符而“言”爲義符。有的時候“信”字會省去義符“言”，直接寫作“身”，如清華簡《治邦之道》簡10的“勿詐僞，則身（信）長”，以及清華簡《命訓》簡6的“使身=（信人）畏天”等。同理可證，表示“仁”的“𢒼”也應該可以省作“身”。至於簡文的“忍”，亦應讀“刃”，“仁不刃人”，是說晉文公恪守仁義不加害於人。《韓非子・内儲說上》：“夫人臣必仁而後可與謀，不忍人而後可近也。”“仁”與“不忍（刃）人”就是作爲内涵相同的概念對舉的。

①此句的釋讀可參石小力（2017）。

十三

《子犯子餘》簡11，講述了關於成湯的一則故事：

昔者成湯以神事山川，以悳（德）和民，四方巳（夷）莫句（後）與（歟）！人面見湯，若霧（濡）雨，方奔之而鹿雁（膺）女（焉）。

“四方夷莫後”，整理報告已經指出其典出《孟子·梁惠王下》：“《書》曰：‘湯一徵，自葛始。’天下信之。東面而徵，西夷怨；南面而徵，北狄怨。曰：‘奚爲後我？’”

其下的“與”字，整理報告斷於後句，並讀之爲“使”，不確。實際上，“與”當從“四方夷莫後”連讀，用爲感嘆詞“歟”。“與”讀爲“歟”，在楚簡中用例甚多，學者（白於藍，2018:295）已有詳細羅列，在此不煩舉例。如此斷讀之後，便可知下文的“若濡雨，方奔之而鹿膺焉”乃是形容“人面見湯”時的盛況。

十四

收入第八輯整理報告（李學勤，2018:110）的《攝命》，簡6有這樣一句話：

不啻（愓）女（汝）鬼（威），則由（猶）讒女（汝）訓言之課（洵）。

整理報告把“不啻”訓爲“不但”，“讒”讀爲“勸”。“不僅”“何止”當然是“不啻”的常訓，但就此將此句解釋爲“不但以儀表資望威民，亦用言教幹事”，却顯得比較費解。根據前句“汝唯衛事衛命，汝唯冲子小子，汝威由表由望”來看，此句大致是在强調樹立威望對於小子執政的重要意義。在我們看來，“啻”或可讀爲“愓”，上博簡《周易》夬卦將“愓號”寫作“啻號”是爲其證。“愓”訓“敬懼”，《尚書·盤庚》有“不愓予一人”。所謂“不愓汝威”，意即“不敬畏你的權威”。此外，本篇簡15有“汝則亦唯肇丕子不學不啻汝”，大概也應如此讀，意思是“（你的懈怠行爲）會招致宗子不效法、不敬畏你”。

在王看來，如果伯攝放任屬下“不愓汝威”，就會導致“由讒汝訓言之課”。由，猶也。“讒”字似乎不必破讀，直接如字解爲輕蔑就好。訓言，即訓誡之言。至於

“譔”，或可讀爲“洵”。“巽”聲字與“旬”聲字音近可通，《周禮·春官》“而設筍簴”，“筍簴”即“簨簴”。《詩經·宛丘》“洵有情兮”，毛傳：“洵，信也。”據此，“不惕汝威，則猶蔑汝訓言之洵”就可以理解爲“不敬畏你的權威，就會蔑視你訓言的可信度”。

十五

收入第八輯整理報告（李學勤，2018:128）的《邦家處位》，在目前公布的所有篇目中最爲難讀，因此整理報告對該篇的整體理解難免也有一些不盡如人意之處。我們（程浩，2018）之前曾對該篇的整體結構以及部分字詞的釋讀提出過一些粗淺的看法，此番再讀，感覺仍有可商之處。其簡3有：

> 子立弋（代）父，自寘（定）於逡（後）事，蹭（皆）啻（惕）丈辠（罪），逴（卓）詞（辭）反爻（教）爯（稱）憍（僞），攷（荒）政眩（眩）邦。惓（倦）壓（厭）政事，均壴（踦）政宔（主），君乃無從䙴（規）下之蟲□。【三】

此段講述後代之人剛愎自用，不以良人執政的後果，其中的“蹭啻丈罪”一句，頗爲不辭，整理報告以下均没有很好的解釋。

“蹭”即“階”，此字本是从“皆”得聲的，在此試讀爲“皆”。“啻”，則應如上條《攝命》中的“啻”一樣，是讀爲“惕”的。“丈罪”即“量罪”。“皆惕丈罪”，是説後代之人都畏懼被治罪，因而紛紛“卓辭反教稱僞”，以花言巧語進行詭辯、對抗教化。

參考文獻：

白於藍　2018　《簡帛古書通假字大系》，福建人民出版社。

程　浩　2018　《清華簡第八輯整理報告拾遺》，紀念清華簡入藏暨清華大學出土文獻研究與保護中心成立十周年國際研討會會議論文。

程　浩　2020　《〈攝命〉首節芻議》，《簡帛研究》（秋冬卷），廣西師範大學出版社。

黄德寬　2020　《清華簡新見“湛（沈）”字説》，《清華大學學報（哲學社會科學版）》第1期。

黄懷信等　2007　《逸周書匯校集註》，上海古籍出版社。

季旭昇（主編）　2013　《清華大學藏戰國竹簡（壹）讀本》，藝文印書館。

賈連翔　2013　《清華簡壹—叁輯字形校補札記》，《出土文獻》（第四輯），中西書局。

賈連翔　2020　《〈封許之命〉綴補及相關問題探研》，《出土文獻》第3期。

李　零　2009　《讀清華簡〈保訓〉釋文》，《中國文物報》8月21日。

李學勤（主編） 2010 《清華大學藏戰國竹簡（壹）》，中西書局。
李學勤 2011 《〈程寤〉、〈保訓〉"日不足"等語的讀釋》，《清華大學學報（哲學社會科學版）》第2期。
李學勤（主編） 2015 《清華大學藏戰國竹簡（伍）》，中西書局。
李學勤（主編） 2017 《清華大學藏戰國竹簡（柒）》，中西書局。
李學勤（主編） 2018 《清華大學藏戰國竹簡（捌）》，中西書局。
劉 麗 2018 《清華簡〈保訓〉集釋》，中西書局。
孟躍龍 2016 《清華簡〈命訓〉"少命=身"的讀法——兼論古代抄本文獻中重文符號的特殊用法》，《簡帛》（第十三輯），上海古籍出版社。
寧鎮疆 2019 《由帛書〈易傳・繆和〉解〈謙〉卦申論清華簡〈保訓〉的"三降之德"》，《中原文化研究》第5期。
石小力 2017 《清華簡第七册字詞釋讀札記》，《出土文獻》（第十一輯），中西書局。
吴 祺 2019 《戰國竹書訓詁方法探論》，華東師範大學博士學位論文。
徐難于 2001 《"天棐忱"辨析》，《文史》第1期。
張德良 2018 《西周金文辭"瀕在帝廷"解》，牛鵬濤、蘇輝編《中國古代文明研究論集》，科學出版社。
趙平安 2009 《〈保訓〉的性質和結構》，《光明日報》4月13日。

Notes on proofreading of *Tsinghua Bamboo Slips*

Cheng Hao

Abstract: The "逡=戒" in *Tsinghua bamboo slips* Chengwu(程寤) should be read as "後。戒後". The three stories about Zhong(中) in Baoxun(保訓) are not the specific content of Baoxun(保訓); "厥有" in Slip 5 refers to Shun's wealth; Slip 11's "㑣不羕" should be read as "宿不永". "絸㣍" in Slip 18 of Zhaigong(祭公) should be read as "眩瞑". "雚" in Slip 2 of Fengxuzhiming(封許之命) should be read as "觀"; the missing words in the Slip 4 should be supplemented with "今在"; "畏天之非沈" should be understood as fear of fate; Slip 8 "恒童才悳" means to be depressed and grieved. "述" in Slip 8 of Mingxun(命訓) should be read as "物"; Slip 13 "仞=" read as "刃人", "勿" read as the original word; Slip 15 "鼓" is read as "戴". "身" is read as "仁" in Slip 2 of Zifanziyu(子犯子餘); In Slip 11, "與" is read as "歟". "啻" is read as "愓" in Slip 6 of Sheming(攝命). "𧾷啻" is read as "皆愓" in Slip 3 of Bangjiachuwei(邦家處位).

Key words: *Tsinghua Bamboo Slips*; Baoxun(保訓); Zhaigong(祭公); Fengxuzhiming(封許之命); Mingxun(命訓)

（程浩，清華大學出土文獻研究與保護中心 北京 100084）

清華簡“《尹至》書手”字迹的擴大及相關問題探討*

賈連翔

摘　要： 通過共見字的運筆特徵和文字結構的比對，可以確認《祭公》《厚父》《攝命》三篇與《尹至》等十一篇出自同一書手（可將其稱爲“《尹至》書手”），但二者在抄寫時間上有批次的不同，因此其字迹特點略有差別。綜合字迹特點、竹簡形制信息等的考察，可將“《尹至》書手”所抄的十四篇文獻分爲六組，它們基本以文獻背景時代的先後爲序，且皆屬故事背景在商代、西周的“早期文獻”。此外《厚父》很可能接續在《封許之命》之後，與之編聯爲一卷，由此推測《厚父》是“周書”的可能性極大，且時代不早於成王時期。通過同一書手所寫的異體字，可以更加準確地了解以《厚父》《攝命》《祭公》爲代表的“早期文獻”的一些“底本”特點。

關鍵詞：《尹至》書手；《祭公》；《攝命》；《厚父》；《封許之命》

《尹至》是《清華大學藏戰國竹簡》系列報告（以下簡稱“整理報告”）中收録的第一篇竹書（清華大學出土文獻研究與保護中心編、李學勤主編，2010），因其抄寫者姓名已不可知，可采用以其抄寫内容首次出現在整理報告的篇目爲代表的方式，將之名爲“《尹至》書手”①。如果以“戰國中晚期”這一清華簡總體抄寫年代作爲基本時間點（清華大學出土文獻研究與保護中心編、李學勤主編，2010:2），則這位書手抄寫的篇目絶大多數在當時都是流傳已久的重要典籍，尤其以“書”類文獻内容爲多，爲我們了解這類文獻的成書、流傳及輯纂等提供了重要綫索。過去整理報告將這些篇目分輯刊布，隱没了一些重要信息，材料刊布以來，學者們不斷對其進行鈎沉，本文在已有研究成果的基礎上，將這些篇目統歸爲一個整體，嘗試進行綜合考察。

---

* 本文爲北京市社科基金重點項目“清華簡古文字資料庫建設與相關問題研究”（20YYA001）階段性成果。

①李松儒女士名之爲“《尹至》類書手”，參看李松儒（2017）。李美辰女士稱之爲清華簡“書手甲”，參看李美辰（2020）。羅運環先生將該書手所寫文字稱爲“尹至體”，這是從字體角度進行的命名，參看羅運環（2014）。

一、“《尹至》書手”所抄寫的篇目及其字迹特點

此前曾有多位學者就“《尹至》書手”的字迹特徵進行討論，其所抄篇目包括《尹至》、《尹誥》、《耆夜》、《金縢》、《説命》（上、中、下）、《周公之琴舞》、《芮良夫毖》、《赤鵠之集湯之屋》、《殷高宗問於三壽》諸篇（以下簡稱“《尹至》等十一篇”）[①]，大家已基本達成共識[②]，諸家討論所列舉的例證細緻入微，無須在此贅引。本文所謂“擴大”，則是在此基礎上，將《祭公》《厚父》《攝命》（以下簡稱“《祭公》等三篇”）歸入該書手[③]。

關於《祭公》篇應歸入該書手，是李松儒女士的貢獻，她曾通過大量例證指明《祭公》與《尹至》等十一篇的字迹在運筆特徵上具有一致性[④]，結論頗爲可信。隨着清華簡的陸續發表，李女士又指出《厚父》與《攝命》當屬同一種字迹，這與我們在整理《攝命》時的認識也不謀而合，只是她將《厚父》《攝命》單列爲一類（李松儒，2020），尚未將二者再擴大到與《祭公》以至《尹至》等篇繫聯在一起。

我們過去曾指出《祭公》與《厚父》同屬一種字迹，它與《尹至》等十一篇的字迹酷肖，由於《祭公》《厚父》兩篇比《尹至》等十一篇的字迹在筆劃整體特徵上有更爲纖細的特點，彼時未敢將之歸爲同一位書手，而只是推測二者有“一定的師承關係”（賈連翔，2015a；賈連翔，2015b:169）。如今看來，這種筆劃特徵的區別並不是源於書手的不同，而是同一書手在不同時間書寫的反映。現在大家既然已經意識到《祭公》與《尹至》等十一篇同屬一位書手，而《厚父》《攝命》又同屬一種字迹，那麼做出擴大繫聯的關鍵，仍在於對《祭公》與《厚父》《攝命》篇字迹特徵關係的

---

①《尹至》《尹誥》《耆夜》《金縢》四篇見於清華大學出土文獻研究與保護中心編、李學勤主編（2010）；《説命》（上、中、下）、《周公之琴舞》、《芮良夫毖》、《赤鵠之集湯之屋》六篇見於清華大學出土文獻研究與保護中心編、李學勤主編（2012）；《殷高宗問於三壽》見於清華大學出土文獻研究與保護中心編、李學勤主編（2015）。

②我們最初將《尹至》《尹誥》與《耆夜》《金縢》分列爲兩種字迹，其後李守奎先生、李松儒女士、羅運環先生將此四篇歸爲同一書手，並補充了《傅説之命》（上、中、下）、《周公之琴舞》、《赤鵠之集湯之屋》、《殷高宗問於三壽》六篇，是完全正確的。參看賈連翔（2011）；李守奎《清華簡的形制與字迹》，“歐洲中國出土寫本研究討論會”會議論文，2012年，巴黎；李松儒（2014）；參看羅運環（2014）；參看賈連翔（2015）；參看李松儒（2016）。

③《祭公》篇見於清華大學出土文獻研究與保護中心編、李學勤主編（2011）；《厚父》篇見於清華大學出土文獻研究與保護中心編、李學勤主編（2015）；《攝命》篇見於清華大學出土文獻研究與保護中心編、李學勤主編（2018）。

④此外，孫永鳳女士也曾作過討論，結論相一致，參看孫永鳳（2015:22）。

進一步認識上，也就是説若《祭公》與《厚父》《攝命》字迹特徵相同，則後兩篇也應歸入“《尹至》書手”。

下面我們將采用三篇共見字比較的方法對這一看法進行申論，例字可參看表1。

表1：《祭公》《厚父》《攝命》共見同形字比較表①

例字	祭公			厚父			攝命		
天							–	–	–
	簡1	簡11	簡20	簡3	簡5	簡12	–	–	–
王									
	簡1	簡4	簡	簡1	簡3	簡7	簡3	簡21	簡32
中		–	–	–	–	–		–	–
	簡11	–	–	–	–	–	簡32	–	–
莫		–	–		–	–	–	–	–
	簡17	–	–	簡	–	–	–	–	–
尚			–	–	–	–			
	簡3	簡11	–	–	–	–	簡19	簡22	簡23
言			–		–	–			
	簡15	簡21	–	簡8	–	–	簡8	簡19	簡28
寺									–
	簡1	簡4	簡16	簡4	簡7	簡7	簡22	簡26	–
改		–	–		–	–	–	–	–
	簡10	–	–	簡8	–	–	–	–	–

①三篇共見同形字有些數量很多，限於篇幅，本表最多列三個，所選字形爲三篇最相接近者，旨在説明三篇爲同一位書手所録，而非刻意隱瞞不利證據。

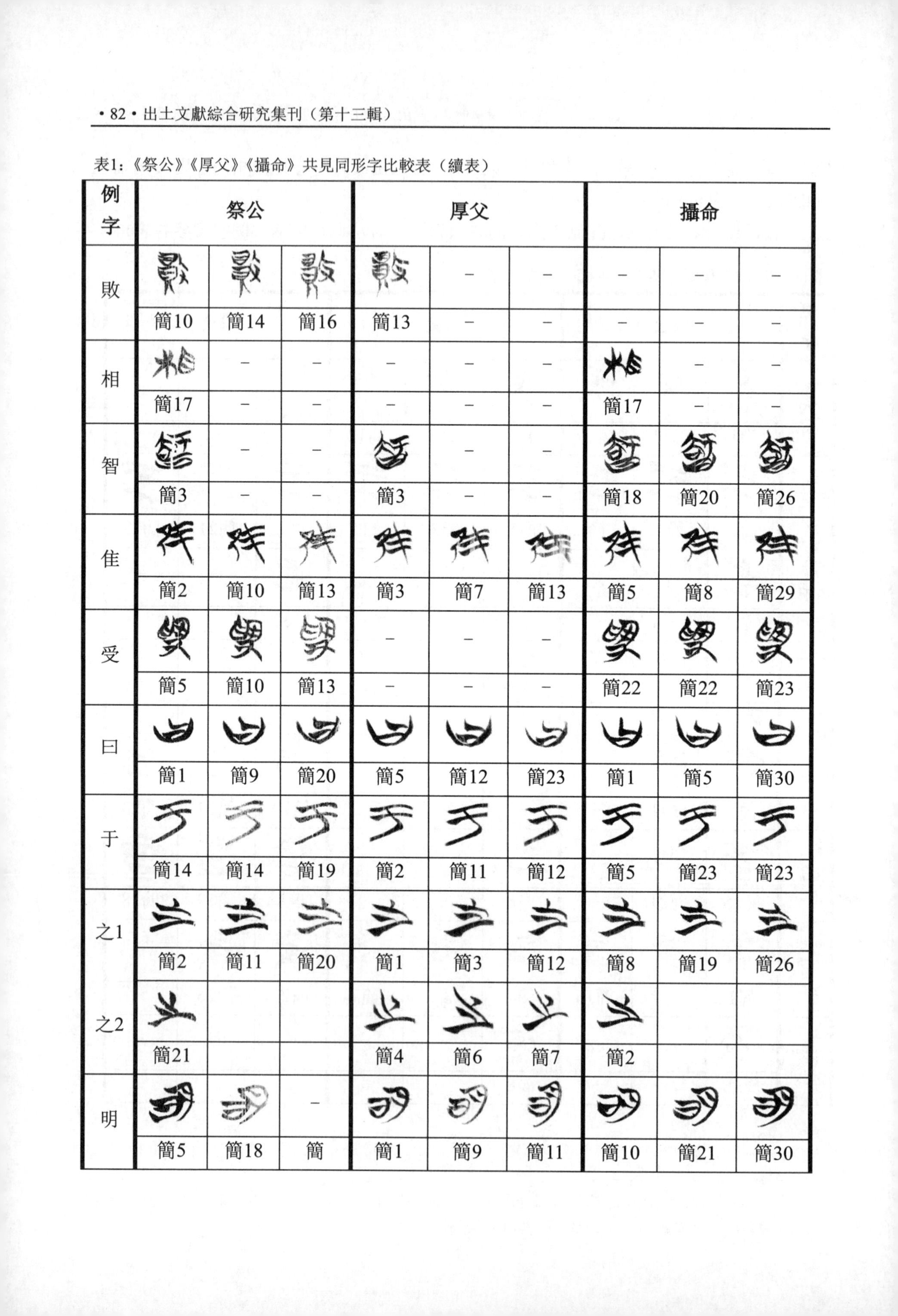

表1：《祭公》《厚父》《攝命》共見同形字比較表（續表）

例字	祭公			厚父			攝命		
敗					–	–	–	–	–
	簡10	簡14	簡16	簡13	–	–	–	–	–
相		–	–	–	–	–		–	–
	簡17	–	–	–	–	–	簡17	–	–
智		–	–		–	–			
	簡3	–	–	簡3	–	–	簡18	簡20	簡26
隹									
	簡2	簡10	簡13	簡3	簡7	簡13	簡5	簡8	簡29
受				–	–	–			
	簡5	簡10	簡13	–	–	–	簡22	簡22	簡23
曰									
	簡1	簡9	簡20	簡5	簡12	簡23	簡1	簡5	簡30
于									
	簡14	簡14	簡19	簡2	簡11	簡12	簡5	簡23	簡23
之1									
	簡2	簡11	簡20	簡1	簡3	簡12	簡8	簡19	簡26
之2									
	簡21			簡4	簡6	簡7	簡2		
明			–						
	簡5	簡18	簡	簡1	簡9	簡11	簡10	簡21	簡30

表1：《祭公》《厚父》《攝命》共見同形字比較表（續表）

例字	祭公			厚父			攝命		
甬									
	簡5	簡6	簡11	簡6	簡13	簡	簡11	簡19	簡20
室		–	–	–	–	–		–	–
	簡17	–	–	–	–	–	簡32	–	–
人1			–		–	–			
	簡9	簡20	–	簡12	–	–	簡20	簡25	簡26
人2	–	–	–						
	–	–	–	簡1	簡9	簡12	簡11	簡16	簡27
方				–	–	–			
	簡5	簡13	簡18	–	–	–	簡2	簡4	簡7
先			–		–	–	–	–	–
	簡18	簡19	–	簡6	–	–	–	–	–
文					–	–	–	–	–
	簡10	簡11	簡15	簡1	–	–	–	–	–
鄉			–						–
	簡5	簡16①	–	簡2	簡4	簡13	簡1	簡32	–
大				–	–	–			
	簡7	簡16	簡18	–	–	–	簡2	簡4	簡32
亦									
	簡5	簡11	簡19	簡2	簡11	簡13	簡2	簡9	簡14

①該字在彩色圖像中漫漶不清，此是根據紅外圖像處理後的字形。

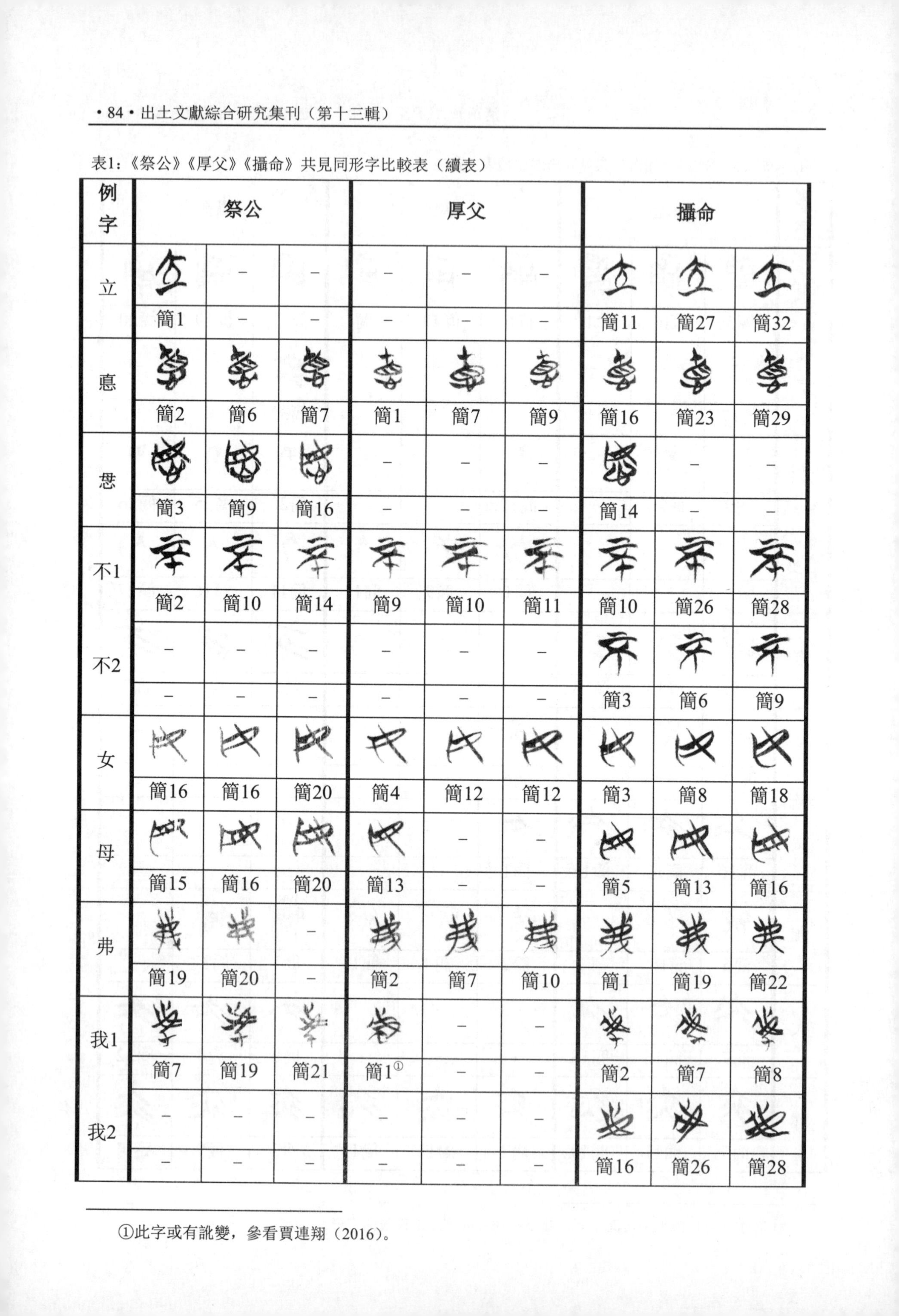

表1：《祭公》《厚父》《攝命》共見同形字比較表（續表）

例字	祭公			厚父			攝命		
立		–	–	–	–	–			
	簡1	–	–	–	–	–	簡11	簡27	簡32
悳									
	簡2	簡6	簡7	簡1	簡7	簡9	簡16	簡23	簡29
恳				–	–	–		–	–
	簡3	簡9	簡16	–	–	–	簡14	–	–
不1									
	簡2	簡10	簡14	簡9	簡10	簡11	簡10	簡26	簡28
不2	–	–	–	–	–	–			
	–	–	–	–	–	–	簡3	簡6	簡9
女									
	簡16	簡16	簡20	簡4	簡12	簡12	簡3	簡8	簡18
母					–	–			
	簡15	簡16	簡20	簡13	–	–	簡5	簡13	簡16
弗			–						
	簡19	簡20	–	簡2	簡7	簡10	簡1	簡19	簡22
我1					–	–			
	簡7	簡19	簡21	簡1①	–	–	簡2	簡7	簡8
我2	–	–	–	–	–	–			
	–	–	–	–	–	–	簡16	簡26	簡28

①此字或有訛變，參看賈連翔（2016）。

表1：《祭公》《厚父》《攝命》共見同形字比較表（續表）

例字	祭公			厚父			攝命		
亡		–	–						
	簡14	–	–	簡6	簡10	簡11	簡1	簡7	簡30
由			–	–	–	–			
	簡6	簡15	–	–	–	–	簡6	簡24	簡26
四1			–	–	–	–		–	–
	簡5	簡18	–	–	–	–	簡6	–	–
四2	–	–	–	–	–	–			–
	–	–	–	–	–	–	簡6	簡24	–
萬			–		–	–	–	–	–
	簡14	簡17	–	簡5	–	–	–	–	–
子						–			
	簡1	簡3	簡15	簡5	簡7	–	簡5	簡6	簡25
以						–			–
	簡8	簡16	簡19	簡4	簡11	–	簡16	簡17	–

表1中列舉的四十個字例，是在窮盡性比較《祭公》等三篇用字的基礎上總結而來。通常而言，對於字迹特徵的比較，會綜合采用共見字以及共見部件、筆劃相結合的方法，由於《祭公》等三篇共見字數量較多，已足可説明其特徵關係，故而這裏省略了共見部件、筆劃比較的結果。此四十個字例無論是在單字結構特徵上，還是筆劃的運筆特徵上①，都具有一致性，絶不能將其視爲“偶然”，或是我們過去所認爲的“師承關係”，而應是同一書手對當時文字掌握水平統一性的體現，以及書寫動作習慣的反映。通過這樣的比對，我們可以很容易地看出《祭公》與《厚父》《攝命》應屬同一書手。

①這是字迹鑒定的重要參考因素，參看李文（2008:201-222）。

這裏要特別指出的是，作爲常用字的“之”，我們在表一中區分出了兩種寫法，尤其是數量相对較少的“之2”，在《厚父》中頻繁出現，這也是過去誤導學者將《祭公》與《厚父》等字迹相區别的主要原因（李松儒，2017）。實際上在《祭公》簡21和《攝命》簡2等中也見有近似寫法的字形，可以確定它不是源於另一位書手，似乎也不是來自底本的影響，而應看作該書手對同一個文字書寫的經常性變化。性質相似的變化，在該書手所寫的“人”“我”“四”“不”等字中也有出現。如表1中所列“人1”，左撇被省成一個頓筆，直接連接右撇，一筆寫成，而“人2”的左、右兩撇區分比較清楚，兩筆寫成。“我1”下部帶有飾筆附件，而“我2”則無，且這兩種特徵的“我”字同時出現在《攝命》篇裏。《攝命》中“四”字也同時存在兩種寫法，其中“四1”的撇、捺突出於“○”外，這種寫法也見於《祭公》，而“四2”的撇、捺則斂於“○”内。“不1”豎劃上皆有飾筆，“不2”則無，且二者也同見於《攝命》。這五個字例讓我們清楚地了解到，同一書手書寫同一文字，即使在没有底本等外來因素的干擾下[①]，也會共時存在兩種（或多種）字迹特點。目前來看，這種特點多存在於筆劃或筆劃裝飾上。

綜合以上的討論，目前所見“《尹至》書手”抄寫的篇目應包括：《尹至》、《尹誥》、《耆夜》、《金縢》、《説命》（上、中、下）、《周公之琴舞》、《芮良夫毖》、《赤鵠之集湯之屋》、《殷高宗問於三壽》以及《祭公》《厚父》《攝命》，共計十四篇，這是我們將這組文獻集中在一起討論的前提。

二、《尹至》等十四篇的抄寫批次及其可能反映的文獻時代信息

從目前已刊布的清華簡資料看，這批竹書至少是由十餘位書手聯合抄寫完成的，他們或有共時的合作，或有歷時的纍積，或有不同地域的匯集。“《尹至》書手”抄寫的篇目有十四篇之多，現存有竹簡213支，共計6207字[②]，是清華簡書手中的絶對主力[③]。從總體抄寫狀況上看，不同書手的抄寫，尤其是幾位“主力書手”抄寫的篇目，可以直接反映出對這批竹書製作的分工情況，而這種分工上所采用的邏輯，從一

①或許還有其他因素的影響，只是目前尚不清楚。

②合文、重文及殘字均以一字計。

③清華簡中抄寫篇目規模較大的“主力書手”還可舉“《鄭武夫人規孺子》書手”（抄有《鄭文公問太伯》（甲、乙）及《子儀》《子犯子餘》《晉文公入於晉》《趙簡子》《越公其事》《八氣五味五祀五行之屬》《虞夏殷周之治》《天下之道》等篇）和“《算表》書手”（抄有《湯處於湯丘》《湯在啻門》《管仲》《四時》等篇）等。

定意義上可以折射出當時人對這批古書分類所采用的邏輯。根據同樣的道理，就某一位書手而言，如其所抄篇目較多，且我們能了解這些篇目之間抄寫的不同批次，也可以借此做更加細緻的分組分類，進而分析這些篇目之間的親疏關係，以及其中所隱含的邏輯。

這一工作與對竹書分卷情況的研究有很多相合之處，不僅要對字迹進行全面分析，還要綜合利用相關竹簡的形制信息。與以往從内容、性質上的分類工作相比，這一研究的最大特點在於，能够據此推測“竹書製作者”的一些意圖，從而更加接近當時人對這批竹書的看法。

前文已經提及《尹至》等十一篇與《祭公》等三篇雖同爲一位書手所抄，但並不意味着後者的字迹特徵與前者完全一致，這是基於對同一書手的字迹會存在動態變化這一基本認識。雖然在筆迹學中這是一個常識（參看李文，2008:99-101），然而在戰國竹書字迹研究中，過去由於樣本較少，這類特點没有得到很清晰地展現，筆迹學中的這一觀念也没有得到用武之地。最近清華簡《四告》的刊布（清華大學出土文獻研究與保護中心編、黄德寬主編，2020），給我們提供了比較典型的例證。《四告》中的四篇文獻共同輯纂在一卷編號連續、形制相同的竹簡上，經辨析，這四篇文獻中見有六種不同的字迹，它們分屬四位書手。其中有兩位書手先後書寫了不同的篇目，且文字筆劃端頭明顯有别，似乎是由於所用毛筆工具不同而造成的，説明這些文字的書寫前後有一定的“時間差”①。如果我們將對書手字迹研究的目的放在了解竹書的書寫過程上，那麽對這類同一書手的不同字迹，也應做以詳細區分。

關於《尹至》等十一篇與《祭公》筆劃特徵有别，是此前大家共同的認識②，這種區别正反映了抄寫的“時間差”。既然《祭公》與《厚父》《攝命》的字迹特徵一致，則可以自然地將《尹至》等十一篇與《祭公》等三篇劃分爲A、B兩個大組，分别代表兩個不同的批次。兩組内各篇目更細緻的親疏劃分，可以通過竹材的形制信息，來確定各篇之間是否有采用了同一批竹材，從而進一步繫聯各篇目。

在A組的十一篇竹書中，竹簡長度都在45厘米左右，因此簡背竹節的位置和形態以及刻劃綫的形態關係，是我們判斷同一批竹材的主要依據。肖芸曉女士曾指出《尹至》《尹誥》《赤鵠之集湯之屋》三篇有共同的竹材，且根據竹材使用的順序，應以《赤鵠之集湯之屋》《尹至》《尹誥》爲序，此三篇或爲一卷③。值得注意的是，這組

①參看拙文《清華簡〈四告〉的形制及其成書問題探研》（待刊）。

②關於將《祭公》獨立爲一種字迹的看法，可參看賈連翔（2011）；參看羅運環（2014）。李松儒女士在論證《祭公》與《尹至》等十一篇同屬一位書手時，也首先承認二者在筆劃特徵上是有差别的，參看李松儒（2017）。

③肖芸曉：《試論清華竹書伊尹三篇的關聯》，武漢大學簡帛網站，2013年3月7日，http://www.bsm.org.cn/show_article.php?id=1834。

竹簡的竹節邊緣加工得比較鋭利，竹节刮削处所露出的竹黄与臨近的朱青形成鲜明的對比，如果可以將此視爲同一批竹材的加工特點的話，《殷高宗問於三壽》篇所用的竹材也呈现出這樣的特徵，參看圖1。需要特别説明的是，竹節加工呈现的形態種類相對比較固定，孤立地以之作爲分組標準本是很危險的，但如果將之放在同一書手在大致同一時段内所使用的竹材中來考慮，采用這種分類依據的可靠性就大大提升了。有鑒於此，我們暫將《殷高宗問於三壽》與《尹至》《尹誥》《赤鵠之集湯之屋》歸爲一組。

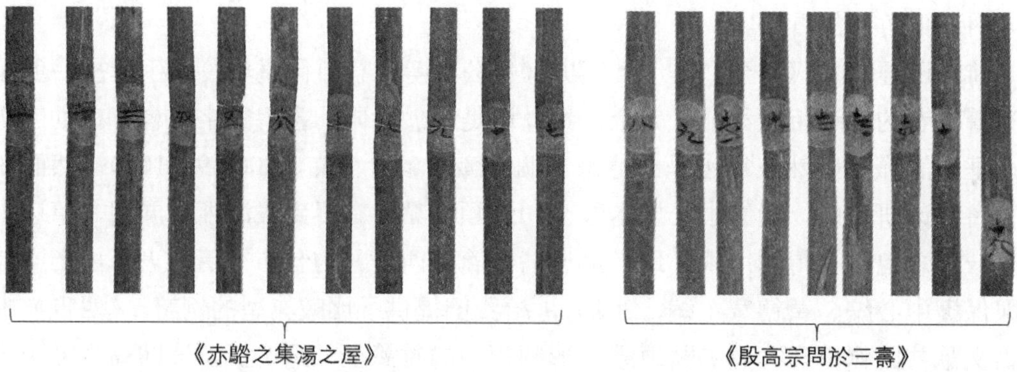

圖1：《尹至》《尹誥》《赤鵠之集湯之屋》與《殷高宗問於三壽》三篇竹節加工特點比較圖

根據測量比對，《耆夜》簡5-8與《説命》（中）的簡2、4-7以及倒置後的《説命》（上）簡7的竹節位置、形態相同，應屬同一段竹筒，參看圖2。加之《説命》（上、中、下）三篇原本很可能爲一卷（賈連翔，2018b），我們可以將之與《耆夜》歸爲一組。

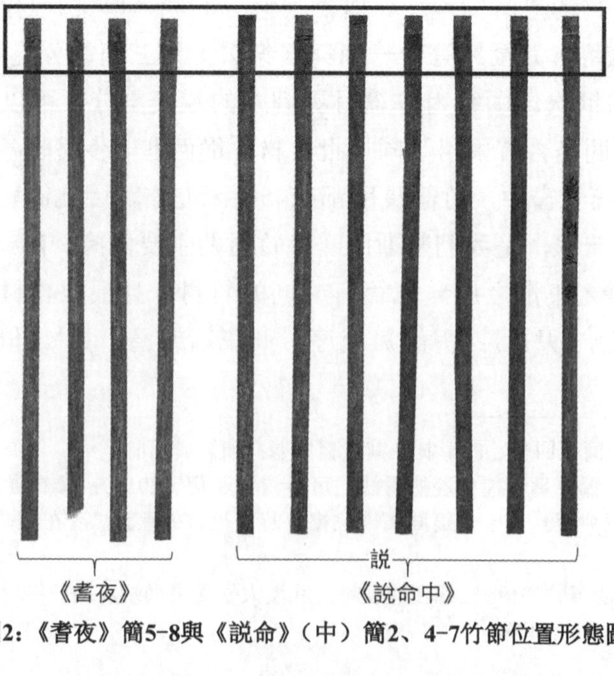

圖2：《耆夜》簡5-8與《説命》（中）簡2、4-7竹節位置形態圖

此外，《周公之琴舞》簡1-14倒置後，與《芮良夫毖》簡23-26的竹簡位置和形態是相同的，也應源自同一段竹筒，參看圖3，可將這兩篇歸爲一組。A組中剩下的《金縢》一篇，尚未發現可供繫聯的形制信息，暫將之單列爲一組。

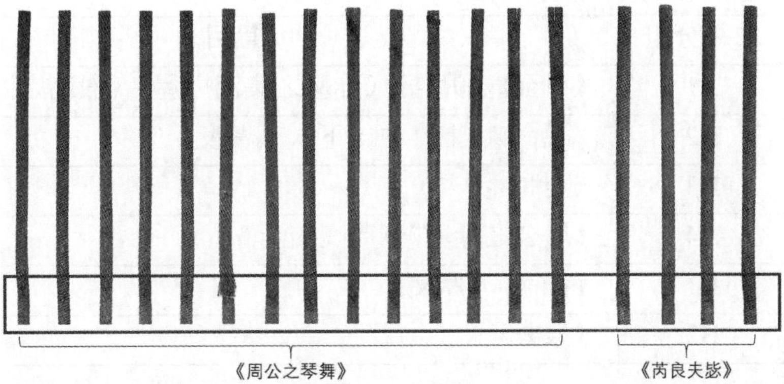

圖3：《周公之琴舞》簡1-14倒置後與《芮良夫毖》簡23-26竹節位置形態圖

B組的三篇竹書，《祭公》與《攝命》簡長約45厘米，《厚父》簡長約44厘米。但經過仔細比對，《攝命》簡22-32與《厚父》簡11-13當源自同一段竹材，二者從竹簡上端到竹節的位置是相同的，且竹節下部的刻劃綫存在貫連關係，參看圖4。需要説明的是，《厚父》篇所用竹材十分雜亂[①]，當是用剩餘竹材拼湊而成，與《攝命》相同的這3支，應是在《攝命》剩簡的基礎上裁斷使用的。據此我們將《攝命》《厚父》歸爲一組，《祭公》暫單列爲一組。

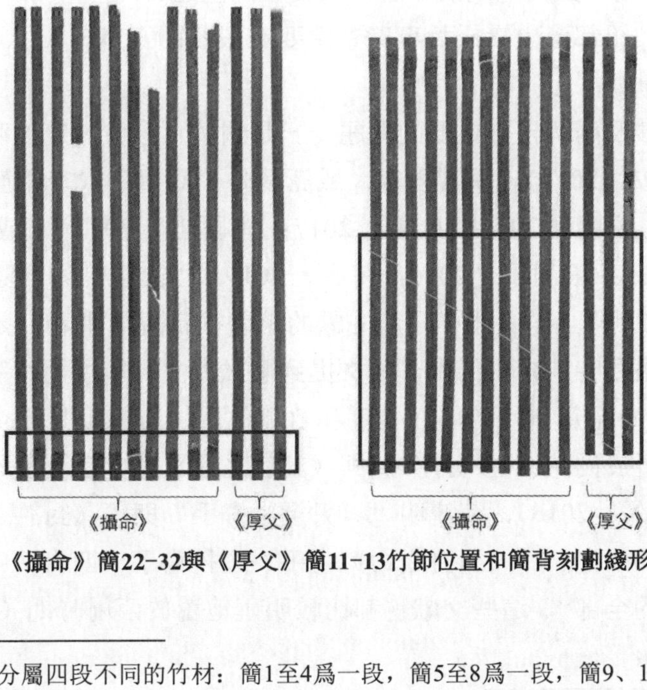

圖4：《攝命》簡22-32與《厚父》簡11-13竹節位置和簡背刻劃綫形態圖

①本篇十三支簡分屬四段不同的竹材：簡1至4爲一段，簡5至8爲一段，簡9、10爲一段，簡11至13爲一段。

上述分組情况可總結爲表2，各組内的篇目當近於同時抄寫，而各組之間抄寫的先後順序尚不能準確推知，我們暫按其内容的時代背景的先後關係排序，理由詳下。

表2："《尹至》書手"抄寫篇目分組關係表

一級分組	二級分組	篇目
A	A1	《尹至》《尹誥》《赤鴼之集湯之屋》《殷高宗問於三壽》
	A2	《説命》（上、中、下）、《耆夜》
	A3	《金縢》
	A4	《周公之琴舞》《芮良夫毖》
B	B1	《攝命》《厚父》
	B2	《祭公》

由上述内容和分組來看，"《尹至》書手"所抄寫的篇目似可分析出這樣幾個特點：

（1）十四篇内容都屬於以商代、西周時期的史實或故事爲背景的"早期文獻"。其中"書"類、"詩"類、"小説"類等混編，可見在這裏，"文獻的時代背景"是優先於"文獻性質"的首要分工（分類）標準。

（2）A1組似是以史實或故事背景在商代早、中期的文獻爲主題。

（3）A2組似是以史實或故事背景在商代中期和商周之際的文獻爲主題。

（4）A4組似是以西周時期的"詩"類文獻爲主題。

（5）A1、A2組都屬史實或故事背景主要在殷商的文獻，A3、A4、B1、B2組很可能都屬西周文獻。

以上特點又涉及兩個十分重要的問題。一是關於《厚父》篇的時代背景，過去不是很明確（趙平安，2014）。據其内容，或認爲是"周書"（李學勤，2015；程浩，2014:145-147；王永昌，2016；杜勇，2017；劉國忠，2017），或認爲是"商書"（福田哲之，2015；張利軍，2016；王暉，2019），或認爲是"夏書"（郭永秉，2015；王坤鵬，2017）。從上述十四篇文獻的總體抄寫規律來看，是"周書"的可能性是最大的。這裏要特别指出的是，前文提到了《厚父》篇所用竹簡比較雜亂，其簡1-4與《封許之命》全篇所用竹簡在長度和竹節位置、形態上是完全相同的，二者的抄寫時間應當也近於同時。但《厚父》與《封許之命》的字迹分屬不同的書手（賈連翔，2015a；李松儒，2016），這説明"《尹至》書手"與"《封許之命》書手"是共時的。根據我們的研究，"《封許之命》書手"還抄寫了《四告》中《四告二》的後半和《四告四》的全部[①]，這些文獻也都比較明確地屬於西周時期（趙平安，2020）。

①拙文：《清華簡〈四告〉的形制及其成書問題探研》（待刊）。

如果再結合清華簡《行稱》《病方》所展現的一卷竹書可以由不同的書手抄寫完成的現象（清華大學出土文獻研究與保護中心編、黄德寬主編，2020；賈連翔，2020b），則《封許之命》與《厚父》原來也很可能編爲一卷竹書。依據用簡的順序，似是《封許之命》在前，《厚父》在後，參看圖5。《封許之命》經過綴補後已可確知是成王時期的作品（賈連翔，2020a），如果這卷竹書的編聯也是以文獻時代的先後爲序，則意味着《厚父》的文獻年代大概不會早於成王[①]。這是我們從清華簡抄寫製作情況中得到的一個新的推論。

圖5：《封許之命》《厚父》編聯示意圖

二是《攝命》篇的時代問題。自材料公布以來，以整理者爲代表的不少學者認爲，它就是《尚書》中的《冏命》篇（李學勤，2018；賈連翔，2018a；程浩，2018；許兆昌、史寧寧，2019），《書序》記《冏命》屬穆王時期的文獻。但簡文“王”稱“攝”爲“劼姪毖攝”“沈子”“王子”，前句中的“姪”最好的理解就是“子姪”，將句子分析爲名詞性非主謂結構[②]，但如此一來，按西周各王的世係關係，

①黄國輝先生曾根據簡文的用字特點等認爲《厚父》的成篇在西周中晚期，參看黄國輝（2016）。
②黄德寬：《清華簡〈攝命〉“劼姪卲攝”訓釋的再討論》（待刊）。

“攝”只能是尚在太子時期的“夷王燮”，則該篇應屬孝王時期（馬楠，2018）①，與《書序》記載頗有矛盾②。從B組的三篇文獻看，《攝命》與《祭公》不僅字迹極爲接近，且竹簡長度相同，編繩、契口位置也基本一致，雖然二者並不見有相同的用簡，但不排除它們也存在編聯爲一卷的可能。《祭公》爲穆王時期的文獻是比較明確的，《攝命》與之抄寫時間極近，對文獻時代的認識有一定參照③，雖然不能直接證明《攝命》也屬穆王時期④，但這兩篇文獻的抄寫是以“西周中期”爲主題則是可以確知的了，這也是目前所見“《尹至》書手”所抄寫“書”類文獻的時代下限了。

以上從竹簡抄寫特點和物質形態上對竹簡進行的分組，與竹書内容、性質的差别大多可以相互印證，這也從一定意義上説明，我們利用竹書抄寫批次的不同，去分析其中隱含的古人對竹書分類所采用的邏輯，這一設想和方法是基本可以成立的。

三、基於同一書手字迹的早期文獻“底本”特色認識

“《尹至》書手”所抄的十四篇文獻，除《赤鵠之集湯之屋》和《殷高宗問於三壽》兩篇有明顯晚出的特點外，其餘十二篇置於“戰國中晚期”這一時間上，都經歷了比較長的流傳過程，其中所用文字難免會受到此前“底本”的影響。如何發掘這類早期文獻的“底本”特色，並借此去了解古書的生成與流傳，是學者們長期關注的問題。比如趙平安先生曾采用古今字、不同區系字例對比的方法，指出《厚父》成書很早且有古本流傳，現在見到的本子是在晉系文本基礎上用楚文字轉抄而來的（趙平安，2015），就是很好的探索。

實際上，字迹分析也可以給我們發掘“底本”特色提供一個很好的角度，尤其可以更加準確地鎖定特徵字例。與我們認定《祭公》《厚父》《攝命》三篇爲同一書手的方法同理，同一書手的字迹不僅在筆劃運筆上特徵相同，對同一個字的書寫也總有一個相對固定的結構和字勢。但由於古書流傳過程中形成的寫本大多不是“原創”作品，書手寫書時有“底本”作爲依據，也就不可避免地受到“底本”文字結構和字勢的影響。加之戰國文字對同一字、詞常有多種異體或假借，這種同一書手的不同書

①陳民鎮：《清華簡〈攝命〉性質小議》，清華大學出土文獻研究與保護中心網站，2018年11月17日，http://www.ctwx.tsinghua.edu.cn/publish/cetrp/6831/2018/20181117172034214895413/20181117172034214895413_.html。王寧：《由清華簡八〈攝命〉釋〈書序·冏命〉的“太僕正”》，復旦大學出土文獻與古文字研究中心網站，2018年12月6日，http://www.gwz.fudan.edu.cn/Web/Show/4353。

②杜勇先生認爲《攝命》非《冏命》，參看杜勇（2020）。

③程浩先生將《攝命》中的“士疌”理解爲“祭公”，參看程浩（2018）。

④最近關於本篇年代問題的總結和簡文内容的綜合分析可參看趙争、丁宇（2020）；參看夏含夷（2021）。

寫，既反映了當時在文字使用上有十分寬泛的通行標準，又是“底本”特色最真實的反映（馮勝君，2007:253）。這裏仍以《祭公》《厚父》《攝命》三篇爲例，通過列舉其中的異體字來展現三篇“底本”的一些特點，相關字例參看表3。

表3：《祭公》《厚父》《攝命》共見異體字比較表

例字	厚父			攝命			祭公		
若	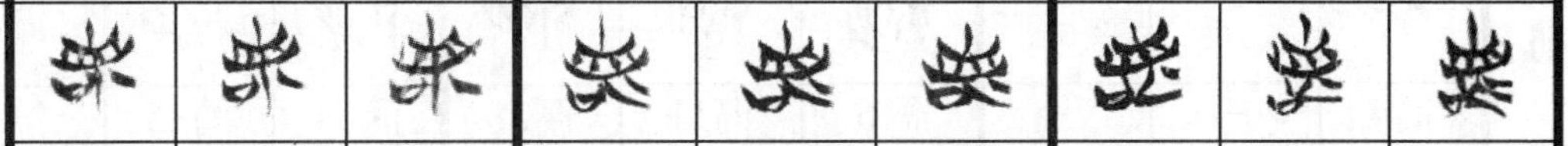								
	簡1	簡3	簡12	簡2	簡12	簡20	簡1	簡5	簡7
少			–						
	簡2	簡9	–	簡2	簡4	簡26	簡1	簡8	簡16
命									
	簡2	簡3	簡6	簡2	簡12	簡24	簡5	簡10	簡13
是		–	–					–	–
	簡12	–	–	簡4	簡14	簡20	簡13	–	–
粦								–	–
	–	–	–	簡9	簡19	簡25	簡12	–	–
又有		–	–						
	簡2	–	–	簡4	簡5	簡22	簡2	簡7	簡15
事			–					–	–
	簡2	簡8	–	簡1	簡4	簡24	簡18	–	–
教孥		–	–					–	–
	簡9	–	–	簡16	簡25	簡29	簡6	–	–
於	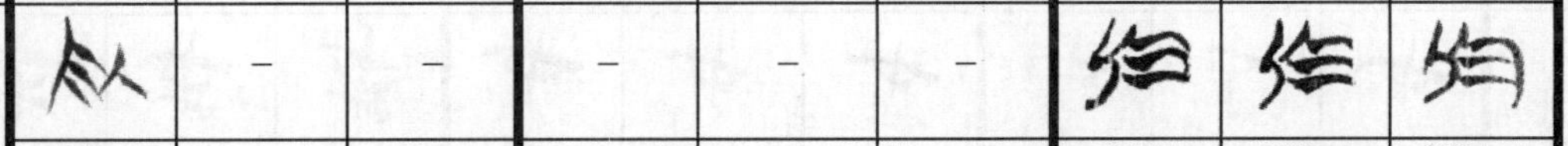	–	–	–	–	–			
	簡9	–	–	–	–	–	簡4	簡8	簡15

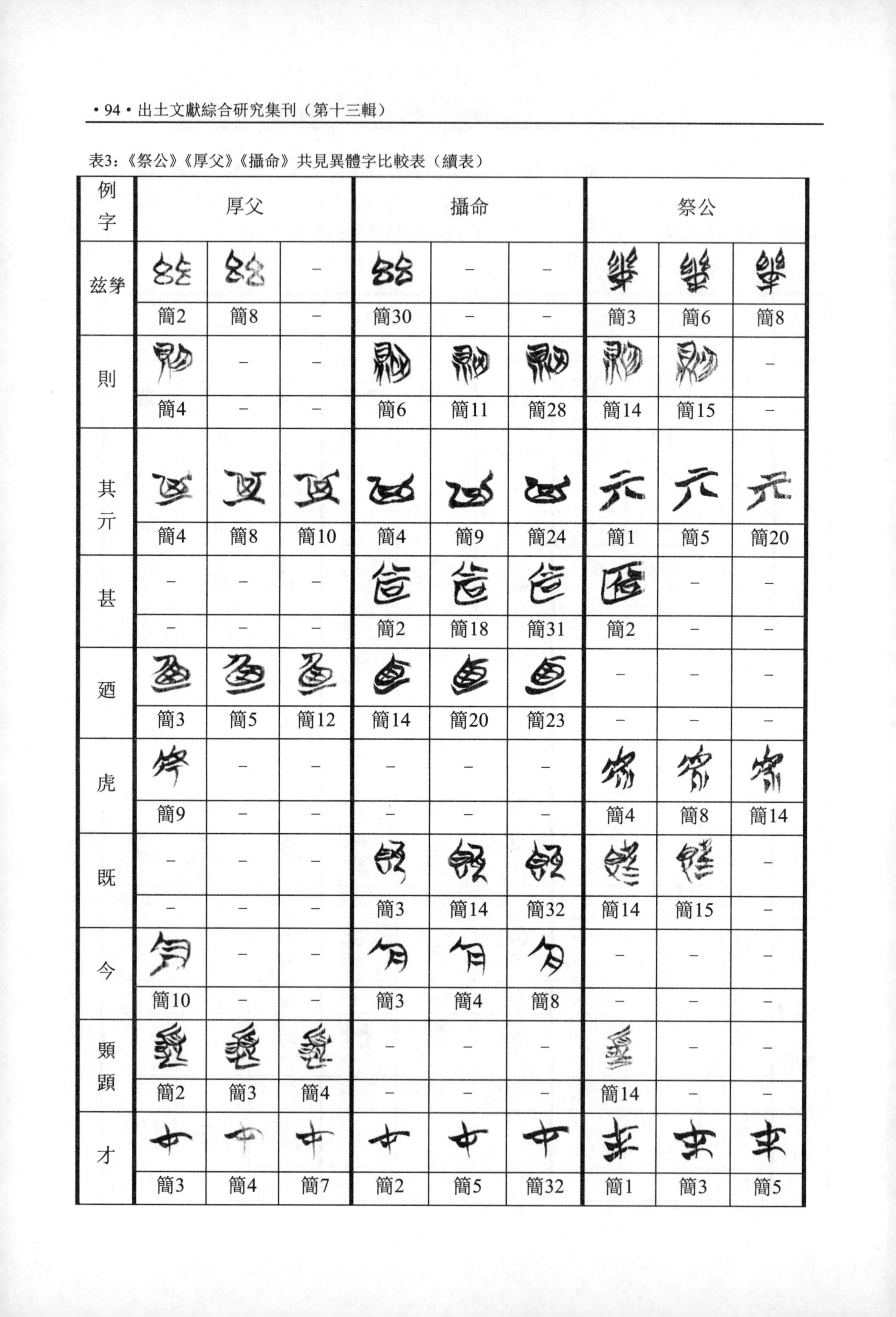

表3：《祭公》《厚父》《攝命》共見異體字比較表（續表）

例字	厚父			攝命			祭公		
茲爭			–		–	–			
	簡2	簡8	–	簡30	–	–	簡3	簡6	簡8
則		–	–						–
	簡4	–	–	簡6	簡11	簡28	簡14	簡15	–
其亓									
	簡4	簡8	簡10	簡4	簡9	簡24	簡1	簡5	簡20
甚	–	–	–					–	–
	–	–	–	簡2	簡18	簡31	簡2	–	–
廼							–	–	–
	簡3	簡5	簡12	簡14	簡20	簡23	–	–	–
虎		–	–	–	–	–			
	簡9	–	–	–	–	–	簡4	簡8	簡14
既	–	–	–						–
	–	–	–	簡3	簡14	簡32	簡14	簡15	–
今		–	–				–	–	–
	簡10	–	–	簡3	簡4	簡8	–	–	–
顯顕				–	–	–		–	–
	簡2	簡3	簡4	–	–	–	簡14	–	–
才									
	簡3	簡4	簡7	簡2	簡5	簡32	簡1	簡3	簡5

表3：《祭公》《厚父》《攝命》共見異體字比較表（續表）

例字	厚父			攝命			祭公		
邦						–			
	簡2	簡4	簡5	簡2	簡4	–	簡4	簡7	簡10
夕		–	–					–	–
	簡3	–	–	簡1	簡10	簡16	簡20	–	–
多	–	–	–	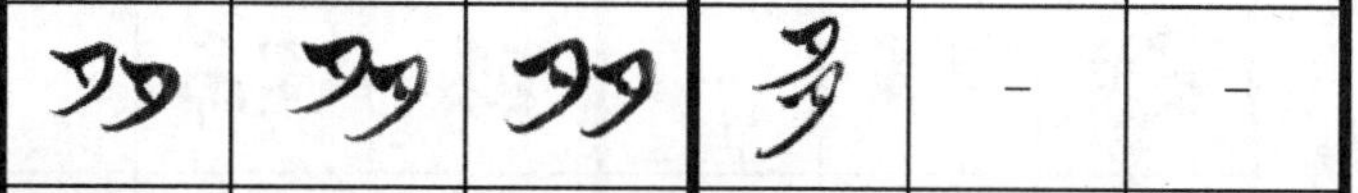				–	–
	–	–	–	簡16	簡28	簡30	簡1	–	–
卣	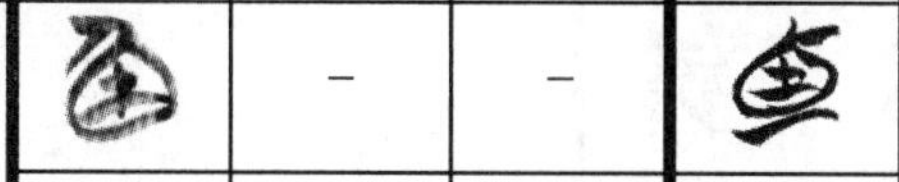	–	–		–	–	–	–	–
	簡10	–	–	簡9	–	–	–	–	–
克									–
	簡8	簡9	簡11	簡20	簡24	簡25	簡6	簡19	–
身	–	–	–	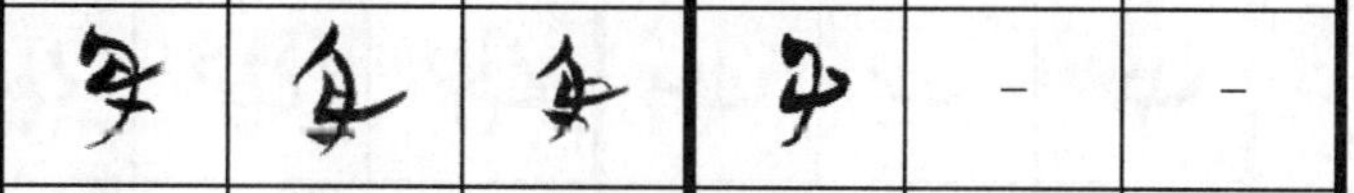				–	–
	–	–	–	簡3	簡11	簡20	簡3	–	–
服							–	–	–
	簡4	簡7	簡12	簡5	簡9	簡10	–	–	–
欽	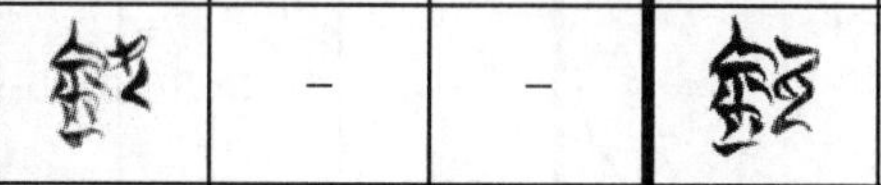	–	–		–	–	–	–	–
	簡	–	–	簡7	–	–	–	–	–
顯	–	–	–	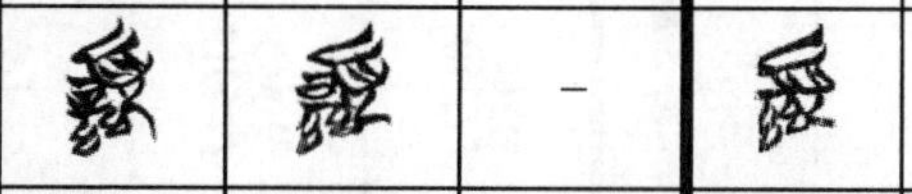		–		–	–
	–	–	–	簡25	簡25	–	簡7	–	–
苟敬	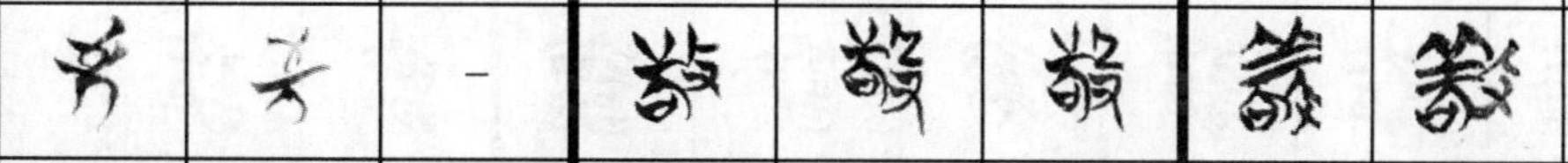		–						–
	簡9	簡13	–	簡5	簡7	簡30	簡12	簡20	–

表3：《祭公》《厚父》《攝命》共見異體字比較表（續表）

例字	厚父			攝命			祭公		
鬼畏									
	簡3	簡9	簡10	簡6	簡9	簡21	簡1	簡2	簡11
庶									
	簡4	–	–	簡4	簡10	–	–	–	–
肆									
	簡3	簡8	–	簡2	簡7	–	–	–	–
能									
	簡2	簡11	–	簡6	簡6	簡11	–	–	–
辟	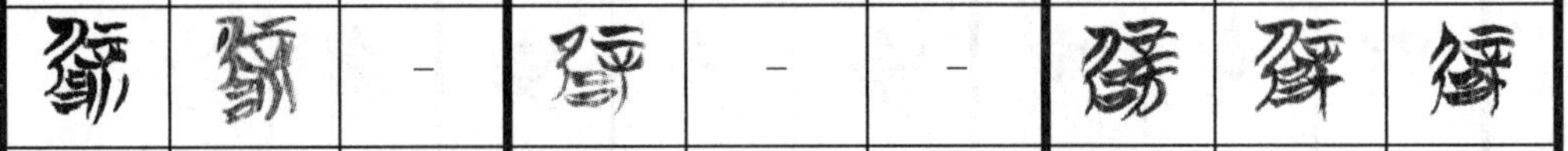								
	簡3	簡19	–	簡8	–	–	簡17	簡18	簡19
心									
	簡9	簡9	簡11	簡10	簡14	簡15	簡5	簡9	簡
念	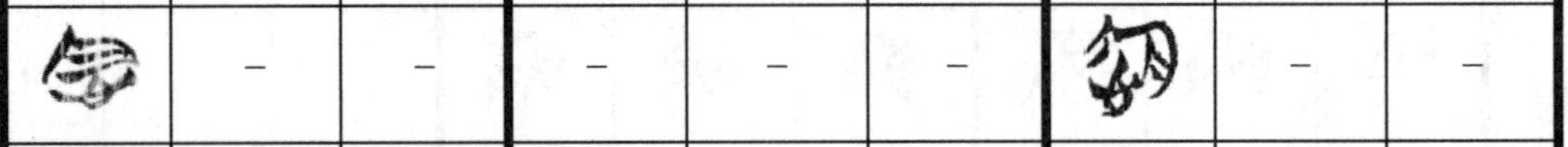								
	簡8	–	–	–	–	–	簡8	–	–
永	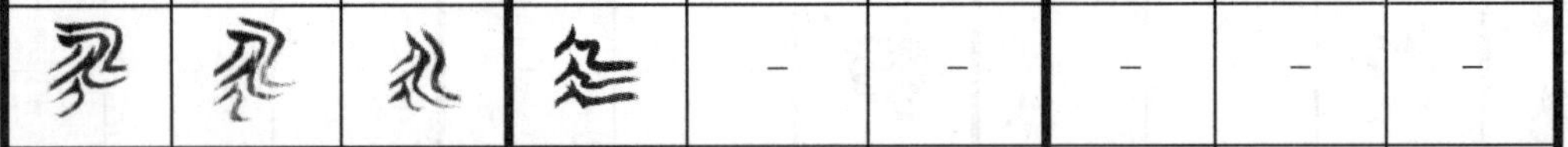								
	簡3	簡4	簡4	簡27	–	–	–	–	–
羕									
	–	–	–	簡12	簡14	–	簡13	–	–
籀									
	簡1	簡1	簡3	簡18	簡20	簡26	簡1	簡5	–

表3：《祭公》《厚父》《攝命》共見異體字比較表（續表）

例字	厚父			攝命			祭公		
民							–	–	–
	簡2	簡10	簡12	簡1	簡7	簡27	–	–	–
弋			–	–	–	–		–	–
	簡9	簡12	–	–	–	–	簡11	–	–
乎						–			
	簡6	簡11	簡12	簡17	簡17	–	簡11	簡11	簡12
朕 縢	–	–	–						
	–	–	–	簡1	簡3	簡15	簡3	簡3	簡4
劫		–	–			–	–	–	–
	簡1	–	–	簡1	簡30	–	–	–	–
且		–	–	–	–	–			
	簡8	–	–	–	–	–	簡4	簡5	簡6
庚 康			–			–			
	簡4	簡13	–	簡1	簡3	–	簡6	簡8	簡11

由前文所論，《祭公》等三篇書寫的時間應當極近，尤其是《厚父》與《攝命》有共同的竹材，當是同一時間所書，但表3中所列字例却反映出明顯的形體結構區別，這只能歸結於“底本”的影響。在表3中列舉的四十七個字例中，《厚父》的“事”“顋”“敬”“夕”與《攝命》《祭公》明顯不同，可以佐證趙平安等先生將之列爲底本特徵字，指出其有晉系文字特點（王永昌，2018:159-164），並由此推斷《厚父》底本有晉系來源，這一看法是十分可信的。

三篇相比，《厚父》的底本保留了更多古體特徵，典型者如“其”“肆”“籀”等字，《攝命》也保留了一定的古體字，典型者如“敢”“其”“克”等字，這些字例都可以與西周金文相比對。《祭公》篇則表現出相對徹底的戰國時期楚文字的特點，或是其“底本”源自楚地，或是此抄本對底本改造得比較全面，從“《尹至》書手”對“底本”的遵從程度來看，我們更傾向於前者。

底本特徵古老，則意味着該篇成書可能較早①，而反過來講，底本特徵不古，却並不意味着該篇成書不早。這是因爲我們就目前的抄本所能看到的現象，只能推測出上一個“底本”的特點，每篇竹書在流傳過程中經歷的轉寫、改造程度是大不相同的。根據上面對底本特徵的分析，雖然《厚父》的底本特徵要早於《攝命》，《攝命》又早於《祭公》，但却並不意味着三篇的成書也一定是按照這個先後次第，這是也特别需要説明的。

四、結語

王國維先生在近百年前所提出的地上、地下材料相互印證的“二重證據法”，早已在中國古代文明研究領域得到廣泛運用，其後饒宗頤先生又引申出“三重證據法”，在地下材料中突出强调了“出土文獻”的特殊意義②。在對出土文獻進行研究時，文字内容所記載的信息，與其字迹（或字體）和載體物質形態所反映的信息，其實也分屬兩個不同維度，前者的研究多采用的是文字學、語言學和歷史學方法，後者則更依仗於考古學的方法，綜合二者的信息相互發明、印證，可以視作對傳統研究方法的進一步擴充。在甲骨學、青銅器及銘文研究中，這種思維和方法早已得到深入貫徹，如今我們面對多批大宗新出簡帛的整理和研究，自然也應對其加以充分運用。

前面所作的討論是由對清華簡“《尹至》書手”字迹的再認識所引發，在對相關十四篇文獻年代問題的看法上，難免有很多揣測的成分，對《祭公》等三篇底本特點的分析，也只是淺嘗輒止。本文的主要目的，是借由對書手字迹和竹簡形制的分析，爲古書形成的一些疑難問題找到新的觀察角度，對已有的研究成果提供更多可以輔助利用或精確測量的標尺，從而將這些問題進一步引向深入。“《尹至》書手”只是清華簡衆多書手中的一位，如果能逐步將清華簡整個書手群與全部篇目一一準確對應起來，相信到時一定會呈現出更多重要的歷史信息，對這批重要古書形成方面的疑難問題形成進一步突破。

---

①這裏暫不考慮發生概率較小的“復古”情况。

②饒先生原文單舉甲骨文作爲第三重證據，參看饒宗頤（2009）。此外關於“三重證據法”的内涵還有不同的講法，如易謀遠、徐中舒、楊向奎等先生曾將“民俗學材料”看作第三重證據，參看楊向奎（1994）。後一種講法與本文所論關係不大。

參考文獻：

程　浩　2014　《清華簡〈厚父〉"周書"説》，《出土文獻》（第五輯），中西書局。

程　浩　2018　《清華簡〈攝命〉的性質與結構》，《清華大學學報（哲學社會科學版）》第5期。

杜　勇　2017　《清華簡〈厚父〉"王若曰"之"王"考實》，《邯鄲學院學報》第3期。

杜　勇　2020　《清華簡〈攝命〉人物關係辨析》，《中原文化研究》第3期。

馮勝君　2007　《郭店簡與上博簡對比研究》，綫裝書局。

福田哲之　2015　《清華簡〈厚父〉的時代暨其性質》，台灣大學文學院《先秦兩漢出土文獻與學術新視野國際研討會論文集》。

郭永秉　2015　《清華簡〈厚父〉應爲〈夏書〉之一篇》，《出土文獻》（第七輯），中西書局。

許兆昌　史寧寧　2019　《從〈周禮・太僕〉看清華簡〈攝命〉》，《古代文明》第4期。

黄國輝　2016　《清華簡〈厚父〉新探——兼談用字和書寫之於古書成篇與流傳的重要性》，《清華大學學報（哲學社會科學版）》第3期。

賈連翔　2011　《清華簡九篇書法現象研究》，《書法叢刊》第4期。

賈連翔　2015a　《談清華簡所見書手字迹和文字修改現象》，《簡帛研究2015（秋冬卷）》，廣西師範大學。

賈連翔　2015b　《戰國竹書形制及相關問題研究：以清華大學藏戰國竹簡爲中心》，中西書局。

賈連翔　2016　《釋〈厚父〉中的"我"字》，《古文字研究》（第31輯），中華書局。

賈連翔　2018a　《"攝命"即〈書序〉"䎽命""冏命"説》，《清華大學學報（哲學社會科學版）》第5期。

賈連翔　2018b　《戰國竹書整理的一點反思——從〈天下之道〉〈八氣五味五祀五行之屬〉〈虞夏殷周之治〉三篇的編聯談起》，《出土文獻》（第十三輯），中西書局。

賈連翔　2020a　《〈封許之命〉綴補及相關問題探研》，《出土文獻》第3期。

賈連翔　2020b　《略論清華簡〈行稱〉的幾個問題》，《文物》第9期。

李美辰　2020　《清華簡書手抄寫用字習慣探研》，《漢語史學報》（第二十三輯），上海教育出版社。

李松儒　2014　《清華簡書法風格淺析》，《出土文獻研究》（第十三輯），中西書局。

李松儒　2016　《清華簡五字迹研究》，《簡帛》（第十三輯），上海古籍出版社。

李松儒　2017　《再論〈祭公〉與〈尹至〉等篇的字迹》，復旦大學出土文獻與古文字研究中心編《戰國文字研究的回顧與展望》，中西書局，第252-260頁。

李松儒　2020　《新出兩册清華簡的書寫與書風》，《中國書法報》8月4日。

李　文　2008　《筆迹鑒定學》，中國人民公安大學出版社。

李學勤　2015　《清華簡〈厚父〉與〈孟子〉引〈書〉》，《深圳大學學報（人文社會科學版）》第3期。

李學勤　2018　《談清華簡〈攝命〉篇體例》，《清華大學學報（哲學社會科學版）》第5期。

劉國忠　2017　《也談清華簡〈厚父〉的撰作時代和性質》，《揚州大學學報（人文社會科學版）》第6期。

羅運環　2014　《清華簡（壹-叁）字體分類研究》，《出土文獻研究》（第十三輯），中西書局。

馬　楠　2018　《清華簡〈攝命〉初讀》，《文物》第9期。

清華大學出土文獻研究與保護中心編　李學勤（主編）　2010　《清華大學藏戰國竹簡（壹）》，中西書局。

清華大學出土文獻研究與保護中心編　李學勤（主編）　2012　《清華大學藏戰國竹簡（叁）》，中西書局。

清華大學出土文獻研究與保護中心編　李學勤（主編）　2015　《清華大學藏戰國竹簡（伍）》，中西書局。

清華大學出土文獻研究與保護中心編　李學勤（主編）　2018　《清華大學藏戰國竹簡（捌）》，中西書局。

清華大學出土文獻研究與保護中心編　黄德寬（主編）　2020　《清華大學藏戰國竹簡（拾）》，中西書局。

饒宗頤　2009　《談三重證據法》，《饒宗頤二十世紀學術文集》（卷一），中國人民大學出版社。

孫永鳳　2015　《清華簡〈周公之琴舞〉集釋》，吉林大學碩士學位論文。

王　暉　2019　《清華簡〈厚父〉屬性及時代背景新認識——從“之匿王廼渴失其命”的斷句釋讀説起》，《史學集刊》第4期。

王坤鵬　2017　《論清華簡〈厚父〉的思想意蘊與文獻性質》，《史學集刊》第2期。

王永昌　2016　《清華簡〈厚父〉的文獻性質研究》，《魯東大學學報（哲學社會科學版）》第4期。

王永昌　2018　《清華簡文字與晉系文字對比研究》，吉林大學博士學位論文。

夏含夷　2021　《一篇可能失傳的經典〈攝命〉》，《出土文獻》第1期。

楊向奎　1994　《歷史考據學的三重證》，《中國社會科學院研究生學院學報》第5期。

張利軍　2016　《清華簡〈厚父〉的性質與時代》，《管子學刊》第3期。

趙平安　2014　《〈厚父〉的性質及其藴含的夏代歷史文化》，《文物》第12期。

趙平安　2015　《談談戰國文字中值得注意的一些現象——以清華簡〈厚父〉爲例》，《出土文獻與古文字研究》（第六輯），上海古籍出版社。

趙平安　2020　《清華簡〈四告〉的文本形態及其意義》，《文物》第9期。

趙　争　丁　宇　2020　《略議清華簡〈攝命〉記事年代問題》，《歷史文獻研究》（第45輯），廣陵書社。

A Study of the Contents of Transcription by Yinzhi(尹至) Scribe and the Problems Concerned

Jia lianxiang

Abstract: According to the comparison of the characters' movement and structure, we can know that Zhaigong(祭公), Houfu(厚父), Sheming(攝命) and Yinzhi(尹至) are transcribed by the same person. This scribe transcribed a total of 14 ancient books at different times, therefore, his handwriting characteristics between these books are slightly different. The backgrounds of these 14 ancient books are all belong to Shang Dynasty and Western Zhou Dynasty. According to the order of their times, we can divide these 14 ancient books into 6 groups. In the course of this study, we found that Houfu(厚父) was copied after Fengxuzhiming(封許之命), they were on the same volume, from this point we infer that Houfu(厚父) is most likely part of *ZhouShu*, and it is not earlier than ChengWang. According to the variant characters written by the same person, we can also explore the characteristics of the original copy of these ancient books.

Key words: scribe of Yinzhi(尹至); Zhaigong(祭公); Sheming(攝命); Houfu(厚父); Fengxuzhiming(封許之命)

（賈連翔，清華大學出土文獻研究與保護中心　北京　100084）

試論册命之“書”的體例及《攝命》的性質*

陳民鎮

摘　要：史官代宣王命之制，至遲可以追溯至西周早期。西周中晚期的命書具有程式化的特點，係預先寫就，並在册命儀式上供史官宣讀。《攝命》《洛誥》的前半部分以及《康誥》等篇章並非真正意義上的命書，它們更接近於“誥”。西周王公的誥辭，當源於現場發言或對話。《攝命》的結尾則是册命儀式的記録以及僅存感嘆詞“嗟”的命書。

關鍵詞：册命；命書；《攝命》

今文《尚書》之《文侯之命》、清華簡所見《傅説之命》《封許之命》《攝命》以及西周中晚期的册命銘文，均與册命儀式有關。所謂“册命”，即以“册”命之。“册”又作“策”①，指編聯好的簡册。“册”記録了册命的具體内容，貫穿於册命儀式之中。作爲物質載體的“册”，在册命銘文中被稱爲“命書”“命册”或“書”。漢代的策書相當於先秦的命書，其物質載體在形制上有相應的規定②。先秦命書未見實物（《封許之命》《攝命》已然是經典化的産物），其形制已難確知。

從傳世《尚書》、清華簡“書”類文獻以及册命銘文看，册命的内容往往以“王若曰”“王曰”引入。命書與“王若曰”所引入的王言，二者究竟是何關係，學界尚有異辭。陳夢家（1985:159）曾指出：“册命既是預先寫就的，在策命時由史官授於王而王授於宣命的史官誦讀之。”據此，“王若曰”所引入的便是命書上的内容。也有學者質疑其説，如張懷通（2008）認爲，“王若曰”的内容反映的是口語，是君王現場發揮的講話，而非命書上的内容，命書的内容未在銘文中顯示。代國璽（2015）曾

* 本文係國家社會科學基金重大項目“出土簡帛文獻與古書形成問題研究”（19ZDA250）、國家社會科學基金青年項目“簡帛文獻與中國早期文體研究”（18CZW021）的階段性成果。

①在《左傳》《周禮》《禮記》等傳世文獻中，“册命”寫作“策命”。

②《後漢書・光武帝紀》注引胡廣《漢制度》云：“策書者，編簡也，其制長二尺，短者半之，篆書，起年月日，稱皇帝，以命諸侯王。”

指出，春秋以前，王命一般用口頭方式發布、下達，所以不存在人臣爲王起草文書的問題；近來則强調命書確由史官宣讀（代國璽，2021）。趙争（2021）一方面認爲册命文中的“王若曰”内容爲周王現場發言記録，而非史官代宣；另一方面又强調周王的現場發言整體上呈現的程式化情形及其相關内容的性質均表明周王發言參考了預製的講稿，這種預製講稿有可能就是册命儀式上預先寫就的實物形態的“命册”。命書與“王若曰”内容的關係，不僅涉及對册命儀式的具體程序的理解，還關係到我們對命書文體形態的認識。本文認同陳夢家先生的觀點，即命書由史官代宣，以下試作補證與釋疑，並就命書的體例加以探討，以期對認識《攝命》《康誥》等“書”類文獻的文體有所助益。

一、史官代宣王命之制

關於册命的程序，陳夢家（1985:153-164）、陳漢平（1986:101-130）等已有系統梳理。值得注意的是史官宣讀命書的環節，在西周中晚期的册命銘文中有所記述。如周懿王時期的免簋（《集成》4240）[①]銘文載：

> 唯十又二月初吉，王在周，昧爽，王格于太廟，邢叔右免，即命，王授作册尹書，俾册命免。曰：令汝胥周師司林，賜汝赤□市，用事。
> 免對揚王休，用作尊簋，免其萬年永寶用。

由此可見，先是周王將“書”授予作册尹，由作册尹“册命”免。“曰”之後的内容，便是册命的具體内容，這些内容當來自於“書”。

同是懿王時器的師虎簋（《集成》4316）銘文曰：

> 唯元年六月既望，甲戌，王在杜宏，格于太室，邢伯入右師虎，即位中

①本文所引銅器銘文均見於中國社會科學院考古研究所編《殷周金文集成》（中華書局，1984-1994年）與吴鎮烽編著《商周青銅器銘文暨圖像集成》（上海古籍出版社，2012年）、《商周青銅器銘文暨圖像集成續編》（上海古籍出版社，2016年）、《商周青銅器銘文暨圖像集成三編》（上海古籍出版社，2020年），以下分别簡稱《集成》《銘圖》《銘續》《銘三》。釋文另參酌其他學者及筆者的意見。爲便行文，釋文用寬式。

廷，北嚮，王伻[1]内史吴曰：册命虎。

王若曰：虎，載先王既命乃祖考事，嫡官司左右戲緐荆，今余唯帥型先王命，命汝更乃祖考，嫡官司左右戲緐荆，敬夙夜，勿廢朕命，賜汝赤舄，用事。

“册命虎”是周王對内史吴所下達的命令，是“俾册命”的具體體現。

周宣王時期的頌鼎（《集成》2827）銘文曰：

唯三年五月既死霸甲戌，王在周康昭宫。旦，王格太室，即位。宰引右頌入門，位中廷。尹氏授王命書，王伻史虢生册命頌。

王曰：頌，命汝官司成周賈二十家，監司新造，賈用宫御。賜汝玄衣黹純、赤市、朱衡、鑾旂、鋚勒，用事。

頌拜稽首。受命册，佩以出，返納瑾璋。……

在本篇銘文中，先是尹氏將“命書”授予周王，周王繼而令史虢生“册命”頌。在儀式結束之後，頌接過“命册”，亦即“命書”。“王曰”以下的内容，當來自“命書”。

類似的銘文如：

史帶授王命書，王伻史減册賜寰。（寰鼎，《集成》2819）

史𥳑授王命書，王伻内史贏册賜趞。（趞鼎，《集成》2815）

史減授王命書，王伻尹氏册命逑。（卌三年逑鼎，《銘圖》2503）

從以上銘文可以看出，册命儀式並非由周王直接主持，而是由史官等人具體實施，這在傳世文獻中亦多有記述：

王使榮叔來錫桓公命。（《春秋》莊公元年）

己酉，王享醴，命晉侯宥。王命尹氏及王子虎、内史叔興父策命晉侯爲侯伯，賜之大輅之服、戎輅之服、彤弓一、彤矢百、玈弓矢千、秬鬯一卣、虎賁三百人，曰：“王謂叔父，敬服王命，以綏四國，糾逖王慝。”晉侯三辭，從命。曰：“重耳敢再拜稽首，奉揚天子之丕顯休命。”受策以出。出入

[1]所謂“伻”，舊釋爲“乎（呼）”。在册命銘文中，相應的位置又可作“俾”。在傳世文獻中，相應的位置通常作“使”。王森（2021）指出册命銘文中所謂的“乎（呼）”字，其實都應改釋作“平”，清華簡《攝命》“王乎作册任册命伯攝”中的“乎”實即“平”字。曾公畯編鐘銘文所見“平尹氏命皇祖”，與所謂“乎”相對應的位置正作“平”，參見拙作（陳民鎮，2020）。“平”相當於傳世文獻中的“抨”或“伻”，訓令、使。《爾雅·釋詁下》：“抨，使也。”《漢書·揚雄傳上》“抨雄鴆以作媒兮”，顔師古注：“抨，使也。”《尚書·洛誥》“伻來以圖”，《漢書·劉向傳》顔師古注引孟康説：“伻，使也。”《尚書·立政》“帝欽罰之，乃伻我有夏”，孔傳：“乃使我周家王有華夏。”

三覲。（《左傳》僖公二十八年）

襄王使太宰文公及内史興賜晉文公命，上卿逆於境，晉侯郊勞，館諸宗廟，饋九牢，設庭燎。及期，命於武宫，設桑主，布几筵，太宰涖之，晉侯端委以入。太宰以王命命冕服，内史贊之，三命而後即冕服。（《國語·周語上》）

王使劉定公賜齊侯命，曰："昔伯舅大公，右我先王，股肱周室，師保萬民，世胙大師，以表東海。王室之不壞，繄伯舅是賴。今余命女環，兹率舅氏之典。纂乃祖考，無忝乃舊。敬之哉！無廢朕命。"（《左傳》襄公十四年）

使大史命伯石爲卿，辭。大史退，則請命焉，復命之，又辭。如是三，乃受策入拜。（《左傳》襄公三十年）

天王使召武公、内史過賜晉侯命。（《左傳》僖公十一年）

君降立于阼階之南，南鄉。所命北面，史由君右執策命之。再拜稽首。受書以歸，而舍奠于其廟。（《禮記·祭統》）

史官"册命"的具體職責，是宣讀命書的内容。史官在册命、祝告等儀式中往往代宣王命，這在傳世文獻中亦有佐證，如：

天子賜侯氏以車服。……諸公奉篋服，加命書于其上，升自西階，東面，大史是右。侯氏升，西面立。大史述命。侯氏降兩階之間，北面再拜稽首，升成拜。大史加書于服上，侯氏受。（《儀禮·覲禮》）

君朝服出門左，南鄉。史讀書，展幣。宰執書，告備具于君，授使者。使者受書，授上介。……史讀書。司馬執策。立于其後。（《儀禮·聘禮》）

（太史）大祭祀，與執事卜日，戒卑宿之日，與群執事讀禮書而協事。……遣之日，讀誄，凡喪事考焉。……（小史）大祭祀，讀禮法，史以書敘昭穆之俎簋。……卿大夫之喪。賜謚，讀誄。……凡命諸侯及孤卿大夫，則策命之。凡四方之事書，内史讀之。（《周禮·春官》）

戊辰，王在新邑烝，祭歲，文王騂牛一，武王騂牛一。王命作册逸祝册，惟告周公其後。（《尚書·洛誥》）

武王降自車，乃俾史佚繇（讀）書[①]于天號。（《逸周書·世俘解》）

尹逸筴曰："殷末孫受德，迷先成湯之明，侮滅神袛不祀，昏暴商邑百姓，其章顯聞于昊天上帝。"武王再拜稽首，膺受大命革殷，受天明命。武王又再拜稽首，乃出。（《逸周書·克殷解》）

①"繇書"即"讀書"，參見王國維（1983）。

大祝以王命作筴（策），告大宗，王命□□秘作筴（策），許諾，乃北向，繇（讀）書于兩楹之閒。（《逸周書·嘗麥解》）

史乃册祝，曰[①]：“惟爾元孫某，遘厲虐疾。若爾三王是有丕子之責于天，以旦代某之身。予仁若考能，多材多藝，能事鬼神。乃元孫不若旦多材多藝，不能事鬼神。乃命于帝庭，敷佑四方，用能定爾子孫于下地。四方之民罔不祗畏。嗚呼！無墜天之降寶命，我先王亦永有依歸。今我即命于元龜，爾之許我，我其以璧與珪歸俟爾命；爾不許我，我乃屏璧與珪。”（《尚書·金縢》）

太史秉書，由賓階隮，御王册命，曰：“皇后憑玉几，道揚末命，命汝嗣訓，臨君周邦，率循大卞，燮和天下，用答揚文武之光訓。”（《尚書·顧命》）

結合册命銘文與傳世文獻，可知先秦確有史官代宣王命之制。由於在銅器銘文中，有關史官代宣的明確材料多見於西周中晚期的册命銘文，因而有學者（李冠蘭，2019）認爲西周早期周王往往直接口頭發布命令，西周中期之後，史官代寫、代宣王命纔形成成熟的制度[②]。從《尚書》《逸周書》等傳世文獻看，在武王、成王時期已有史官代宣王命之制。西周早期銅器銘文的例證則相對較少，這未必是由於當時的史官代宣王命之制不够成熟。這一現象的形成，當與銘文記録側重點的歷時變化有關。與西周早期相比，西周中晚期的銘文更注重對儀式過程、史官司職的記録，所提供的信息更爲豐富。此外，還需要考慮文本的文體特徵與使用場合，“書”類文獻所記西周早期王公的誥辭與史官代宣的程式化命書在文體、功能上皆有區别。

在有限的西周早期（主要是晚段）的銘文中，我們仍可見史官代宣王命的綫索，如中甗（《集成》949）：

王命中先省南國貫行，設应在曾，史兒至，以王命曰：余命汝使小大邦，厥有捨汝芻糧，至于女庸，小多□，中省自方、鄧，所□邦，在鄂師次，伯買父廼以厥人戍漢、中、州，曰叚、曰旋，厥人鬲廿夫，厥賈咎言，曰賈□貝，日傳□王[皇]休，肆肩有羞，余□捍。

再如中方鼎（《集成》2785）：

唯十又三月庚寅，王在寒次，王令太史貺福土，王曰：中，兹福人入事，賜于武王作臣，今貺畀汝福土，作乃采。

①清華簡《金縢》作：“史乃册祝，告先王曰……”

②陳夢家（1985:151）亦指出：“史官宣命似盛於成、康以後，康王時的《大盂鼎》是惟一可推的例外。惟在《尚書》則成王時已有史官宣命的誥命。”

與西周中晚期册命銘文比較接近的是大盂鼎（《集成》2837）和宜侯夨簋（《集成》4320）：

唯九月，王在宗周，命盂，王若曰：……（大盂鼎）
王莅于宜，入社，南鄉，王命虞侯夨曰：……（宜侯夨簋）

大盂鼎的時代尚存争議，學者多認爲是康王時器，也有學者（丁驌，1985；李山、李輝，2012；Maria Khayutina，2019）認爲是穆王時器。從體例看，大盂鼎銘文與西周中晚期的册命銘文高度相似，雖未見史官的活動，但不難看出“王若曰”之後的内容當是由史官代宣。宜侯夨簋銘文所見“命虞侯夨曰”似乎是王親口宣命。但考慮到西周早期銘文不着意於記録儀式過程，也不着意於轉録命書内容，“王命……曰”之語很可能也是出自史官代宣，與中甗銘文所見“以王命曰”、中方鼎銘文所見“王曰”並無根本不同。

從現有的材料看，史官代宣王命之制當可追溯至西周早期。迨至西周中晚期，册命禮制和命書寫作進一步規範化，命書亦表現出高度程式化的特點。

二、命書的内容

命書既然由史官代宣，那麽銅器銘文中“册命××”之後的文字是否便是命書的内容呢？爲了探討這一問題，以下試將西周中晚期册命銘文“册命××”所接文字大致分爲12類：

1. 單言賞賜物

此類銘文，在“册命××”之後直接緊跟“賜汝……”，如王臣簋（《集成》4268）：

（王）乎内史敖册命王臣：賜汝朱衡、雕褵、玄衣黹純、鑾旂五日、戈畫戠、緱柲、彤緌，用事。

其他如師毛父簋（《集成》4196）、馭簋（《銘圖》5243）等亦屬此類，即寰鼎及趞鼎銘文所謂“册賜”。這一形式爲最簡化者，可見賞賜物在册命銘文中所扮演的重要角色。

2. 曰+賞賜物

此類銘文，與單言賞賜物者相比，多了一個“曰”字引入，如利鼎（《集成》

2804）：

王伻作命內史册命利，曰：賜汝赤□市、鑾旂，用事。

其他如召簋（《銘圖》5230）亦屬此類。

3. 任命內容+賞賜物

此類銘文，在“册命××”之後緊跟任命內容[①]和賞賜物，如南宫柳鼎（《集成》2805）：

王伻作册尹册命柳：司六師牧場大友，司羲夷場佃事，賜汝赤市、幽衡、鋚勒。

其他如師𩛥鼎（《集成》2817）、望簋（《集成》4272）、元年師兑簋（《集成》4274）、伊簋（《集成》4287）、三年師兑簋（《集成》4318）、趩觶（《集成》6516）、申簋蓋（《集成》4267）、師𩛥簋蓋（《集成》4277）、吴方彝蓋（《集成》9898）等亦屬此類。

4. 曰+任命內容+賞賜物

此類銘文，與“任命內容+賞賜物”的銘文相比，多了以“曰”引入，如無叀鼎（《集成》2814）：

王伻史翏册命無叀，曰：官司穆王正側虎臣，賜汝玄衣黹純、戈琱㦼、緱柲、彤緌、鋚勒、鑾旂。

其他如免簋（《集成》4240）、此鼎（《集成》2822）、輔師𠩺簋（《集成》4286）、師瘨簋蓋（《集成》4284）、曶壺蓋（《集成》9728）、諫簋（《集成》4285）、宰獸簋（《銘圖》5376）、䀌簋（《銘圖》5386）等亦屬此類。

5. 曰+任命內容+賞賜物+告誡之辭

與上一類相比，此類銘文多了諸如“敬夙夕”的告誡之辭，如元年師旋簋（《集成》4279）：

王伻作册尹克册命師旋曰：備于大左，官司豐還，左右師氏，賜汝赤市、冋衡、麗般。敬夙夕，用事。

6. 賞賜物+任命內容

與“任命內容+賞賜物”的銘文相比，此類銘文先言任命內容，再言賞賜物，如師奎父鼎（《集成》2813）：

---

①西周中晚期的官職任命，往往來自世襲。因此，本文所説的“任命內容”也包含對受命者先祖任命的追述，這與“先祖（文王、武王及受賜者先祖）功績”的性質不同。

王伻内史駒册命師奎父：賜緇市、冋衡、玄衣黹純、戈琱戟、旂，用司乃父官、友。

其他如楚簋（《集成》4246）、弭叔師察簋（《集成》4253）、害簋（《集成》4258）、羚簋（《銘圖》5258）、殸甗（《銘三》365）等亦屬此類。

7. 曰+賞賜物+任命内容

與上一類相比，此類銘文多了“曰”字引入，如槐簋（《銘續》453）：

（王）命作典尹册命槐，曰：賜汝幽衡、鋚勒，用尸司王家。

盠尊（《集成》6013）銘文的情况比較特殊：

王册命尹，賜盠赤市、幽衡、鋚勒，曰：用司六師、王行、叄有司，司土、司馬、司工。王命盠曰：䊷司六師眔八師埶。

先以“曰”引入“用司六師、王行、叄有司，司土、司馬、司工”，繼而以“王命盠曰”引入“䊷司六師眔八師埶”。有學者（陳夢家，2004:171；程浩，2018）認爲“王命盠曰”是周王宣命，與史官代宣的部分有所區别。但考慮到西周中晚期册命銘文所反映的制度，“王命盠曰”未必指周王親口宣命，而可能是對命書任命内容的强調。

8. 王曰+賞賜物+任命内容

與上一類相比，此類銘文多了“王”字，如戚簋（《銘續》450）：

㪔史册命戚，王曰：賜汝赤市、朱衡、鋚勒，用官司霍使，用胥乃長。

其他如豆閉簋（《集成》4276）等亦屬此類。

9. 受賜者名+任命内容+賞賜物+告誡之辭

此類銘文，在“册命××”之後直接緊跟受賜者名、任命内容及賞賜物，另外有簡單的告誡之辭，如師酉簋（《集成》4288）：

王伻史牆册命：師酉，嗣乃祖嫡官邑人、虎臣，西門夷、𩵦夷、秦夷、京夷、弁狐夷，新賜汝赤市、朱衡、中褧、鋚勒。敬夙夜，勿廢朕命。

10. 王若曰/王曰+受賜者名+任命内容+賞賜物

此類銘文同樣以“受賜者名+任命内容+賞賜物”爲基本要素，但多了“王若曰”或“王曰”引入，如由鼎（《銘圖》2453）：

王伻内史尹册命由，王曰：由，命汝作服。賜汝金車、旂、□火、幽衡。

其他如頌鼎（《集成》2827）、善夫山鼎（《集成》2825）、揚簋（《集成》4295）、師穎簋（《集成》4312）、師虎簋、鄀簋（《集成》4297）、吕簋（《銘圖》5257）等亦屬此類。

11. 王若曰/王曰+受賜者名+任命内容+賞賜物+告誡之辭

與上一類相比，此類銘文多了諸如“敬夙夜”“勿廢朕命”的告誡之辭，如大克鼎（《集成》2836）：

> 王伻尹氏册命膳夫克，王若曰：克，昔余既命汝出入朕命，今余唯申就乃命，賜汝素市、參絅、节悤，賜汝田于埜，賜汝田于渒，賜汝邢宇匍，田于峻與厥臣妾，賜汝田于康，賜汝田于匽，賜汝田于䧔原，賜汝田于寒山，賜汝史、小臣、靈龢鼓鐘，賜汝邢徵匍人䰔，賜汝邢人奔于量。敬夙夜，用事，勿廢朕命。

其他如師嫠簋（《集成》4324）、蔡簋（《集成》4340）等亦屬此類。

12. 王若曰+受賜者名+先祖（文王、武王及受賜者先祖）功績+受賜者功績+任命内容+告誡之辭+賞賜物+告誡之辭

此類銘文最爲繁複，卌三年逑鼎與大盂鼎便是個中代表。此外，毛公鼎（《集成》2841）、師訇簋（《集成》4342）、乖伯簋（《集成》4331）、師克盨（《集成》4467）等銅器的銘文徑以“王若曰”開頭，而無“册命××”引入，但其結構同樣與卌三年逑鼎銘文類似[①]。此外，《尚書·文侯之命》和清華簡《封許之命》亦有相似的結構[②]。以上命書，均可見“王若曰+受賜者名+先祖功績+受賜者功績+任命内容+告誡之辭+賞賜物+告誡之辭”的體例；同時，不同命書同中有異，如《文侯之命》的任命内容不明確，有的銘文另有周王自責、受賜者功績等要素。現將各篇結構示列如下：

	卌三年逑鼎	毛公鼎	師訇簋	文侯之命	封許之命
王若曰+受賜者名	王伻尹氏册命逑，王若曰：逑！	王若曰：父厝！	王若曰：師訇！	王若曰：父義和！	王若曰：丁……[③]

①關於毛公鼎銘文的程式化特徵，可參見李冠蘭（2018）。

②程浩（2016）曾總結爲“述祖”“讚善”“封賞”三要素。關於册命銘文的基本要素，另可參見陳夢家（1985:158）；陳漢平（1986:132）；李冠蘭（2019）。

③《封許之命》篇首殘失，未見“王若曰”與受賜者名。但從全篇的體例看，其開篇當作：“王若曰：丁……”

（續上表）

	卌三年逑鼎	毛公鼎	師訇簋	文侯之命	封許之命
先祖功績	丕顯文武，膺受大命，敷有四方，則繇唯乃先聖祖考，夾召先王，恭勤大命，奠周邦。	丕顯文武，皇天引厭厥德，配我有周，膺受大命，率懷不廷方，無不閈于文武耿光，唯天壯集厥命，亦唯先正襄乂厥辟，恭勤大命，肆皇天無斁，臨保我有周，丕鞏先王配命。	丕顯文武，膺受天命，亦則于汝乃聖祖考克左右先王，作厥肱股，用夾召厥辟，奠大命，盭龢于政，肆皇帝無斁，臨保我有周，越四方民無不康靖。	丕顯文武，克慎明德，昭升于上，敷聞在下，惟時上帝集厥命于文王。亦惟先正，克左右昭事厥辟。越小大謀猷，罔不率從。肆先祖懷在位。	越在天下，故天勸之無斁，向振厥德，膺受大命，允尹四方。……武王嗣明刑，釐厥猷，祗事上帝，桓桓丕敬，嚴將天命。
周王自責		旻天疾威，司余小子弗及，邦將曷吉， 𤔲𤔲四方大縱不靖。嗚呼！趯余小子圂湛于艱，永鞏先王。	王曰：師訇，哀哉！今日天疾威降喪，首德不克，故無承于先王。	嗚呼！閔予小子嗣，造天丕愆。殄資澤于下民，侵戎我國家純。即我御事，罔或耆壽俊在厥服，予則罔克。曰惟祖惟父，其伊恤朕躬。嗚呼！有績，予一人永綏在位。	

（續上表）

	卌三年逑鼎	毛公鼎	師訇簋	文侯之命	封許之命
受賜者功績			嚮汝彶純恤周邦，綏立余小子，戠乃事，唯王身厚𦖞。	父義和！汝克昭乃顯祖，汝肇刑文武，用會紹乃辟，追孝于前文人。汝多修，扞我于艱，若汝予嘉。	則惟汝吕丁，肇佑文王，毖光厥烈。……亦惟汝吕丁，扞輔武王，翦敦殷受，咸成商邑。
任命内容	肆余弗忘聖人孫子，昔余既命汝胥榮兑，總司四方虞林，用宮御。今余唯經乃先祖考，有功于周邦，申就乃命，命汝官司歷人。	王曰：父厝！今余唯肇經先王命，命汝乂我邦我家内外，悉于小大政，屏朕位，虩許上下若否，越四方尸，毋動余一人在位。……王曰：父厝！已，曰攸兹卿事寮、太事寮于父即尹，命汝總司公族，越三有司、小子、師氏、虎臣，越朕褻事，以乃族捍禦王身。	今余唯申就乃命，命汝助雍我邦小大猷，邦弦潢乂，敬明乃心，率以乃友捍禦王身。		□□余小子，余惟纆文王明刑，非敢荒怠，畏天之非忱，册羞哲人，審民之若否。今朕永念乃勳[①]，命汝侯于許。

①“命汝侯于許”之前原有缺簡，後整理者找到脱漏的簡4，參見賈連翔（2020）。賈氏指出，“册羞哲人”一語可進一步印證，在周王實行分封的程序中，一定會有一份册命的簡册存在。

（續上表）

	卌三年逑鼎	毛公鼎	師詢簋	文侯之命	封許之命
告誡之辭	毋敢荒寧，虔夙夕助雍我邦小大猷。越乃敷政事，毋敢不妻不型，越乃訊庶有訟，毋敢不中不型，毋龏龏橐橐，唯有宥從，廼侮鰥寡，用作余我一人怨，不肖唯死。	矧唯乃智，余非庸有聞。汝毋敢荒寧，虔夙夕助我一人，雍我邦小大猷，毋折緘，告余先王若德，用仰昭皇天，申固大命，康能四國，欲我弗作先王憂。王曰：父厝！越之庶出入事于外，敷命敷政，埶小大胥賦，無唯正聞，矧其唯王知，廼唯是喪我國，歷自今，出入敷命于外，厥非先告父厝，父厝捨命，毋有敢悉，敷命于外。王曰：父厝！今余	欲汝弗以乃辟陷于艱。	王曰：父義和！其歸視爾師，寧爾邦。	汝惟壯耆爾猷，虔恤王家。簡乂四方不䛗，以勤余一人。

（續上表）

	卌三年逑鼎	毛公鼎	師訇簋	文侯之命	封許之命
告誡之辭		唯申先王命，命汝極一方，亟我邦、我家，毋雝于政，勿壅逮庶人賈，毋敢龏龏橐橐，迺侮鰥寡，善效乃友正，毋敢湎于酒，汝毋敢惰在乃服，固夙夕敬念王威不易，汝毋弗帥用先王作明型，欲汝弗乃以乃辟陷于艱。			
賞賜物	王曰：逑，賜汝秬鬯一卣、玄衮衣、赤舄、駒車、雕較、朱鞹亟鞎、虎冪熏裏、畫轉、畫輯，金簟、馬四匹、鋚勒。	取賙卅鋝，賜汝秬鬯一卣，祼圭瓚寶，朱市、蔥衡、玉環、玉琮、金車、雕緟較、朱𩍂亟鞎、虎冪熏裏、左軛、畫轉、畫輯、金簟、	賜汝秬鬯一卣、圭瓚、夷訊三百人。	用賚爾秬鬯一卣、彤弓一、彤矢百、盧弓一、盧矢百、馬四匹。	賜汝蒼珪、秬鬯一卣、路車、蔥衡、玉環（？）、鑾鈴、素旂、朱旂、元馬四匹、鋚勒、毯䍀、羅纓、鉤、膺、鑣、緐、柅，贈

（續上表）

	卌三年逑鼎	毛公鼎	師詢簋	文侯之命	封許之命
賞賜物		錯衡、金踵、金家、約軝、金簟弼、魚箙、馬四匹，鋚勒、金鈎、金膺、朱旂二鈴，錫汝兹賸，用歲用徵。			爾薦彝、厵口滕龇、龍鬲、璉、鑵、鉦、𦉢、勺、盤、鑒、鎣、㽁、雕禁、鼎、簋、觥、鍸、格。
告誡之辭	敬夙夕，弗廢朕命。			父往哉！柔遠能邇，惠康小民，無荒寧，簡恤爾都，用成爾顯德。	王曰：嗚呼！丁，戒哉！余既監于殷之不若，稚童兹憂，靡念非常，汝亦惟就章尔慮，祗敬尔猷，以永厚周邦，勿廢朕命，經嗣世享。

通過上述材料，我們不難得出以下幾點認識：

其一，《文侯之命》《封許之命》及卌三年逑鼎、毛公鼎、師詢簋等銅器的銘文是最完整的形式，它們雖然時代不同、書寫載體有異，但體例都極爲接近，這並非偶然。《封許之命》的時代尚有疑義①；册命銘文集中於西周中晚期，《文侯之命》作於

①李冠蘭（2020）認爲，《封許之命》在文本結構、句式、用詞及其所反映的賞賜制度等方面與一系列西周中晚期的文獻有着較多的共通之處，由此可推斷其文本應經歷了數個階段的變化：西周早期，在吕丁受封之初，應有原始的文字記録；西周中期以後，撰者參考册命文書的範式，在周初原始記録的基礎上進行了整體文本的編撰和内容上的增改；春秋戰國時期，已有文本又得到了一定的增補。

兩周之際，時代跨度較大，但它們在體例上一脉相承，且多見一致的套語。命書具有程式化的特點，且具有延續性，“王若曰+受賜者名+先祖功績+受賜者功績+任命内容+告誡之辭+賞賜物+告誡之辭”是命書的典型形式。命書的程式化，與現場講話的機動性是相背離的。

其二，册命銘文中“册命××”之後所接内容，便是命書上的内容，亦即史官代宣的内容。考慮到《文侯之命》和《封許之命》篇章的完整性，可知“王若曰+受賜者名+先祖功績+受賜者功績”這部分是命書的有機組成部分，而並非如有的學者所認為的君王現場發言。

其三，一方面，在史官宣讀命書之後，受賜者“受命册”，繼而“受書以歸，而舍奠于其廟”（《禮記·祭統》），其全部或部分内容可能會被轉録到銅器之上；另一方面，周王室也備有命書的副本，“藏在周府，可覆视也”（《左傳》定公四年）。受限於銅器的書寫空間，銘文所載録的命書往往經過删減。由於册命銘文除了涉及命書的内容，還會有作器目的、嘏辭等要素，因此，《文侯之命》《封許之命》此類經過經典化的命書最有可能來自周王室或諸侯的簡册檔案[①]，而不是銅器銘文[②]。這些文書意義上的“書”，是“書”類文獻的重要來源。此外，一些文本經過删改，還進入《詩經》《左傳》等文獻。

其四，由於存在“王若曰”以及一些口語色彩較强的因素（如對受賜者的稱呼、感嘆詞等），有學者認爲“册命××”之後的内容並非出自預先寫就的命書，而是現場記録。《左傳》定公四年云：“周公舉之，以爲己卿士。見諸王，而命之以蔡。其命書云：‘王曰：胡，無若爾考之違王命也。’”從這條記載看，命書的内容確有“王曰”以及對受賜者的稱呼[③]。册命銘文所見“王曰”“王若曰”以及經過簡化的“曰”皆承襲自命書，而非銘文的編纂者後加。在一篇完整的命書之内，可能會出現多處“王曰”或“王若曰”，主要是爲了適應篇章層次的轉换，“王曰”或“王若曰”通常引入全篇、引入任命内容、引入賞賜物或引入告誡之辭。“王若曰”所引入的内容，其性質不可一概而論，“王若曰”既可用於現場記録，也可用於程式化的命書。

---

①李冠蘭（2020）認爲《封許之命》出自許國人對早期文書的整編。

②程浩（2016）曾指出《封許之命》由於保存了一些西周金文的字形，因此可能從銅器銘文轉化而來。筆者則認為《封許之命》較早的字形也完全可能因襲自早期的簡册。

③彭裕商（2014）已指出這一點。此外，《左傳》定公四年云：“晉文公爲踐土之盟，衛成公不在，夷叔，其母弟也，猶先蔡。其載書云：‘王若曰，晉重、魯申、衛武、蔡甲午、鄭捷、齊潘、宋王臣、莒期。’”雖説的是盟誓，其體例亦可資比照。先秦之“命”，即漢代之“策”，考慮到詔令類文書的承襲性，漢代的策書亦可以作爲參照。如據《史記·三王世家》，漢武帝次子劉閎被封齊王時的策書云：“於戲！小子閎，受兹青社！朕承祖考，維稽古建爾國家，封于東土，世爲漢藩輔。於戲念哉！恭朕之詔，惟命不于常。人之好德，克明顯光。義之不圖，俾君子怠。悉爾心，允執其中，天禄永終。厥有炋臧，乃凶于而國，害于爾躬。於戲！保國艾民，可不敬與！王其戒之。”亦可見對受賜者的稱呼與感嘆詞。

其五，需要考慮到册命銘文的特殊性。册命銘文有多種形式，之所以集中討論“册命××”引入的册命銘文，在於此類册命銘文與册命儀式的關係相對明確，有助於探討此類銘文與命書的關係。有的册命銘文，如逑盤（《銘圖》14543）銘文，先是以“逑曰”引入逑的先祖事迹，然後再以“王若曰”引入命書内容，這容易給人造成以上内容源自逑與王對話的錯覺①。如若“王若曰”的内容來自對話，那麽就會對命書預先寫就、史官代宣的説法構成挑戰。事實上，“逑曰”屬於銘文常見的“器主曰”内容（陳英傑，2009），其目的在於追述先祖功績，與“王若曰”所引入的命書内容並不是同時發生、同時創作的。在大克鼎銘文中，“克曰”與“王若曰”之間便有“王在宗周，旦，王格穆廟，即位，申季右膳夫克，入門，位中廷，北鄉，王伻氏册命膳夫克”之語相隔，表明“器主曰”與“王若曰”是不同的兩部分②。

其六，上揭12類銘文中，最後三類最爲完整，其他類型則多有簡省，保留的主要是任命内容和賞賜物，該兩項正是册命銘文的核心要素。這是由於命書的其他要素更加程式化，可以省略；任命内容和賞賜物則因人而異，有必要重點交代。最簡化的形式，僅存賞賜物，可見賞賜物在命書中的重要地位——這也有助於我們理解《攝命》的性質。

需要指出的是，上述銘文集中於西周中晚期。恭王時期前後開始，程式化的册命銘文格式開始頻繁出現、趨於定型（陳夢家，2004:401；白川静，1980；韓巍，2011），這與當時的世族政治相伴生（韓巍，2012）。出於禮制的變遷③，西周中晚期的世族往往將册命儀式上所受命書的内容轉録於銅器之上。西周早期有關封賞的銘文少見且簡略，如䚄公簋（《銘圖》4954）記録“王命唐伯侯于××”的銘文，既未有命書的内容，亦未羅列賞賜物。但這並不意味着當時不存在程式化的命書，也不意味着當時不存在史官代宣的册命制度。從有限的西周早期材料看，當時的封賞内容確與西周中晚期的册命銘文異趣。如册封燕侯的克盉（《銘圖》14789）銘文載：

令克侯于燕，旃、羌、豸、歔、雩、馭、髟。

再如遷封宜侯的宜侯夨簋銘文載：

王莅于宜，入社，南鄉，王命虞侯夨曰：遷侯于宜，賜𩰫鬯一卣，商瓚一□、彤弓一、彤矢百、旅弓十、旅矢千；賜土：厥川三百□，厥□百又

①趙爭（2021）便傾向於逑盤銘文所記爲對話。

②關於大克鼎銘文前後兩部分的差異，張懷通（2019）曾有討論。

③一些學者主張西周中晚期存在禮制改革，參見Jessica Rawson, “Statesmen or Barbarians? The Western Zhou as Seen through their Bronzes,” *Proceedings of the British Academy*, 75 (1989), pp. 89-93; Lothar von Falkenhausen, *Chinese Society in the Age of Confucius (1000-250 BC): The Archaeological Evidence*, Los Angeles: Cotsen Institute of Archaeology, University of California, 2006, pp. 56-64.

廿，厥宅邑卅又五，厥□百又卌，賜在宜王人十又七姓，賜甸七伯，厥盧□又五十夫，易宜庶人六百又□六夫。

無論是儀式的程序還是賞賜物，皆與西周中晚期的册命銘文不盡相同。西周早期銘文所見賞賜物，除了器物，尚有民人與土田。這與《左傳》定公四年所載“分魯公以大路、大旂，夏后氏之璜，封父之繁弱，殷民六族：條氏、徐氏、蕭氏、索氏、長勺氏、尾勺氏……分康叔以大路、少帛、綪茷、旃旌、大呂，殷民七族：陶氏、施氏、繁氏、錡氏、樊氏、饑氏、終葵氏……分唐叔以大路、密須之鼓、闕鞏、沽洗，懷姓九宗，職官五正”的説法可相驗證。因此，正如李冠蘭（2020）所論，《封許之命》若是西周早期的命書，則與現有的認識衝突。但現有的認識，是基於有限的材料得出的。西周中晚期存在將命書内容轉録於銅器的風氣，西周早期的銘文則難以像西周中晚期的材料那樣保存較完整的命書内容。需要注意的是，《封許之命》中“命汝侯于許”與克盉銘文所見“令克侯于燕”的辭例相同，至少該篇中核心的任命内容當有其根據。

三、《攝命》的性質

清華簡《攝命》被認爲即失傳的《冏命》，且簡文中有“今余既明命汝”“余既明命汝”之語，我們很容易將其文體歸入“命”。有學者（劉光勝、陳以鳳，2020）便指出，《攝命》第1至31支簡的簡文可能是周天子册命伯攝的命書，而且是册命儀式之前預先寫就的。但與通常的命書相比，《攝命》有其可疑之處：

其一，前文論及，至遲從西周中晚期開始，命書已具有程式化的特點，但成文於西周中期的《攝命》並不符合“王若曰+受賜者名+先祖功績+受賜者功績+任命内容+告誡之辭+賞賜物+告誡之辭”這一典型形式，且與通常的命書相比，篇幅過大；

其二，從册命銘文以及《文侯之命》《封許之命》看，命書最不能省略的是賞賜物，而《攝命》偏偏没有出現賞賜物；

其三，除了賞賜物，任命内容也是命書的關鍵因素，但我們無法看到像其他命書中“命汝……”的明確任命内容，由此導致了學者關於伯攝身份的争論；

其四，《攝命》簡32記録了册命的儀式：“唯九月既望壬申，王在鎬京，格于大室，即位，咸。士疌右伯攝，立在中廷，北嚮，王乎作册任册命伯攝：䖒……”其格式與西周中晚期的册命銘文相同，但“䖒”字頗令人費解。

李學勤（2018）認爲，《攝命》簡32與前面31支簡係同一篇文獻。程浩（2018）

則指出，《攝命》的第一部分即《封許之命》《文侯之命》以及大盂鼎、毛公鼎之類王對受命者的説教，而第二部分（即簡32的内容）則是如格式化的册命金文般對儀式和任命詞的記載；要而言之，《攝命》兩部分的内容整體上相當於一篇册命類的“書”纍加了一篇格式化的册命金文，是對這場册命的全過程記録。此外，劉光勝（2020）認爲，《攝命》簡32的内容是册命儀式結束後的補記，以簡31爲界，《攝命》前後兩部分的撰作時間是不同的，第31、32支簡簡末有分隔符號，展現的是兩部分尚未合成一篇的原始狀態；趙争（2021）指出，《攝命》簡32“虘”字後很可能原本還有内容，這些原有的内容極有可能與《攝命》篇所據原始的“命官之辭”重合而在《攝命》整合成篇時被删去。這些學者已經注意到簡32與《攝命》前半部分的内容存在差異，筆者認爲程浩（2018）將《攝命》析爲兩部分的觀點可從，但本文的具體看法有所不同：《封許之命》《文侯之命》以及大盂鼎、毛公鼎諸器銘文，仍應是命書文本的内容，與《攝命》的第一部分不能完全等同（嚴格來説，《攝命》的第一部分是“誥”而非“命”）；《攝命》結尾則是對册命儀式及命書的載録，“虘”即命書原文的殘留。

“虘”字如何理解，目前尚有分歧。李學勤（2018）認爲，“虘”當是“王曰虘”的省略，“虘”可讀爲“作”，代表王所發出的行動命令。王寧認爲“虘”當讀作“且”，是陳述句句尾的語氣助詞，“王呼作册任册命伯攝且”相當於説“王呼作册任册命伯攝焉”[①]；劉信芳（2019）則將“且”解爲周代且字之禮。《攝命》的整理者在注釋中指出，“虘，金文多作‘叡’形，句首語詞。楊樹達（2018:120）説《費誓》‘徂兹淮夷、徐戎并興’，‘徂’即金文‘叡’字，讀爲‘嗟’”。石小力（2020）進一步將《攝命》簡3的“虘”讀作“嗟”，其説可從。《攝命》簡32所見“虘”亦當讀作“嗟”，以“嗟”爲句首感嘆詞的“書”類文獻有《尚書》之《甘誓》《吕刑》《牧誓》《費誓》《秦誓》以及《逸周書》之《商誓》，主要屬於“誓”。在銅器銘文中，則可見“嗟”用於册命儀式的場合，如縣改簋（《集成》4269）：

唯十又三月既望，辰在壬午，伯犀父休于縣改，曰：叡（嗟）！乃任縣伯室，賜汝婦，爵觊之戈、琱玉、黄㦰。

再如韓伯豐鼎（《銘圖》2426）：

唯十月既生霸甲辰，在成周，御史至，以兹命，曰：内史曰：告韓伯：叡（嗟）[②]！伯氏宕卿士，司曰侖。今我既即命，曰：先王命尚付。

再如录尊（《集成》5419）：

①王寧：《清華簡〈攝命〉讀札》，復旦大學出土文獻與古文字研究中心網站，2018年11月27日，http://www.gwz.fudan.edu.cn/Web/Show/4343。

②參見董珊（2017）。劉源（2018）則不同意“叡”爲感嘆詞的觀點。

王令䧹曰：䖒（嗟）！淮夷敢伐内國，汝其以成周師氏戍于甶師，伯雍父蔑录曆，賜貝十朋。

录拜稽首，對揚伯休，用作文考乙公寶尊彝。

可見，句首感嘆詞“嗟”確可出現於册命儀式。此外，尚可參見大盂鼎等銅器的銘文。“嗟”類似於《文侯之命》《封許之命》及毛公鼎銘文所見“嗚呼”。在《攝命》簡32“虘”之後應有命書的具體内容，但由於某些原因而僅存“虘”字。

《攝命》的整理者（清華大學出土文獻研究與保護中心編、李學勤主編，2018:120）指出，“王曰‘虘’”收束全篇，西周中晚期册命銘文時間、場所、右者在全篇最末，見於詢簋（《集成》4321）銘文篇尾與和師詢簋（《集成》4342）銘文篇尾。但《攝命》的情形與詢簋、師詢簋不盡相同。正是由於“虘”字的存在，我們不得不考慮另一個獨立文本的存在。正如程浩（2018）所指出的，已知“書”類文獻中，與《攝命》體例最接近的是《洛誥》。《洛誥》可分爲兩部分，前半部分是周公與周成王的對話，成王之語以“王若曰”“王曰”引入；後半部分則是對儀式的記録：

戊辰，王在新邑烝，祭歲，文王騂牛一，武王騂牛一。王命作册逸祝册，惟告周公其後。王賓殺禋咸格，王入太室，祼。王命周公後，作册逸誥，在十有二月。惟周公誕保文武受命，惟七年。

這兩部分存在時間先後的關係：先是成王誥周公，繼而舉行“王命作册逸祝册”和“王命周公後，作册逸誥”的儀式。此處儀式與通常所説的册命不同，但可資比較：先是成王與周公對話、成王嘉勉周公的環節，然後才是正式舉行儀式、史官代宣王命的環節；《攝命》亦是如此，先是周王誥伯攝，繼而是具體的册命儀式。代國璽（2021）近來指出，命書由史官代宣，而在册命之前，還有一個面命的程式；王講話時，會有史官在場將其言記録在簡册之上，形成命書。此説有助於我們理解誥辭與命書的區别。但命書是否便是面命講話的記録，則值得懷疑。周王誥辭的一部分内容可能會轉化爲命書的告誡之辭，如《攝命》前半部分所見周王自責之語與毛公鼎、師詢簋諸器的銘文類似，但命書總體來説是程式化的文本，主體内容已有預設的格式。

此外，尚可注意的還有《康誥》《酒誥》和《梓材》。由於《康誥》與成王命衛康叔有關，因此程浩（2017）指出《康誥》的文體實際上屬於“命”而非“誥”。陳夢家（1985:167）便曾指出，《康誥》“乃一獨立完整的命書”。然“命”有程式化的特點，《康誥》並不符合狹義的“命”。西周中晚期命書的格式是否可以追溯到更早的時期（如《康誥》的時代），尚存疑義。但周初已有史官代宣之制，當時的命書格式未必定型，但至少應包含任命内容、賞賜物等信息。《左傳》定公四年載：“分康叔以大路、少帛、綪茷、旃旌、大吕，殷民七族：陶氏、施氏、繁氏、錡氏、樊氏、饑氏、終葵氏。封畛土略，自武父以南及圃田之北竟，取於有閻之土以共王職；取於相土之東都以會王之東蒐。聃季授土，陶叔授民，命以《康誥》而封於殷虛。”當時授予衛康叔的命書，也應有類似於克盉銘文“侯于燕”之類的表述以及大路、少帛、綪茷、旃旌、大吕等賞賜物。李山（2011）因而認爲《康誥》並非命書，並推論當初封建衛邦的大典上，本有兩類文獻的使用：一是册封的命書；還有一類文獻則記録的是周公對衛君叮嚀告誡，即流傳至今富於政治智慧的《尚書》之《康誥》《酒誥》等三篇。其説有理。《康誥》的性質實際上與《攝命》的前半部分相當，皆屬誥辭[①]，“康誥”的篇題是恰如其分的。册命衛康叔的命書則另有文本，與《康誥》不同。如此，我們才能理解《攝命》的前半部分以及《康誥》何以偏於訓誡，而缺少關鍵性的任命内容與賞賜物。册命儀式上的命書預先寫就，由史官宣讀；而册命儀式之前的誥辭，則當是周王發言或君臣對話的記録，因而内容多瑣碎，且不乏口語色彩較强的成分[②]。過去學者圍繞“王若曰”而展開的争論，實際上忽略了“誥”與“命”的文體區分。

至於清華簡《傅説之命》三篇，以“命”爲題，可見古人認爲其與册命有關。但《傅説之命》除了上篇有“綳弓、紳弦、紕矢”的賞賜物，以及“王用命説爲公”的記述，與通常的命書亦不相同。《傅説之命》中篇與下篇的性質，屬於商王與傅説的對話，其性質類似於《洛誥》《攝命》的前半部分以及《康誥》《酒誥》《梓材》等篇。

“命”具有程式化的特點，“誥”則多見布政之辭，具有一定的思想性，真正能體現先王之言，因而在《尚書》中所占比重較大。有學者（張懷通，2008）曾注意到“王若曰”在銘文中領起的多數文字是命官之辭，在文獻中領起的多數篇章是布政之辭。之所以如此，一個很重要的原因是册命銘文多是受賜者所主持鑄刻，其内容來源便是册命儀式上所受命書，可以照搬其内容；而誥辭則由史官現場記録，受賜者難以掌握具體文本，加之誥辭篇幅過大，一般不會轉録到銅器之上。周府所藏誥辭，尤其是周初王公的誥辭，因其與西周的奠基者有關，加之思想性較强，更得世人推重。傳世“書”類文獻所見命書僅有《文侯之命》，並非偶然。如果僅依靠傳世文獻，我們很難想象西周中晚期存在高度發達的册命制度。由於現存的史料具有偶然性和局限性，我們應充分考慮到不同載體、文體以及内容的區别，以及它們各自的歷時變化。

總之，參照命書程式化的體例以及《康誥》諸篇，可知《攝命》的前半部分是册命儀式之前的誥辭，而非命書的具體内容；其結尾則是册命儀式的記録以及僅存感嘆詞“嗟”的命書。那麽，這一結尾是如何進入《攝命》文本的呢？

我們知道，程式化的册命銘文是在西周中晚期定型的。至於像“唯九月既望壬

①張懷通（2018）認爲《康誥》内部的層次需要細分，如第二個“王若曰”有明顯的儀式性.

②參見張懷通（2005）。

申，王在鎬京，格于大室，即位，咸。士疌右伯攝，立在中廷，北嚮，王乎作册任册命伯攝”這樣表明“右者”等信息的文字，究竟是否在受賜者所受命書之内呢？有學者（葛志毅，1992:125）認爲應包含在内，有學者（代國璽，2021）則否定其説。首先需要肯定的是，史官宣讀時，不會讀到這些信息。那麼史官宣讀之後交由受賜者的命書是否涉及這些内容呢？照理來説，命書是一個完整、獨立的文本，不應包含儀式信息。但鑒於儀式的程序事先已經安排妥當，不同世族的册命銘文對儀式的記録又高度程式化，因此，受賜者所受命書包含儀式信息的可能性仍不能排除。

考慮到伯攝可能便是懿王太子夷王燮（馬楠，2018），加之《攝命》前半部分這樣的長篇誥辭轉録於銅器銘文的可能性並不大，《攝命》的内容當源自“藏在周府”的檔案。受賜者所受命書可能不會包含儀式信息，但周府所藏命書副本完全有可能會經史官後期添加有關儀式過程的内容。

有一種可能是：《攝命》前半部分的誥辭是一個完整的文本，結尾的命書也是一個完整的文本，它們皆藏於周府，而後人在抄録的過程中，可能將命書的首簡誤抄入誥辭。之所以存在誤抄，或是由於兩篇文獻本身就連抄或共同庋藏，因而相混；也有可能是由於命書部分除了首簡，其他内容已經散佚。因此，命書僅有開頭的“虘”被抄入，命書的主體内容則已遺失。從簡背序號看，這個重組的文本至遲在戰國時期已經定型，命書的開頭部分已經被視作《攝命》的有機組成部分。就《攝命》的前半部分而言，“攝命”的篇題並不十分準確。如果清華簡《攝命》即失傳的《冏命》，那麼之所以被後人視作“命”，當與簡32的册命儀式記載有關①。準此，簡32與《攝命》前半部分被整合爲一篇是較早的事，當發生在“書”類文獻經典化之初。

參考文獻：

白川静　1980　《西周史略》，《金文通釋》（卷6），白鶴美術館。

陳漢平　1986　《西周册命制度研究》，學林出版社。

陳夢家　1985　《王若曰考》，《尚書通論》（增訂本），中華書局。

陳夢家　2004　《西周銅器斷代》，中華書局。

陳民鎮　2020　《曾公畎編鐘銘文補説》，《漢字漢語研究》第4期。

陳民鎮　2021　《清華簡與〈尚書〉文體的再認識——兼論晚書辨僞》，《江西社會科學》第5期。

陳英傑　2009　《兩周金文“器主曰”開篇銘辭研究》，《華夏考古》第3期。

程　浩　2016　《〈封許之命〉與册命“書”》，《中國典籍與文化》第1期。

程　浩　2017　《從出土文獻看〈尚書〉的體裁與分類》，《文藝評論》第3期。

程　浩　2018　《清華簡〈攝命〉的性質與結構》，《清華大學學報（哲學社會科學版）》第5期。

代國璽　2015　《由“記王言”而“代王言”：戰國秦漢人臣草詔制度的演生》，《文史哲》第6期。

①《尚書》中的訓、誥、誓、命，最初爲儀式或行爲，後向文體名轉變，參見拙作（陳民鎮，2021）。《攝命》和《傅説之命》以“命”爲篇題，但並不意味着該文本的文體便是“命”。《攝命》和《傅説之命》之得名，與篇中出現的册命儀式有密切聯繫。

代國璽 2021 《西周册命制度補論》，《孔子研究》第1期。

丁 驌 1985 《西周金器年譜》，《中國文字》新10期。

董 珊 2017 《韓伯豐方鼎銘文新論》，楊榮祥、胡敕瑞（主編）《源遠流長：漢字國際學術研討會暨AEARU第三届漢字文化研討會論文集》，北京大學出版社。

葛志毅 1992 《周代分封制度研究》，黑龍江人民出版社。

韓 巍 2011 《親簋年代及相關問題》，朱鳳瀚（主編）《新出金文與西周歷史》，上海古籍出版社。

韓 巍 2012 《册命體制與世族政治——西周中晚期王朝政治解析》，《九州學林》（2011年春季號），上海人民出版社。

賈連翔 2020 《〈封許之命〉綴補及相關問題探研》，《出土文獻》第3期。

李冠蘭 2018 《毛公鼎銘文本性質考辨——兼論西周中晚期一類册命文的文本形態及其生成機制》，趙逵夫（主編）《先秦文學與文化》（第7輯），上海古籍出版社。

李冠蘭 2019 《西周册命文體的文本生成》，《中山大學學報（社會科學版）》第6期。

李冠蘭 2020 《清華簡〈封許之命〉年代再議——兼及〈書〉類文獻在兩周的整編與流傳》，《學術研究》第7期。

李 山 2011 《〈康誥〉非“誥”》，《文學遺産》第6期。

李 山 李 輝 2012 《大小盂鼎製作年代康王説質疑》，《北京師範大學學報（社會科學版）》第2期。

李學勤 2018 《談清華簡〈攝命〉篇體例》，《清華大學學報（哲學社會科學版）》第5期。

劉光勝 陳以鳳 2020 《從新見文獻看殷周時期册命制度》，《中國社會科學報》8月17日。

劉信芳 2019 《清華藏竹書〈攝命〉釋讀》，寧鎮疆、趙争編《清華簡〈攝命〉研究高端論壇論文集》，上海大學。

劉 源 2018 《從韓伯豐鼎銘文看西周貴族政體運作機制》，《史學集刊》第3期。

馬 楠 2018 《清華簡〈攝命〉初讀》，《文物》第9期。

彭裕商 2014 《“王若曰”新考》，《四川大學學報（哲學社會科學版）》第6期。

清華大學出土文獻研究與保護中心編 李學勤（主編） 2018 《清華大學藏戰國竹簡（捌）》，中西書局。

石小力 2020 《清華簡〈攝命〉與西周金文合證》，《中國文字》（2020冬季號）。

王國維 1983 《史籀篇疏證》，《王國維遺書》（第4册），上海書店。

王 森 2021 《甲骨文、金文所謂“乎”字當釋爲“平”字》，《語言科學》第3期。

張懷通 2005 《“盂侯，朕其弟小子封”新解》，《歷史研究》第5期。

張懷通 2008 《“王若曰”新釋》，《歷史研究》第2期。

張懷通 2018 《大盂鼎與〈康誥〉體例》，《青銅器與金文》（第2輯），上海古籍出版社。

張懷通 2019 《大克鼎與〈多方〉體例研究》，《東夷文化論叢》（第1輯），山東人民出版社。

趙 争 2021 《由先王政典到載道之書：册命文檔與“書”篇生成——兼及清華簡〈攝命〉的文本結構》，“新出土文獻與中國早期文明研究”學術研討會，曲阜師範大學，2021年4月23-25日。

Maria Khayutina 2019 “Reflections and Uses of the Past in Chinese Bronze Inscriptions from the Eleventh to Fifth Centuries BC: The Memory of the Conquest of Shang and the First King of Zhou,” in: John Baines, Henriette van der Blom, Yi Samuel Chen, and Tim Rod eds., *Historical Consciousness and the Use of the Past in the Ancient World*, Equinox, pp. 166-167.

A Study of the Style of Documents of Ceming(册命) and the Character of *Qinghua Manuscript* Sheming(摄命)

Chen Minzhen

Abstract: The system of scribes issuing orders instead of kings can be traced back to the early Western Zhou Dynasty at the latest. The documents of Ceming(册命) in the middle and late Western Zhou Dynasty had the characteristics of stylization. They were written in advance and read by scribes at the ceremony of Ceming(册命). The first half of Sheming(攝命) and Luogao(洛誥) and Kanggao(康誥) are not real documents of Ceming(册命). In fact, they should belong to Gao(誥). Gao(誥) issued by the kings or princes of the Western Zhou Dynasty should come from on-the-spot speeches or dialogues. The last part of Sheming(攝命) should be the record of the ceremony of Ceming(册命) and a document of Ceming(册命) with only an exclamation Jie(嗟) remained.

Key words: Ceming(册命); documents of Ceming(册命); Sheming(攝命)

（陳民鎮，北京語言大學首都國際文化研究基地、中華文化研究院　北京　100083）

清華簡《命訓》的成書時代及思想史意義*

劉光勝

摘　要：春秋末期“也”字普遍使用，而清華簡《命訓》只有一處使用“也”字。以虚詞使用規律、文獻引文及思想史綫索爲據，可知簡本《命訓》的成書時代約在春秋中期。清華簡《命訓》將天命分爲大命、小命，充分肯定個人的主觀能動性，爲儒家人性論的出場做好了鋪墊。清華簡《命訓》《保訓》及《易經》皆强調中道，且指向周文王，簡本《命訓》或許是春秋時期學者尊崇文王、闡發其思想理念的産物。

關鍵詞：清華簡《命訓》；成書時代；學術價值

人性論是儒家政治學説展開的基石，但孔子未言性善，也不曾構建人性與天命之間的理論銜接。那麽，子思、孟子的人性論從何而來？儒家人性論的來源問題，一度成爲學界關注的焦點所在。清華簡《命訓》與《逸周書·命訓》文本内容基本相同，乃先秦時期形成的不同傳本。清華簡《命訓》的出現，意味着《逸周書·命訓》成書於東漢以後説法的破産。這就爲我們重新考察儒家人性論的來源，提供了新的綫索與契機。

一、清華簡《命訓》成書時代考

關於《逸周書·命訓》的成書年代，學者們之間的分歧很大。我們按照時間先後，將學界的意見梳理如下：

* 本文得到山東省泰山學者工程專項經費資助，係國家社科基金一般項目“出土文獻與民本思想溯源研究”（19BZX056）、濟寧市中華優秀傳統文化“兩創”重點項目（20JSGXCIK14）階段性成果。

（一）商末周初說。《逸周書 • 序》説："昔在文王，商紂並立，困于虐政，將弘道以弼無道，作《度訓》。殷人作教，民不知極，將明道極以移其俗，作《命訓》。紂作淫亂，民散無性習常，文王惠和化服之，作《常訓》。"（黄懷信等，2017:1117-1118）商代末期，紂王無道，文王作"三訓"以教化無道。根據《周書序》，黄震、潘振等學者將《命訓》定爲周文王時所作。

朱右曾（1940:11）説得更爲具體："文王出爲西伯，入爲三公，陳善納誨，固其職分。然以紂之昏暗，猶惓惓乎欲牖其明，則忠之至，忠之至也。'三訓'蓋皆爲三公時所作。"（黄懷信等，2007:1118）他認爲是文王擔任三公時期，向紂王"陳善納誨"之作[①]。唐大沛云："此序似未達作訓之本旨，而以己意序之，不足信也。"（黄懷信等，2007:1119）唐大沛持否定意見，他主張《周書序》作者不了解作訓的主旨，據己意撰作，不可盡信。

（二）春秋時期說。劉起釪（1989:95-97）認爲"三訓"等十餘篇"保留了西周原有史料，其文字寫定可能在春秋時"。黄懷信（1992:92）强調三篇《序》文辭不古，"其原作亦必不早至文王"，並提出《度訓》中提到的"爵"爲西周政權建立以後方有，故不會早至西周之前。黄懷信從文獻引文入手，他發現《左傳》桓公二年、昭公二十六年及《國語 • 晉語》中的三段文字出自《常訓》，《左傳》昭公二十五年子大叔之言出自《度訓》，據此認爲"'三訓'有可能出自西周。不過以文字觀之，似當爲春秋早期的作品"。

羅家湘（2006:12）把《逸周書》分爲史書、政書、兵書和禮書四類，而"三訓"連同《大匡》《程典》均被歸入政書一類，他據"三訓"以數爲紀的特點，將之歸爲春秋時期。劉國忠（2015）指出，從清華簡《命訓》看，傳世本《命訓》中的"醜"都應當訓爲"耻"，才符合原義。《命訓》篇並没有人性惡的觀點，更不能據此來討論《命訓》篇的寫作年代。《左傳》《老子》等文獻中頂針格的句式早已存在，並得到很多運用，如果僅依據頂針格手法的運用，判斷文獻的寫作時代爲戰國時代，不免失之偏頗。他將"三訓"的時間，定在春秋中期以前。

（三）戰國時代說。王連龍（2010:101）從"三訓"的相互關係、文辭時代特徵及思想觀念主張對其進行考證，斷定"這些文辭的出現時間不早於戰國時期"。張懷通（2013:379）主張"三訓"語言文字較爲通俗，是典型的戰國時代風格，用以論述的概念，有明顯的儒家色彩，因此三篇的作者可能是戰國時代處於非主流地位的儒家。周玉秀（2005:233）以《尚書 • 洪範》爲例，認爲《逸周書》在"以數爲紀"的用法方面承接了《洪範》，《洪範》改定於春秋末戰國初，因此《命訓》當在此之後。

①朱右曾的觀點，前後有矛盾之處，他説"雖未必果出文武周召之手，要亦非戰國秦漢人所能僞托"。

《命訓》大量使用頂針格，是“議論文體由簡單的雛形向嚴密的成熟形過渡的體現”，因此當爲戰國早期的作品。張海波（2019）從耻辱觀發展的綫索入手，强調“三訓”應是以平民階層爲主體的戰國時代的産物，而不可能發生在以貴族階層爲主體的春秋時代。

祝中熹（1989）認爲《命訓》寫作時間，當在戰國中、後期。梁濤（2021）認爲，《逸周書》應由子夏的西河學派編訂於戰國前期的魏國，“三訓”的作者可能是子夏後學中的某位不知名學者。經碳十四等技術測定，清華簡的時代爲公元前305±30年，即戰國中期偏晚。竹書的撰作年代一般要早於這個時期，即戰國前期是清華簡《命訓》的下限。學者或將《命訓》歸爲東漢、魏晉時期的作品，或將該篇看作僞書，在今天看來，這些意見已經没有討論的必要。子夏所處時代爲戰國前期，與《命訓》下限同，因此將它歸爲子夏後學或戰國中、後期的意見，恐不足取。

《逸周書》各篇成書年代不同，我們主張按照“分組”，對該書各篇的年代予以考察。《逸周書》中“三訓”，即《度訓》《命訓》《常訓》，它們均以“訓”名，同講爲政牧民之道，性質相同，文氣相類，内容相貫（黄懷信，1992:91），其成書時間應該大致接近。因此，我們主張將“三訓”作爲一個整體（一組文獻）進行考察，相關引文見下表。

表1：《逸周書》“三訓”與早期文獻内容對照表

出處 内容	《逸周書》“三訓”	早期文獻	相似程度
1	《常訓》：“慎微以始而敬，終乃不困。”	《左傳》襄公二十五年：“《書》曰：‘慎始而敬終，終以不困。’”注：“逸《書》。”	直接引用
2	《度訓》：“凡民生而有好有惡。小得其所好則喜，大得其所好則樂；小遭其所惡則憂，大遭其所惡則哀。凡民之所好惡，生物是好，死物是惡。”	《左傳》昭公二十五年：“哀有哭泣，樂有歌舞，喜有施舍，怒有戰鬥。喜生於好，怒生於惡。是故審行信令，禍福賞罰，以制死生。生，好物也；死，惡物也。好物，樂也；惡物，哀也。”	直接對應
3	《常訓》：“古者因民以順民。”	《國語·晉語二》：“夫固國者，在親衆而善鄰，在因民而順之。”	明顯對應

表1:《逸周書》“三訓”與早期文獻内容對照表（續表）

出處 内容	《逸周書》“三訓”	早期文獻	相似程度
4	《常訓》：“民生而有習、有常。以習爲常，以常爲慎（順），民若生于中。習常爲常。夫習民乃常，爲自血氣始。”	《左傳》昭公十六年：“將因是以習，習實爲常。”	語意密切
5	《常訓》：“六極不赢，八政和平。八政：夫妻、父子、兄弟、君臣。”	《左傳》昭公二十六年：“君令臣共，父慈子孝，兄愛弟敬，夫和妻柔，姑慈婦聽，禮也。”	内容相關

其一，傳世文獻引文，是判定《逸周書》“三訓”成書年代的重要基點。我們將“三訓”引文分爲三類：

（一）直接引用。《左傳》襄公二十五年：“《書》曰：‘慎始而敬終，終以不困。’”杜預注：“逸《書》。”張懷通（2013:354-355）認爲《常訓》的詞語與《左傳》引《書》篇略同，或許是整理加工自“同一原材料”的原因造成的。春秋時代，《逸周書》與《尚書》尚未分開，兩者都稱爲“《書》”。《左傳》襄公二十五年衛大叔文子之言，内容見於《逸周書・常訓》，並稱來自“《書》”，而《逸周書・常訓》屬於“《書》”，兩者的先後、源流關係是很明確的。因此，一定是《左傳》引“《書》”——《逸周書》，而不可能是兩者共同引用另外一批材料。

（二）内容明顯對應。《左傳》昭公二十五年：“生，好物也；死，惡物也。好物，樂也；惡物，哀也。”此句見於《度訓》。《國語・晉語二》重耳説：“夫固國者，在親衆而善鄰，在因民而順之。”（徐元誥，2002:292-293）“因民而順之”對應的語句，見於《常訓》。

（三）内容相關。《左傳》昭公十六年：“將因是以習，習實爲常。”内容相似語句見於《常訓》。《左傳》昭公二十六年：“君令臣共，父慈子孝，兄愛弟敬，夫和妻柔，姑慈婦聽，禮也。”其中“君令臣共，父慈子孝，兄愛弟敬，夫和妻柔”，即是《逸周書・常訓》所説的“八政”。

張海波（2019）認爲，由於古書同文現象的存在，僅憑《逸周書・常訓》中的一句話見於《左傳》，就斷定《常訓》《命訓》等篇爲春秋時代作品，未免有孤證立説之嫌。實際上，《逸周書》“三訓”内容見於《左傳》《國語》5次，其中直接引用1次，明顯對應2次，内容相關2次。大叔文子，衛國大夫，生卒年代不詳，但他是衛靈公（前540年-前493年）在位期間的人物。重耳，公元前697年至前628年在位。如果是一次，可能存在偶然，但《左傳》《國語》多次引用，所以我們猜測《命訓》很可能屬於春秋時期的作品。

其二，一個時代有一個時代的用語習慣，像虛詞“迺”“乃”“厥”“其”等，皆有較爲明確的時代特徵。清華簡《命訓》没有被後世修改過，保存着戰國時期的原貌。因此，用語習慣也是考察《命訓》時代的重要參照。我們借鑒虛詞斷代分析法，用具有明確時代性的虛詞，爲清華簡《命訓》斷代。于、於的使用規律是，“于”字出現較早，商周時期“于”字流行；春秋時期“於”字出現，“于”“於”混用；春秋之後“於”字普及，“于”字基本被取代。

清華簡《命訓》曰（李學勤，2015:125-126）：

夫明王昭天信人以度功，功地以利之，使信人畏天，則度至于極。

又：

福莫大於行[義]，禍莫大於淫祭，耻莫大於傷人，賞莫大於讓，罰莫大於多詐。

清華簡《命訓》“于”字出現了7次，“於”字7次，正處於“于”“於”混用的春秋時期。“厥”字、“其”字出現的規律，與上述“于”“於”同。清華簡《命訓》中“厥”“其”兩字混用，亦説明其時代在春秋時期。

以個別虛詞爲證，可能缺少代表性。我們在更大範圍内對於《命訓》中的虛詞展開比較，見下表。

表2：清華簡《命訓》虛詞對照表

殷周時代虛詞	其	于	不	乃	之	弗	兹	亦	咸	及	厥	克	曷	俾
《命訓》	√	√	√	√	√	√					√			
春秋時代虛詞	肯	未	猶	而	且	盡	常	雖	再	彼	此	所	焉	者
《命訓》				√							√	√		√

殷周時代14個虛詞，清華簡《命訓》出現7個；春秋時代14個虛詞，清華簡《命訓》出現4個。説明該篇保存着早期文獻的特徵。虛詞斷代只取其晚，不能取其早。4個春秋時代虛詞的出現，説明清華簡《命訓》成書上限是春秋初期，而不能早至殷周時期。

卜辭、金文、《尚書》中無“也”字，《詩經》“也”字在句末出現了60多次。“也”字具有句讀標識功能，在春秋時期已經出現，並伴隨着《左傳》《國語》《國策》以及諸子散文的出現，漸次增多（錢宗武，1994）。清華簡《命訓》："凡此，物厥權之屬也。"（李學勤，2015:126）"也"作爲句末語氣詞，它的出現，説明《命訓》的年代上限爲春秋初期。簡本《命訓》"也"字雖然出現，但僅此一例[①]，傳世本《命訓》"也"字兩見，一是"凡此六者，政之始也"，簡本作："凡厥六者，政之所殆。"無"也"字。二是"凡此，物攘之屬也"，簡本同。與戰國時期"也"字大量出現的情形也有所不同。

《逸周書・度訓》："人衆，賞多罰少，政之美也；罰多賞少，政之惡也。"（黄懷信等，2007:15）"三訓"之中，《常訓》"也"字出現2次，與《命訓》近似。而《度訓》"也"字出現6次，出現的頻率偏高。春秋末期"也"字大量出現，以此爲參照：《命訓》《常訓》時代較早，約在春秋中期；而《度訓》相對略晚，可能在春秋晚期以後。

其三，從思想發展綫索看清華簡《命訓》的成書時間。傳世本《命訓》（黄懷信等，2007:24）：

> 夫民生而醜不明；無以明之，能無醜乎？若有醜而競行不醜，則度至于極。

《説文・醜部》曰："醜，可惡也。"王連龍（2009）將"三訓"中的"醜"理解爲"惡"，認爲其反映了人性惡的觀點，因此將《命訓》所主張的人性論理解爲荀子性惡論的初級發展階段。傳世本"醜"字，簡本作"耻"。清華簡《命訓》出現之後，證明《逸周書・命訓》中的"醜"字當作"耻"，自然不是什麽性惡論。以性惡論證明《命訓》晚出的觀點，當然也不能成立（劉國忠，2015）。

清華簡《命訓》："天有命，有福，有禍；人有佴（耻），有市冕，有斧鉞。"（李學勤，2015:125）上天有命、禍、福；人有耻、絻絻、斧鉞。簡本《命訓》又説："命司德正以禍福……夫司德司義而賜之福……或司不義而降之禍。"（李學勤，2015:125）人行善，司德降之以福；人作惡，司德降之以禍。《國語・周語中》説"天道賞善而罰淫"（徐元誥，2002:68），上天獎勵善舉，而懲處惡行。《左傳》成公五年云"神福仁而禍淫"，神靈福佑仁人，而降禍於不仁之人。《命訓》上天具有獎善懲惡的絶對權力，與《國語》《左傳》同。

清華簡《命訓》（李學勤，2015:125）："福禄在人。"禍福取决於自己。又説："小命日成，成則敬，有常則廣。"如果堅持行善，則日有所成，最終獲得福報。《左傳》僖公十六年曰"吉凶由人"，又《左傳》襄公二十三年云"禍福無門，唯人所召"，實際上，《命訓》"福禄在人"的觀念，早在春秋時期已經出現。另外，

①傳世本《命訓》"也"字兩見，一是"凡此六者，政之始也"，簡本作："凡厥六者，政之所殆。"無"也"字。二是"凡此物攘之屬也"，簡本同。

“度”是儒家“中庸之道”的源頭，簡本《命訓》以“度”作爲明王治民的方法，詳加闡發，也是其早出的證據（夏含夷，2016:378）。

總之，近年來，《逸周書》的篇目屢見於出土文獻：《程寤》《皇門》《祭公》《命訓》見於清華簡，郭店簡、上博簡《緇衣》引用《祭公》等篇的語句，《大武》篇佚文見於湖南慈利楚簡，《王佩》篇佚文見於銀雀山漢簡，《周祝》篇與馬王堆帛書《黄帝四經·稱》篇内容存在一定關聯。北大漢簡《周馴》亦引用《逸周書》的部分篇名與語句。這些情形，説明《逸周書》在先秦、兩漢時期曾産生過廣泛而深遠的影響。

關於《命訓》的成書年代，有西周説、春秋説及戰國説等不同看法。先秦時期《尚書》《逸周書》一體，皆稱爲“《書》”。《左傳》襄公二十五年引《書》曰“慎始而敬終，終以不困”，則只能是引《逸周書》，而不是《左傳》《逸周書》兩者同引另外一批材料。四個春秋時代的虚詞在篇中出現，可知清華簡《命訓》成書上限是春秋初期，而不會早至殷周時期。“也”字在春秋末期普遍使用，而清華簡《命訓》只有一處“也”字。“福禄在人”“鬼神賞善罰惡”等思想觀念，早在春秋時期已經出現。種種迹象表明，《命訓》的成書時代當以春秋中期爲宜。

二、清華簡《命訓》與儒家人性論的建構

在《論語》中，談及人性的僅有兩處。《陽貨》孔子曰：“性相近也，習相遠也。”每個人的人性相近，但後天習染（生活習慣）却相差懸殊。《公冶長》子貢曰：“夫子之文章，可得而聞也；夫子之言性與天道，不可得而聞也。”孔子所傳《詩》《書》《禮》《樂》，可以得到、了解。但孔子講性與天道，子貢則從未聽説。孔子承認人性，也坦言天命，但他並未明確構建人性與天命之間的理論連接，揭示天命爲人性的本源。

孔子之後，世碩、漆雕開、公孫尼子、閔子騫等言人性有善有惡，告子主張人性無善無不善，《中庸》説“天命之謂性”，孟子主張人性善。可以説，孔孟之間關於人性論的争論，已經成爲一次空前規模的學術思潮。我們的疑問是，郭店簡《性自命出》説“性自命出，命自天降”，如果天命與人性之間的理論連接不是出自孔子，那麽它的源頭究竟何在？

春秋時期的命論，是戰國時期人性論的思想源頭。清華簡《命訓》曰（李學勤，2015:125）：

□[天]生民而成大命，命司德正以禍福，立明王以訓之，曰：“大命有

常，小命日成，日成則敬，有常則廣，廣以敬命，則度□□[至于]極。”

簡本《命訓》説“□[天]生民而成大命”，上天生民衆之時，同時已經將命賦予了每一個人。清華簡《命訓》作者將“命”，分爲“大命”和“小命”。大盂鼎（《集成》2837）銘文：“丕顯文王受天有大命。”“大命”，是指天子、諸侯等受民、受疆土之命，涵蓋國家、宗族的命運。“小命”主要是指個人的命運。而所謂“大命有常”，是指大命的必然性、客觀性。大命是個人無法改變的，終生不易，也即我們常説的“命由天定”。

所謂“小命日成”，是説憑借自己後天的努力，可以改變自己的境遇。清華簡《命訓》又云“大命世罰，小命命身”（李學勤，2015:125），違背了大命則世世代代接受處罰（包括宗族），而“小命”只關乎自己一人。清華簡《命訓》大命、小命的區分，其重要的意義在於承認個人的主觀能動性，只要努力，就能改變自身的命運。《逸周書・命訓》孫詒讓注：“日成，謂日計其善惡而降之禍福也。”（黄懷信等，2007:21）即日日積善行德，福佑自會從天而降。

郭店簡《性自命出》（荆門市博物館，1998:179）：“性自命出，命自天降。”《禮記・中庸》：“天命之謂性。”鄭玄注：“天命謂天所命生人者也，是謂性命。”人性出自天命，是戰國時期諸子的共識。郭店簡《性自命出》（荆門市博物館，1998:179）又説：“凡人雖有性，心亡奠志，待物而後作，待悦而後行，待習而後奠。”人人皆有性，如果心無定志，那麼外物、喜悦、習性皆可改變人之性。天命出自上帝，是不可改變的；人性出自人，是可以改易的，“教使然也”。如果没有清華簡《命訓》所説的“小命”，那麼可變的人性與不可變的天命之間的理論連接，則爲不可能。清華簡《命訓》作者自天命中剥離出“小命”，以之屬於個人，在不可改變的天命中生發出可以改變的理論空間，此乃儒家人性論建構不可或缺的基點與鏈環。

《逸周書・度訓》（黄懷信等，2007:8）説：“凡民生而有好有惡，小得其所好則喜，大得其所好則樂；小遭其所惡則憂，大遭其所惡則哀。”民衆自出生之日，便有好惡之欲，即是郭店簡《性自命出》（荆門市博物館，1998:179）所言“好惡，性也”。人有所得或者遭受厄運時，會産生喜、樂、憂、哀等不同情緒。《度訓》作者强調民衆有欲，因欲望滿足的程度，會産生不同的感情，此爲儒家人性論展開的理論基礎。

清華簡《命訓》（李學勤，2015:125）云：“民生而耻不明。”民衆初生，不知道羞耻，所以上天設立明王。《常訓》（黄懷信等，2007:45）説“明王自血氣耳目之習以明之醜”，明王借助人之血氣耳目等後天習染，讓人産生羞耻之心。《性自命出》（荆門市博物館，1998:179）：“聖人比其類而論會之，觀其之（先）逶（後）而逢

（逆）訓之。”民衆不能主動向善，需要聖人的教化。從施教者的設立看，儒家的聖人等同于《命訓》之明王。

“醜明乃樂義，樂義乃至上”（黄懷信等，2007:45），明王教化民衆，自其私欲始。民衆知耻則好義，好義則歸於教化。《常訓》民衆由欲到義的遷善過程，即是《性自命出》（荆門市博物館，1998:179）所言“教，所以生德于中者也”。

清華簡《命訓》曰（李學勤，2015:126）：

> 撫之以惠，和之以均，斂之以哀，娛之以樂，佾（訓）之以禮，教之以藝，正之以政，動之以事，勸之以賞，畏之以罰，臨之以中，行之以權。

明王教化的内容，像禮、樂、藝等，已經與儒家較爲接近。民生而有欲、有情，明王調整民衆喜、樂、憂、哀的情緒，進而規範、約束其行爲，使民衆遷於善。順民欲以化萬民，而不是逆民欲戕害萬民，《逸周書》“三訓”明王借助撫、訓、教、賞、罰等政教手段，引導民性之舉，奠定了儒家教化之學的基調。

綜上，戰國時期廣泛流行的人性論，是以春秋時期的命論爲思想源頭。但天命是不變的，人性是可變的，難以銜接。《命訓》作者將天命分爲大命和小命，强調人的主觀能動性能改變自己的命運，爲戰國時期人性論的構建開闢出了理論空間①。《逸周書》“三訓”主張民衆生而有欲、有情，要順民欲而不是逆民欲，明王借助政教手段使民衆向善等，這些理論闡發爲儒家人性論的出場做好了伏筆與鋪墊。

三、簡本《命訓》與早期宿命論的兩次突破

《詩經·商頌·玄鳥》曰：“天命玄鳥，降而生商。”商人立國，乃天命所致。商代末期，西伯戡伐黎國，祖伊非常恐懼，他奔告於紂王。紂王回答説：“嗚呼！我生不有命在天？”紂王自認“天命在我”，周人不會構成致命威脅，他有恃無恐。紂王便是篤信宿命論的典型。在上古社會，命運由上帝和鬼神决定，“死生有命，富貴在天”，宿命論占據着思想界的主流。大多數人在命運面前，無可奈何，只能無條件的服從和默默的接受。

武王克商，小邦周戰勝大邦殷，現實社會的巨大變遷，促使周人進行反思。《尚書·蔡仲之命》周公説“皇天無親，惟德是輔”，孔傳：“天之於人，無有親疏，惟有德者則輔佑之。”上帝對於人，没有親疏之别，只輔佐有德行之人。在周公看來，

---

①《逸周書·常訓》“不改可因，因在好惡”，亦有此種理論功用。

“天命靡常”，天命是轉移的，唯有德者居之，不會永遠眷顧殷人。周公的天命轉移論，是對宿命論的第一次迎擊與挑戰。但周公所言，僅局限於國家政權命運的轉移，與個人命運無涉。

《左傳》僖公二十三年説“天之所啓，人弗及也”，又《左傳》襄公二十三年曰“天之所廢，誰能興之”，《國語·晉語六》云“國之存亡，天命也”（徐元誥，2002:395），上天對於國祚的長短、政事的興廢，享有絶對的主導權。清華簡《命訓》是在堅持天命的神聖性，即大命不變的前提下，强調“小命”的可以改變。它對個人主觀能動性給予充分的肯定，可謂是繼周公之後，對宿命論的第二次突破與重構，具有重要的價值與意義。

積善則有福佑降臨，積惡則有禍患降臨，清華簡《命訓》作者從行爲善惡的角度，詮釋個人吉凶禍福産生的原因。這種以“大命”和“小命”的區分，引導人們汲汲追求道德境界的提升，以主觀能動性來改變個人命運的走向，標志着春秋時期命論的成熟與新進展。

清華簡《保訓》云（李學勤，2010:143）：

> 昔舜舊（久）作小人，親耕于鬲茅，恐（恭）救（求）中，自詣厥志，不諱于庶萬姓之多欲，厥有施于上下遠邇，乃易位設稽，測陰陽之物，咸順不逆。舜既得中，言不易實變名，身兹備，惟允。翼翼不解（懈），用作三降之德。

清華簡《保訓》文王向武王講述舜求中、得中，上甲微借中、歸中，其思想核心是中道。《易經》相傳爲文王所作，以“中”爲尚：陽爻居中處陽位，稱“剛中”，陰爻居中處陰位，稱爲“中正”。簡言之，中道是文王思想的核心價值理念。

《逸周書·度訓》（黄懷信等，2007:2）：“天生民而制其度，度小大以正，權輕重以極，明本末以立中。”《度訓》對“中”極爲重視，也指向文王。我們認爲，《度訓》中的“度”，處於大小、輕重的不偏不倚處，與“中正”“剛中”含義頗爲接近。《逸周書》重要的篇目很多，如《世俘》《商誓》《皇門》等，爲何以“三訓”居首？《逸周書·序》（黄懷信等，2007:1117-1118）曰：

> 昔在文王、商紂並立，困于虐政，將弘道以弼無道，作《度訓》。殷人作教，民不知極，將明道極以移其俗，作《命訓》。紂作淫亂，民散無性習常，文王惠和化服之，作《常訓》。

《逸周書》作者將《命訓》《常訓》《度訓》置於全書之首，歸爲文王所作絶非偶然，隨意爲之。我們雖然不認爲“三訓”真爲文王所作，但“三訓”宣導的中道思想，其最初源頭或許濫觴自文王，因此不能完全割裂它們與文王之間的理論關聯。文王是西周的締造者，天命因文王而降，在周人的思想世界裏，文王居於極爲重要的位置。《逸周書》“三訓”可能是春秋時期人們尊崇文王，追敘、闡發其思想的産物。

綜上所述，從文獻引文、虛詞使用規律及思想綫索看，清華簡《命訓》成書時間約在春秋中期。戰國時期的人性論的建構，是以春秋時期的命論爲前提。將天命分爲大命與小命，充分肯定人的主動性，民衆生而有欲、有情，明王順民欲以化萬民，《逸周書》“三訓”是由命論向人性論轉進的關鍵學術鏈環。《易經》、清華簡《保訓》及“三訓”都非常重視中道，且指向文王，絶非偶然。《逸周書》“三訓”雖非文王自作，但春秋時期的人們撰作“三訓”，追述、闡發文王傳授中道，其中或許有些真實的素地。而清華簡《命訓》《保訓》等篇的發現，無疑能爲文王中道研究，開闢出不同於以往的新境界。

參考文獻：

黄懷信　1992　《〈逸周書〉源流考辨》，西北大學出版社。
黄懷信等　2007　《逸周書彙校集注》（修訂本），上海古籍出版社。
荆門市博物館　1998　《郭店楚墓竹簡》，文物出版社。
李學勤（主編）　2010　《清華大學藏戰國竹簡（壹）》，中西書局。
李學勤（主編）　2015　《清華大學藏戰國竹簡（伍）》，中西書局。
梁　濤　2021　《清華簡〈命訓〉“大命”“小命”釋疑——兼論〈逸周書〉“三訓”的成書及學派歸屬》，《哲學動態》第4期。
劉國忠　2015　《清華簡〈命訓〉初探》，《深圳大學學報（人文社會科學版）》第3期。
劉起釪　1989　《尚書學史》，中華書局。
羅家湘　2006　《逸周書研究》，上海古籍出版社。
錢宗武　1994　《〈尚書〉無“也”字説》，《古漢語研究》第2期。
王連龍　2009　《〈周書〉三〈訓〉人性觀考論》，《遼東學院學報（社會科學版）》第1期。
王連龍　2010　《〈逸周書〉研究》，社會科學文獻出版社。
夏含夷　2016　《清華五〈命訓〉簡傳本異文考》，《古文字研究》第31期。
徐元誥　2002　《國語集解》，中華書局。
張海波　2019　《〈逸周書〉“三訓”成書年代考辨》，《史志學刊》第3期。
張懷通　2013　《〈逸周書〉新研》，中華書局。
周玉秀　2005　《〈逸周書〉的語言特點及其文獻價值》，中華書局。
朱右曾　1940　《逸周書集訓校釋》，商務印書館。
祝中熹　1989　《〈逸周書〉淺探》，《青海師範大學學報（社會科學版）》第2期。

Writing Age of *The Tsinghua Bamboo-Slips* Mingxun(命訓) and its Significance in the History of Thought

Liu Guangsheng

Abstract: In the late Spring and Autumn Period, the word Ye(也) was commonly used, but it was used only once in *the Tsinghua Bamboo-Slips* Mingxun(命訓) . Based on the usage rules of function words, quotations from literature and clues in the history of thought, it can be decided that the writing era of the abbreviated Mingxun(命訓) is about the middle of the Spring and Autumn Period. *The Tsinghua Bamboo-Slips* Mingxun(命訓) divides the destiny into the major destiny and the minor destiny, fully affirming the individual's subjective initiative, and paving the way for the appearance of the Confucian theory of human nature. Mingxun(命訓), Baoxun(保訓) and Zhouyi(周易) all emphasize the middle way and point to Zhou Wenwang. The simplified version of Mingxun(命訓) might be the product of scholars respecting Wen Wang and explaining his ideas during the Spring and Autumn Period.

Key words: *Tsinghua Bamboo-Slips* Mingxun(命訓); writing era; academic value

（劉光勝，曲阜師範大學孔子文化研究院　山東　273165）

由清華簡《攝命》的三例"聞知"說西周君臣的權責關係及行政倫理*

寧鎮疆

摘　要：清華簡《攝命》的三例"聞知"均當指周王對政事的"聞知"或了解。文獻及金文中雖然不乏周王告誡臣工對政事要勤于"聞知"的記載，但臣工的直接責任與周王的間接或總的責任並不矛盾。如認爲周王對政事不用"聞知"或決策止于臣工，不唯無法解釋金文中的一些具體史料，也與目前學界對西周政治體制和權力運作的基本認識違拗。"書"類文獻及銅器銘文中，其用語已經有明顯的辭令化色彩，作爲史料取用對此不可不辨。

關鍵詞：攝命；聞知；庶獄庶訟；行政責任

清華簡《攝命》提到對政事的了解，屢用"聞知"一詞，凡3見。比如，有徑用"聞知"一詞的：

1. 簡18："矧女雖子，今乃辟余，小大乃有聞知鬻（弜）詳"①

也有將"聞知"拆分爲"聞"與"知"並舉的，如：

2. 簡20："女不迺是，唯人乃亦無知、亡聞于民若否"
3. 簡26–27："余一人曷叚？不則戠知之、聞之言；余曷叚？不則高奉乃身，亦余一人永安在位"

例2中的"無知""亡聞"，不過是將"聞知"拆分，並從反面立論；例3的"知之""聞之"同樣是將"聞知"拆分，但卻是從正面言之。學者對此三例"聞知"每

* 本文是國家社科基金重大項目"出土簡帛文獻與古書形成問題研究"（19ZDA250）的階段性成果。

①本文所引簡文及青銅器銘文除個別需討論外，一律徑破讀以通行字。

各自爲説，未能統而觀之，遂致相關文句的理解甚或斷句都多有分歧，本文擬對此試作討論。

整理者解釋例1中的“聞知”時，即引毛公鼎“引唯乃智，余非用有聞”，“謂小大事當總聽于汝毛公，我非用有聞”，並且説辭例與《尚書·立政》的“文王罔攸兼於庶言、庶獄、庶慎，惟有司之牧夫，是訓用違；庶獄、庶慎，文王罔敢知于兹”，以及《洛誥》的“乃惟孺子頒，朕不暇聽”類同，並指“知”“聞”“聽”皆指權責歸屬（李學勤等，2018:117–118）。整理者也看出例2照應例1的“聞知”，但對於到底是誰“無知亡聞”倒没有細説（李學勤等，2018:118）。整理者解釋例3：“句謂我唯憑借汝知聞之言，我唯高奉乃身是憑，則余一人永安在位”（李學勤等，2018:119），明確認爲“知聞之言”的主語是“汝”即伯攝。

整理者指出《攝命》篇上述“聞知”多係就君臣的權責言，是很正確的。從學術史講，最早指出“聞知”這種含義的，是裘錫圭先生。裘先生最早曾注意到逆鐘、蔡簋、諫簋三器的銘文都有涉“聞”“智（知）”的辭例材料：

逆鐘：“用總于公室僕庸、臣妾，小子室家，毋有不聞知”（《集成》62）

蔡簋：“命汝……从嗣王家外内，毋敢有不聞，……厥有見，有即命，厥非先告蔡，毋敢侯有入告”（《集成》4340）

諫簋：“王呼内史敖册命諫曰：先王既命汝，攝司王宥，汝某否有聞，毋敢不善”（《集成》4285）

上述銘文多是周王或貴族册命臣下，而且其中多出現“毋有不聞智（知）”“毋敢有不聞”“某否又聞”這樣的話，裘先生指出此乃“周代統治者要求臣下對所管轄的事無不聞知”，這是很正確的。“臣下對所管轄的事無不聞知”，這正點出了臣下的職責範圍。後來學者又注意到後出的宰獸簋和聞尊也有類似的話（何景成，2013:230–232）：

宰獸簋：“王呼内史尹仲册命宰獸曰：‘昔先王既命汝，今余唯又申就乃命，更乃祖考事，總司康宫王家臣妾僕庸，外内毋敢無聞知’”（《銘圖》5376）

聞尊：“師多父令聞于周，曰：‘余效（學）事，汝毋不善……汝毋有一不聞’”（《銘圖》11810）

此二器銘文同樣也是册命的背景，其中君上對被册命者諄諄告誡，所謂“毋敢無聞知”“毋有一不聞”與上述金文辭例中的“聞知”或“聞”顯然意思相同，學者謂“要求臣下對所管轄的事無不聞知是西周統治者對官吏的基本要求之一”，而且把官吏的是否“聞知”上升爲“考績”的標準（何景成，2013:228–234）。另外，前幾年公布的清華簡《厚父》中有這樣的話：

> ……命皋陶下爲之卿士，兹咸有神，能格于上，知天之威哉，聞民之若否，惟天乃永保夏邑。

作爲“卿士”的“皋陶”，其職事包括“知天之威哉，聞民之若否”，“知”與“聞”對舉，應該也屬“聞知”的散文格式。

上述金文及出土文獻辭例多是在册命背景下君王要求臣下對管轄的事情要“無不聞知”，凸顯臣下的職責甚明，但對於君王之職責是什麼倒没有涉及。不過，從我們上面所引整理者對《攝命》篇三處“聞知”的解釋看，整理者是明確認爲所謂“聞知”之責係之臣工，與周王無涉。這從其所引《尚書・立政》的“文王罔攸兼於庶言、庶獄、庶慎（訟）（趙平安，2020）[①]，……庶獄、庶慎（訟），文王罔敢知於兹”就可以看得很清楚。這種看法實來自於傳統經師的説解。僞孔傳解釋上述《立政》的話時即説：“文王無所兼知于毁譽衆言，及衆刑獄，衆當所慎之事，惟慎擇有司牧夫而已。勞於求才，逸於任賢……衆獄衆慎之事，文王一無敢自知於此，委任賢能而已。”（李学勤等，1999:560）文王的“無所兼知”“無敢自知于此”與“有司”“賢能”的職責區别非常明顯。筆者認爲，《立政》所言“文王罔攸兼於庶言、庶獄、庶慎（訟）”以及前舉金文辭例中的“聞知”，確實表明周代行政中諸如獄訟之類的具體事務，的確是臣子的職責。問題是臣子“聞知”之後是否需要上報，並進而讓周王“聞知”或裁斷呢？這涉及西周王朝的决策程序或行政倫理。從整理者對《攝命》例3“聞知”的理解看，似乎傾向認爲“聞知”止于臣子一級，或者説决策也止于臣子一級。實際上，在《攝命》篇公布之前，馬楠女士即在另一篇討論毛公鼎“智”與“聞”的文章中，清晰地表達過這種意思（馬楠，2014）。此文重點討論的是毛公鼎中“今余唯肇經先王命，命女辥(乂)我邦我家内外。……乃唯是喪我國”一段，其中兩見析分對舉的“聞”與“智（知）”，即“引（矧）唯乃智（知），余非（用）又（有）聞”和“無唯正聞，引（矧）其唯王智（知）”。爲論説方便，我們將此文對兩處“聞”與“知”的討論具引如下：

> 毛公鼎（《集成》2841）有：父厝，今余唯肇經先王命，命女辥(乂)我邦我家内外。惷（佐）于小大政，甹（屏）朕位，虩許上下若否，雩四方死（尸），母（毋）童（動）余一人在位。引（矧）唯乃智（知），余非章（用）又（有）聞。
>
> 父厝，雩之庶出入事于外，尃（敷）命尃（敷）政，埶小大楚（胥）

①由最近公布的清華簡《四告》看，此“慎”明顯是“訟”字之訛，可參趙平安（2020）。

賦，<u>無唯正聞，引（矧）其唯王智（知），</u>乃唯是喪我或（國）。

裘錫圭先生指出，“聞”當讀如字，“聞”與“智”對文，“正”與“王”對文，是很正確的；但讀上句“矧唯乃知余非”爲句，“庸有聞”爲句，恐怕仍有商榷餘地。兩句中“乃知”對“余非用有聞”，“正聞”對“王知”，皆指責權歸屬而言。“正”即《書》立政（正）篇之“正”，謂官長。《立政》云：“文王罔攸兼于庶言、庶獄、庶慎，惟有司之牧夫，是訓用違；庶獄、庶慎，文王罔敢知于兹。”“罔敢知于兹”與毛公鼎“余非用有聞”義同。又《洛誥》，周公復辟成王，云“乃惟孺子頒，朕不暇聽”。頒如孫詒讓説讀如《周禮·大宰》“匪頒”之“頒”，句謂以恩惠頒賜群臣，是成王之事，我不敢有聞，亦“余非用有聞”之義。

據此，毛公鼎謂王賜命毛公，言内外小大、上下四方事，總聽于毛公，我不有聞；又云王兼于諸官長之事，庶言庶獄庶慎不委于有司而總于王，是國所以喪。

馬楠首先肯定裘先生對第二則“聞”與“知”的理解，然後對第一則“聞”與“知”提出了和裘先生不同的意見，特别是斷句方面。今按，裘先生對第二則“聞”與“知”的理解今天已經得到學界的公認，是很正確的。至於第一則“聞”與“知”，我們認爲馬楠的理解特别是斷句也是有道理的，即以“乃知”對“余非用有聞”，恰如第二則的“正聞”對“王知”[①]，而且説“皆指責權歸屬而言”，强調君臣的權責分工，語感上確實是很清晰的。不過，既言責權歸屬，特别是諸如“小大政”“庶獄庶訟”之類的具體行政事務都歸之臣下，那什麽歸之周王呢？或者説在王朝的行政決策程序中，周王到底處於什麽角色呢？是否因爲把諸如“小大政”“庶獄庶慎（訟）”之類的具體行政事務都委之臣下，周王就可以完全置身於決策程序之外，從而像一個“甩手掌櫃”？馬楠上舉文章最後總結：“言内外小大、上下四方事，總聽於毛公，我不有聞；又云王兼于諸官長之事，庶言庶獄庶慎不委於有司而總於王，是國所以喪”，强調“庶獄庶慎”之類庶務周王“不有聞”，而且説如果這些庶務“總于王”了，就會導致國家的喪亂，明顯是以決策程序止於毛公這樣的臣子，而不必上達聖聽。不過，如果依裘先生對第二則“聞”與“知”的理解，那麽周王對所謂“庶言庶獄庶訟”的“聞”與“知”，其實也是必然的。畢竟，“正聞”對“王知”，既强調了“正”的“聞”，也强調了“王”的“知”。誠如裘先生將“無唯正

①與“正”表“官長”之義相關，《詩》《書》中還屢見“先正”，指從前的官員、正長。《尚書·文侯之命》“唯先正克左右昭事厥辟”，《詩·大雅·雲漢》“群公先正，則我不聞”，《禮記·緇衣》引佚《詩》云“昔吾有先正，其言明且清，國家以寧，都邑以成，庶民以生”，即毛公鼎前文亦有“亦唯先正襄辪厥辟”，同樣言“先正”。

聞，引（矧）其唯王智，迺唯是喪我國”這幾句翻譯爲：“連正長都不知道，王還能知道嗎？”王的“知道”，自然也是行政程序之重要一環。换句話説，毛公鼎“迺唯是喪我國”這樣的嚴重局面，準確地説，是由於“庶言庶獄庶訟”這些具體情况臣子不去“聞知”、處理，進而導致周王對天下治理情况暗昧無知，是行政信息不暢達引起的連鎖反應，倒並非是指一旦周王事必躬親地連“庶言庶獄庶訟”也“聞知”，就會導致國家的喪亂。

實際上，我們由毛公鼎辭例得出的周王對於“聞”“知”同樣負有責任的看法，也能够得到《攝命》篇3處文例的證明。下面擬逐一加以討論。

例1　簡18：“矧女雖子，今乃辟余，小大乃有聞知鬻詳”

此句“辟”當“君”解，在《尚書》中頗爲多見，如“基作民明辟”“亂爲四方新辟”（《洛誥》），“今至于爾辟”“乃惟爾辟以爾多方大淫”（《多方》），“亦惟先正克左右昭事厥辟”（《文侯之命》）。因此，“乃辟余”係同義複指結構，大盂鼎（《集成》2837）還有“余”置於“乃辟”前的結構：“余乃辟一人”，乃周王自稱（金文中習見“辟王”之稱），類乎《多方》的“爾辟”（丁宇，2021:101–102）[①]。其中的“小大”乃成詞，常用來指大大小小的各種政事，如“小大政”（毛公鼎），“訊小大又（有）咎（訟）”（趞簋，《集成》4266）、“自今余敢嬖（擾）乃小大事”（儹匜，《集成》10285）。“鬻”字整理者讀爲“弼”，但晚近學者多認爲應當讀作否定義的“弜”，可信。因此，“今乃辟余，小大乃有聞知弜詳”，當翻譯爲：現在，你的君主我對於國家大小政事的聞知還不够詳細。很顯然，作爲“乃辟”的周王對於國之“小大”政事是負有“聞知”責任的，並非完全置身事外。

例2　簡20：“汝不迺是，唯人亦無知、亡聞于民若否”

此句前面的“乃作穆穆，唯恭威儀，用辟余一人在位，乃克用之彝”，是周王從正面告誡伯攝要慎恭威儀，輔佐周王。然則，這裏劈頭講“汝不迺是”，顯然是説如果伯攝不這樣的話，就會導致“唯人亦無知、亡聞于民若否”[②]（丁宇，2021:105–106），“無知、亡聞于民若否”即指對百姓萬民的疾苦不“聞知”，關鍵是這個不

①不少學者將“今乃辟余”之“辟”理解爲動詞，指輔弼[參丁宇（2021:101–102）]，我們認爲不可從。《攝命》此處從“矧汝唯（雖）子”到“汝其有斁有湛，乃罙余言……”是一個相對完整的意義單元。金文及“書”類文獻中，“矧汝唯（雖）子”或“汝唯（雖）小子”之類表述經常居轉折關係的上半句，這裏的意思是：雖然你尚是“小子”（指涉世未深），但問題是現在我作爲王對邦家大小政事還缺乏了解（暗示需要伯攝盡心履職），因此下文的“汝其有斁有湛，乃罙余言……”，就是對伯攝履職的迫切要求，尤其是句首的“汝其……”祈使意味顯豁。

②學者於此斷句及對相關語詞的理解頗有分歧[參上揭丁宇（2021:105–106）]，遂認爲“無知、亡聞”的主語是“汝”，其實都是對此處前後正反對言的語義邏輯考慮未周。

“聞知”萬民疾苦的“唯人”是誰呢？從這兩句話看，“汝”指伯攝，“唯人”之“人”顯然是另有其人。如果按照前述馬楠女士的意見，對民之“若否”負有“聞知”責任的是伯攝，那此句説明負有這種責任的顯然還有其他人，然則此處“唯人”所指是何人呢？此處整理者没有詳細解釋。我們認爲這裏“唯人”之“人”其實就是“周王”。實際上，出土及傳世文獻中，用“人”這樣的他稱指稱周王，是不乏其例的。如清華簡《芮良夫毖》“彼人不敬，不監于夏商”，《小雅・菀柳》“彼人之心，于何其臻”，其中的“彼人”都指周王（胡寧，2018:127）。有人可能會説《芮良夫毖》《小雅・菀柳》都是作詩者指稱周王爲“彼人”，而《攝命》説話的主體是周王，其稱自己爲“唯人”，近乎他稱，從語法上來説有點奇怪。其實揆諸文獻，這種情況也並非孤例。清華簡《金滕》成王之自稱兩見“唯余沈人”，《周公之琴舞》王之自稱亦有“其余沈人”這樣的表述，所謂“余沈人”之稱謂，“余”乃自稱，而“沈人”則隱有他稱之意味。《尚書・秦誓》云：“邦之杌隉，曰由一人，邦之榮懷，亦尚一人之慶。”雖然該篇主要是秦穆公的口吻，但這裏的兩處“一人”未必就是秦穆公稱呼自己。從上下文來看，此處秦穆公主要是講一邦的君主是邦之禍福安危之所係，這裏的“一人”在秦穆公的口中實際上也變成了“他稱”：此處的“一人”實際上可以泛指各國的君主。當然，秦穆公的話暗示他同樣也是這種特指義的“一人”。“唯人”既指周王，這裏顯然是説如果伯攝不能克盡輔佐之責，就會導致周王對萬民之疾苦暗然無知。當然，我們説此處表明周王對“聞知”同樣負有責任，但這樣的責任與事必躬親的“聞知”還是不一樣的，周王的“聞知”其實只是對天下治理情況有一個匯總的掌握，與伯攝等臣工的“聞知”還是明顯有别。其實，天下之大，事無巨細，即便伯攝或毛公鼎中毛公這樣的朝廷重臣也不可能事必躬親地去“聞知”所有的“庶言庶獄庶訟”[①]，但從行政程序上講，他們與“庶言庶獄庶訟”的距離明顯比周王更近，因此周王雖然也有“聞知”的責任，但相對伯攝、毛公等臣工明顯更爲間接，只是匯總性的。這種“聞知”責任的漸趨間接，其實也從一個側面反映了西周行政程序的科層化。

例3　簡26-27：“余一人曷叚？不則戠知之、聞之言；余曷叚？不則高奉乃身，亦余一人永安在位。”

如前所述，整理者將“余一人曷叚，不則戠知之聞之言”翻譯爲“我憑借汝知聞之言”，把“知之聞之言”的主語理解爲“汝（伯攝）”，是明顯不合理的。馬楠曾指出《攝命》此處的“余一人曷叚？不則知之聞之言；余曷叚？不則高奉乃身”句法

①毛公鼎銘文説：“厥非先告父厝，父厝舍命，毋有敢……”，前舉蔡簋銘文也説：“厥非先告蔡，毋敢……”，無論是毛公還是蔡，從行政程序上講，他們只是“王”與“庶言、庶獄、庶訟”之間的轉承環節。

與《尚書·吕刑》的“今爾何監？非時伯夷播刑之迪？其今爾何懲？惟時苗民匪察于獄之麗”，“言當監于伯夷，懲于有苗”（馬楠，2018），這個語感非常敏鋭，也是很正確的（不過“非時”表反問，而“惟時”乃肯定判斷，二者還是微有不同）（郜士華、黄傑，2019）①。揆諸《吕刑》的“今爾何監……今爾何懲……”兩句，翻譯出來的“言當監于伯夷，懲于有苗”前後兩句的主語都應該是“爾”。循此以觀，《攝命》前後這兩句的主語也只可能是自稱“余一人”或“余”的周王，而不可能是“汝（伯攝）”。既如此，其中的“戠”又如何理解呢？整理者將“戠”字括注爲“職”但無説。晚近關注此篇的學者多不同意整理者讀“戠”爲“職”，而是將此“戠”讀爲“識”，即記識、智識之“識”（劉信芳，2019）②。筆者以爲整理者讀“戠”爲“職”是很正確的，但其對 “余一人曷叚？不則戠知之聞之言”句子的理解則可商。其實，要準確理解該句的“戠”，關鍵是要對該段中王之自稱“余一人”和“余”有一個適當區分。該段周王之自稱，“余一人”和“余”同時出現，有學者甚至懷疑這種行文的合理性③。其實，筆者曾經對卜辭、金文及文獻中的“余（予）一人”辭例有過詳細的考察，結論是“余（予）一人”跟單純稱“余”是不一樣的，“余（予）一人”稱謂有明顯的角色意識，即他是治理天下的那個人，或者説他是對天下治理“首負其責”的人（寧鎮疆，2018）。簡而言之，“余（予）一人”被賦予了明顯的職位或角色意義，雖然作爲“王”之自稱常見使用，但它與單純的“余”並不完全一樣。周人對他們的區别和使用是非常嚴格的。這裏我們可以再舉一個周王之自稱“三分”的例子。周厲王之胡簋銘文有云：“用黔保我家、朕位、㝬（胡）身”（《集成》4317），這裏清晰地把自稱的“我家”“朕位”“㝬（胡）身”細化成三而加以區分。尤其是“朕位”與“㝬（胡）身”對舉，其實大致對應《攝命》此例中的“余一人”和“余”。特别是“朕位”之“位”，再次證明“余一人”之稱是暗含了職位或角色意識的。既然“余一人”是藴含了職位與角色意識的自稱，其文説“余一人曷叚？不則戠知之聞之言”，其中的“戠”讀爲“職”就非常允當。“不則”或作“丕則”，乃“書”類文獻中表判斷的常見詞彙，“不則”即“則也”（劉信芳，

①關於此段，學者間的斷句意見分歧較大，可參郜士華、黄傑(2019:23)。“余一人曷叚”前尚有“民有曰之”一句，這直接影響了很多學者於此的斷句和理解，學者多將其與後面的“余一人曷叚……”牽連作解。其實，“民有曰之”類乎《尚書》中屢見的“知曰”（《召誥》與《君奭》）或《禮記》中的“子言之”（《表記》等《子思子》篇目其例尤夥），“知曰”或“子言之”後均爲獨立的意義單元，故“余一人曷叚……”以下獨立理解是没有問題的。當然，學者於此斷句頗多分歧，恐怕也緣於對馬楠援《吕刑》參校此句的意見没有充分重視，我們認爲其對二者語感的把握是很準確的。

②暮四郎：《清華簡八〈攝命〉初讀》跟帖，簡帛網，2018年12月4日，http://www. bsm. org. cn/bbs/read. php?tid=4352&page=9。子居：《清華簡八〈攝命〉中段解析》，先秦史網站，2019年1月8日，http://www. 360doc. cn/article/34614342_807583710. html。

③王寧懷疑後一“余”漏掉“一人”，參見王寧：《清華簡〈攝命〉讀札》，復旦大學出土文獻與古文字研究中心網站，2018年11月27日，http://www. gwz. fudan. edu. cn/Web/Show/4343。

2019）[①]。簡文問“余一人”即“王”作爲天下之君能做些什麼（曾運乾，2011）（“余一人曷叚”）[②]？然後自答其“職責”就是對王家政事的“聞”與“知”（“不則戠知之、聞之言”），即對政事的“知之聞之”同樣是周王之“戠（職）”即責任，而並非如整理者所説的“憑借汝知聞之言”。學者對“戠”不以“職”字讀，一來是因爲對西周早期材料中的“職”字不太確認[③]，二來恐怕更主要是由於對周王與臣工之間的“聞知”究竟是何關係認識上尚嫌模糊。另外，該篇下文的“所弗克戠用朕命朕教……”的“戠”也應該讀爲“職”，有“朕命朕教”參照，這裏顯然是進一步講臣下即伯攝的責任，告誡他如果不能依“朕命朕教”來履職就會如何如何。就此而言，此例“戠（職）用”近乎後世的“履職”或“用命”。從“余一人”这个職位的“戠（職）知之、聞之言”到“余”的“高奉乃身”即强調伯攝的重要性，清晰地表達了西周行政信息傳遞及決策程序的層級性。

説到作爲“余一人”的周王同樣要對獄訟治理之類事務承擔責任，西周金文中還多有例證，這裏僅舉兩條：

宋人著録之𡌪盨銘文云：

> “……有進退，雩邦人、正人、師氏人，有罪有故，廼協倗即汝，乃繇宕，俾復虐逐厥君、厥師，廼作余一人怨。王曰：𡌪，敬明乃心，用辟我一人……勿使暴虐縱獄……”（《集成》4469）

> 四十三年逑鼎：“命汝官司歷人，毋敢荒寧，虔夙夕叀擁我邦小大猷。雩乃敷政事，毋敢不規不型，雩乃訊庶有咎（訟），毋敢不中不型，毋龏櫜，龏櫜唯有宥縱，迺侮鰥寡，用作余我一人怨，不肖唯死”（《銘圖》02503）

𡌪盨銘文周王告誡𡌪對於“邦人、正人、師氏人有罪有故（辜）”的情况要及時處理，以免造成“虐逐厥君厥師”的情况，這樣的話就會“廼作余一人怨”。這清晰表明，對於基層“有罪有故（辜）”之類“庶訟”處理不好（下文“勿使暴虐縱獄”其義尤明），最終民怨會歸之於“余一人”，即周王雖然不處於行政一綫，但最後明顯還是要負總的責任。四十三年逑鼎更爲直接，而且文例多有與前述毛公鼎相近處。其中提到周王册命逑“官司曆人”，其職掌包括“虔夙夕叀擁我邦小大猷”，此與毛

---

①上舉劉信芳文已指出“不則，則也”。

②金文中的“叚”字沈培先生曾經有詳細討論，認爲其功能近乎情態動詞的“能”，《攝命》此處的“何叚”之“叚”理解爲“能”亦通。參見沈培：《再談西周金文“叚”表情態的用法》，復旦大學出土文獻與古文字中心網站，2010年6月6日，http://www.gwz.fudan.edu.cn/Web/Show/1186。又，曾運乾先生曾將《洛誥》的“朕不暇聽”之“暇”讀爲“假”。參見曾運乾（2011:217），理解爲攝理之“攝”。這個意見對於《攝命》此處的“叚”的理解也很有啓發性。

③筆者有文《〈大雅·烝民〉“袞職有闕”申證》，待刊。

公鼎“虔夙夕叀我一人，雍我邦小大猷”接近；更有“雩乃訊庶有咎（訟），毋敢不中不型，毋龏櫜，龏櫜唯有宥縱”，“庶有訟”明顯即“庶獄庶訟”，這本是逑的直接職掌，但如果處理不好（即“不中不刑”），就會導致“宥縱”（此與塱盨“迺侮鰥寡”“暴虐縱獄”義同），最終又是像塱盨銘文一樣“用作余一人怨”，即民怨仍然歸之于周王。類似的辭例，其實清華簡《攝命》同樣有見，周王告誡伯攝：“甚欲汝寵乃服，弗爲我一人羞”，要求伯攝嚴肅對待自己的職事（“寵乃服”），否則履職不利，也會造成“我一人羞”，這與上舉二器的“余一人怨”“余我一人怨”意思也是一樣的。這些例子充分説明，儘管不處於行政第一綫，但周王最後對於“庶獄庶慎（訟）”之類事務仍然要負總的責任。其實，即便是“庶獄庶慎（訟）”之類行政第一綫的事務，周王有時也是能直接干預的。厲王時期著名的㒼比鼎銘文就載㒼比與攸衛牧之間關於田邑的争訟，官司就打到了周王那裏：“㒼比以攸衛牧告于王”（《集成》2818）。我們不要以爲周王越權並據此對厲世政治做一些索隱式、不恰當的聯想，因爲新出更早的𩁹卣同樣記周王對𩁹與别人之間關於“僕”歸屬的裁斷：“王俾㚇叔、再父、攺（撫）父復付𩁹，曰：‘非令’……付𩁹于成周”，這可以説都是周王對“庶訟”的直接干預[1]，亦可見周王對這些行政一綫事務也是負有責任的。李學勤先生就曾指出𩁹卣所記的“這場糾紛”，“説起來算不得什麽大事，最後竟要由天子出面判决……”（李學勤，2014；李學勤，2017）李先生據此還聯繫到士山盤的“于入𦉢侯”，認爲周王對地方諸侯同樣有直接干預的能力，也是很正確的。像《大雅・常武》説“王猶允塞，徐方既來”，也是認爲在“王猶”即王之謀略與“徐方既來”之間存在直接的因果關聯，猶後世説王能“運籌帷幄之中”，隨之就會“决勝千里之外”（“徐方既來”），同樣顯示了周王對平定四夷諸侯之類“一綫”事務的管控責任和能力。如果説周王對這些基層一綫事務不用“聞知”，上述這些記載都是無法解釋的。

關於周王最終也要對“庶言庶獄庶慎（訟）”之類的國家治理情況負責任，我們從《尚書・立政》篇的一些表述也能看得出來。該篇既有爲前述馬楠所引的“文王罔攸兼于庶言、庶獄、庶慎，惟有司之牧夫……庶獄、庶慎，文王罔敢知于兹”，也就是强調處於行政第一綫的“有司之牧夫”對“庶言庶獄庶慎（訟）”所負的直接責任。但該篇同時也有如下説法：

1. 繼自今我其立政：立事、准人、牧夫……相我受民，和我庶獄庶慎。

2. 繼自今文子文孫，其勿誤於庶獄庶慎，惟正是乂之。

3. 今文子文孫，孺子王矣！其勿誤於庶獄，惟有司之牧夫。其克詰爾戎兵以陟禹之迹，方行天下，至於海表，罔有不服。

---

①《詩經》中歌頌的“虞芮質厥成，文王蹶厥生”，也算周王親理獄訟的一個證據。

傳統經師及晚近學者對於上述三句的理解基本與前述“文王罔敢知于兹”同，如蔡傳解例2之“誤”爲“失也”，而且說如果文王“有所兼、有所知，不付之有司，而以己誤之也……不以己意誤庶獄庶慎，惟當職之人是治之”（顧頡剛、劉起釪，2005:1692），蔡傳解例3時又云：“必專有司牧夫之任，而不可以己誤之也”（顧頡剛、劉起釪，2005:1695），明確認爲如果“庶獄”之類事務不委之有司，而王親理之就會“誤”（猶毛公鼎的“迺惟是喪我國”）。晚近《尚書》學家如楊筠如針對例2亦云“言惟治其正長，不必自理庶獄，以小誤大也”（楊筠如，2005:405），曾運乾針對例3云“文言庶獄則有司存，可勿過問。爾當務其大者遠者。張皇六師，横行四海，以顯揚文、武之光烈，此孺子王之事也”（曾運乾，2011:269）。周秉鈞的看法基本與曾運乾同，如謂：“言庶獄則有司治之。爾當務其遠大，其能治理大師，步大禹之迹，善行天下……此則孺子王之事也。”（周秉鈞，2010:256）由上可以看出，歷來學者不但認爲“庶獄庶慎（訟）”是臣工、有司之職責，而且認爲如果周王插手“庶獄庶慎（訟）” 之事，就會致“誤”。不僅如此，上述曾運乾、周秉鈞先生還依據這種理解把例3的文例進行了二分：以“庶獄”之事歸之“有司”，而後面的“其克詰爾戎兵，以陟禹之跡，方行天下……”則歸之周王，似乎意在告誡王要“抓大放小”（楊筠如“以小誤大”亦是此義）。這些說法其實都是值得商榷的。

例1明確說周代所立官正如“立事、准人、牧夫”這些人的目的是“相我受民，和我庶獄庶慎（訟）”，即輔佐周王統治人民並治理“庶獄庶慎（訟）”，尤其是“庶獄庶慎（訟）”前專門標一“我”字，已足可說明這些事周王是負有責任的。最近公布的清華簡《四誥》多有文句與《尚書·立政》相關，其中亦云：“惟作立政立事，百尹庶師，俾助相我邦國，和我庶獄庶咨（訟）。”（黄德寬等，2020:111）“我邦國”與“我庶獄庶咨（訟）”並舉，都標示“我”：前者説明“邦國”的所有權，後者則無疑説明“庶獄庶咨（訟）”之類事務是周王的責任。上舉《立政》例2、例3文例相似，而且最有意思：周公一來反復告誡“文子文孫”要“勿誤於庶獄（庶慎）”，表明後世歷代周王對這些事務都負有責任；但另一方面又說“惟正是乂之”或“惟有司之牧夫”，即這些具體庶務都是由下面的官正[①]、有司直接處理的。這種表述可以説把官正的直接責任與周王的間接或者説總的責任都涵蓋無遺。就此而言，它與上舉《攝命》的“余一人曷叚？不則戠（職）知之、聞之言；余曷叚？不則高奉乃身”其實有異曲同工之處。另外，既然《立政》和清華簡《四誥》都屢言“我”“庶獄庶慎（訟）”，那麼前述學者判斷“庶獄庶慎（訟）”止於臣工一級的《立政》篇“文王罔攸兼於庶言、庶獄、庶慎（訟）”和“庶獄庶慎（訟），文王罔敢知於兹”又該作何理解呢？我們認爲，“文王罔攸兼於庶言、庶獄、庶慎（訟）”

①“惟正是乂之”之“正”與毛公鼎“無唯正聞”之“正”同義，爲官長之義。

之“罔攸兼”只是表明周王與臣屬之間的職責分工（李學勤等，2018:143）[①]。不過，這種各司其職也是相對的，我們尤其不能把它理解爲決策止於臣工一級或周王没有必要“聞知”，這與我們貫常所理解的西周的行政體制也是違拗的。同樣，《立政》下文的“庶獄庶慎（訟），文王罔敢知於兹”之“罔敢”也不宜理解得過“實”：以爲就是“不敢”，或周王“聞知”庶務就是行政禁忌。學者對西周金文的“敢”曾有詳細的討論，基本的意見是其多用爲表謙敬之義（巫雪如，2012）[②]。我們認爲此處“罔敢”亦如此，它同樣有謙敬甚至“辭令”的意味，語義近乎毛公鼎的“余非用有聞”，可以翻譯爲：“衆多的大小獄訟，周文王也不用親自去過問。”或如《洛誥》“乃惟孺子頒，朕不暇聽”之“朕不暇聽”，這裏的“朕”乃周公，學者解爲周公意欲歸政成王（曾運乾，2011:217）。“不暇”同樣有“辭令”的意味，而且説自己“不暇聽”而讓成王去“聽”，這裏的“聽”不就等于“聞知”嗎？總之，我們認爲周王對基層庶務“聞知”的責任則是不容否認的。

明確西周王朝決策程序中，臣工的直接責任與周王的間接或總的責任並存的事實，我們覺得邏輯上也與目前我們對西周王朝行政體制的認知基本耦合。西周金文中大量的周王册命臣下的材料，一方面表明臣下受命職司某官或處理相關政務，他必須獨擋一面，但同時他們最後仍然是要向周王負責的。畢竟，他們的職務和權力從法理上講都是來自周王的授予。這同樣能很好地解釋西周金文中大量的“蔑曆”文例，作爲一種嘉勉或勉勵制度，正是由於臣工履職之善（與前舉金文中“作余一人怨相對”），才會有“蔑曆”之事實。因此，“蔑曆”這樣一種制度同樣把臣工的直接責任和王的間接或總的責任很好地體現出來了。换言之，如果我們認爲周王不用去“聞知”或對“庶獄庶訟”之類事務不用負責任，那目前我們對西周政治體制或其權力運作的基本認識可能就要完全顛覆了。另外，我們還想指出的是，由臣工之“直接責任”和王之“負總責”同時强調看，西周分封制與後來郡縣制從本質上講都是垂直統攝的權力結構，他們只有政治技術的密疏以及集權效果的强弱之異，本質上其實並無大的不同。

①中國古人這種各等級各守其職的觀念是很早就形成的，清華簡《治邦之道》專門提到“君守器，卿大夫守政，士守教……戎（農）守稼穡，此之曰攸”，整理者（清華大學出土文獻研究與保護中心編、李學勤主編，2018:143）讀“攸”爲“修”，訓爲“善”，參考《立政》的“罔攸兼”我們懷疑此“攸”似不必改讀。《立政》“罔攸兼”之“攸”一般理解爲“所”，是很虛的詞，但由《治邦之道》的“此之曰攸”看，似乎有必要重新考慮。

②參巫雪如（2012:231-242），此文綜合前人意見認爲表謙敬只限於下對上，由《立政》的“罔敢知”看，似未必。

参考文獻：

丁　宇　2021　《清華簡<攝命>綜合研究》，上海大學碩士學位論文。

郜士華　黄　傑　2019　《清華簡〈攝命〉26-28號簡的斷句與釋讀》，《簡帛》（第18輯），上海古籍出版社。

顧頡剛　劉起釪　2005　《尚書校釋譯論》，中華書局。

何景成　2013　《西周王朝政府的行政組織與運行機制》，光明日報出版社。

胡　寧　2018　《楚簡逸詩——〈上博簡〉〈清華簡〉詩篇輯注》，上海古籍出版社。

李學勤（主編）　1999　《尚書正義》，北京大學出版社。

李學勤　2014　《絳縣横水二號墓卣銘釋讀》，《晋陽學刊》。

李學勤　2017　《清華簡及古代文明》，江西教育出版社。

劉信芳　2019　《清華藏竹書〈攝命〉釋讀》，《清華簡〈攝命〉研究高端論壇論文集》，上海大學。

馬　楠　2014　《〈尚書〉、金文互證三則》，《中國國家博物館館刊》第11期。

馬　楠　2018　《清華簡〈攝命〉初讀》，《文物》第9期。

寧鎮疆　2018　《也論“余一人”問題》，《歷史研究》第2期。

清華大學出土文獻研究與保護中心編　李學勤（主編）　2018　《清華大學藏戰國竹簡（捌）》，中西書局。

清華大學出土文獻研究與保護中心編　黄德寬（主編）　2020　《清華大學藏戰國竹簡（拾）》，中西書局。

巫雪如　2012　《先秦情態動詞研究》，台灣大學博士學位論文。

楊筠如　2005　《尚書覈詁》，陝西人民出版社。

趙平安　2020　《出土文獻視域下的“庶昚”》，《中國文字》（2020夏季號），萬卷樓圖書股份有限公司。

周秉鈞　2010　《尚書易解》，華東師範大學出版社。

曾運乾　2011　《尚書正讀》，華東師範大學出版社。

On the Power Relations and Administrative Ethics between the Monarch and the Officials of Zhou Dynasty: A Perspective from The Words Wenzhi(闻知) in *The Tsinghua Bamboo Slips* Sheming (摄命)

Ning Zhenjiang

Abstract: The words Wenzhi(闻知) in the *Tsinghua Bamboo Slips* Sheming(摄命)should refer to the king's “Hearing and Knowing” of the political affairs of Zhou Dynasty. The direct responsibilities of the officials were not contradictory with the indirect or overall responsibilities of the King. The viewpoint that the King of Zhou Dynasty did not have to “hear and know” the political affairs while the officials had the discretionary power to make decisions fails to explain some contents of the inscriptions on bronze. Meanwhile, it runs counter to the basic academic understanding of the political system and power operation of the West Zhou Dynasty. The language in the Shu(书) documents and inscriptions on bronze has rhetorical color and this rhetorical color cannot be ignored when they were used as primary sources.

Key words: Sheming(摄命); Wenzhi(闻知); Shuyushusong(庶狱庶讼); dministrative responsibility

（寧鎮疆，上海大學古代文明研究中心　上海　200444）

據金文重釋《小雅·巷伯》

——兼談早期的流放刑與西周四至*

董　珊

摘　要：本文據甲骨文、金文所見的“虎方”“豺方”，重新討論了《巷伯》篇的相關詩句，指出“投畀”是流放行爲；“豺”“虎”與高本漢所揭示的“有北”“有昊”都是流放地點，可以用來討論西周晚期的邊界情況；“不食”“不受”則反映了流放刑中的地域間的政治關係。這爲早期中國流放刑罰的情況增加了一條新資料。

關鍵詞：豺虎；巷伯；流放；西周四至；中心與邊境

一

㪤甗（《銘圖》03363）出土於晉侯墓地M114。因爲M114遭到嚴重盜掘，殘留的這件甗破碎而銘文殘損，因此在2007年公布材料時，我根據原器所做的銘文摹本（圖1），以及根據這個摹本所做的釋文，都有些遺憾（孫慶偉，2007；李學勤，2007）。至2019年12月，曹錦炎（2019）披露了流散海外的㪤卣，㪤卣與㪤甗銘文相同，且器蓋對銘（圖2、圖3）。之後，吴鎮烽又對卣銘釋文有所訂正，並著録爲《銘圖三編》1066（改稱“㪤壺”）①。

以下可寫出兩件㪤器的釋文（用寬式釋文）：

＊ 本文爲2019年國家社會科學基金重大項目“北京大學藏甲骨整理、保護與研究”（19ZDA312）階段性成果之一。

①吴鎮烽：《㪤壺銘文補釋》，復旦大學出土文獻與古文字研究中心網站，2019年12月11日，http://www.gwz.fudan.edu.cn/Web/Show/4501。

唯十又一月王命南宫伐犾（豸）方之年，唯正月既死霸庚申，王在宗周，王朝命𢾊使于繁，賜貝五朋，𢾊敢揚對王休，用作寶尊彝，子子孫孫其永寶用。

銘文大事紀年“唯十又一月王命南宫伐犾（豸）方之年”，所用大事在十一月，而銘文所紀王命之事在正月。我們知道，銘文中用以紀年的大事，最可能發生在政治曆法的歲首，這提示我們，𢾊器銘文所見月序應都是采用夏正月序。衆所周知，周正以建子之月爲正月，即以夏正的十一月爲歲首。銘文所見若爲夏正，則夏正正月（周正三月）排在夏正十一月（周正正月）之後，反映的就是周正建子。在出土文獻中，這是罕見的珍貴曆法資料，有待今後深入討論，這裏暫不贅述[①]。

相關的討論都已指出，“王命南宫伐犾（豸）方之年”與安州六器中的兩件方鼎（《銘圖》02383、02384）銘文相關：

唯王令南宫伐反虎方之年，王令中先省南國貫行，設王应在夒㙷真山，中呼歸（饋）生鳳于王，埶（設）于寶彝。

南宫伐豸方與伐虎方，皆屬周昭王南征戰事的一部分[②]。“虎方”早見於殷墟一期甲骨卜辭“令望乘眔舉途（讀爲禦？）虎方”（《合集》6667）[③]。

二

新見𢾊卣的“犾（豸）方”聯繫舊已知名的“虎方”，很容易令人想起《詩·小

①乖伯簋（05385）：“唯九年九月甲寅，王命益公征眉敖，益公至告，二月，眉敖至見，獻帛，己未，王命仲致饋乖伯狐裘。”夏正九月（周正十一月）命征眉敖，如果把“二月”理解爲“過了兩個月”，則命征眉敖的目的，可能是爲了讓眉敖來參加夏正十一月（周正正月）的歲首朝聘。否則至見時間就晚至夏正二月（周正四月），與征眉敖時間相隔半年之久，不甚合理。此點有待再考。

②中方鼎銘摹本之“虎”字，頭部與足爪部寫法皆特殊，頭部寫法與《甲骨文合集》6667所見虎字寫法相類，參見單育辰（2020:7-12）。《合集》6667“虎”字有釋爲“象”者（香港中文大學漢達文庫），看其原字形，虎尾上卷，釋“象”非是。又虎足爪分五指的複雜寫法，又見其他金文字形，例如師酉簋“虎臣”之“虎”字（師酉簋有四件，其中05347、05348、05349三件的“虎”字爪皆五指。05346.2兩足一作三指，一作五指。05346.1兩足作三指）。因此，該字釋爲“虎”可以無疑。

③此前對殷周虎方資料的集釋考證，參見王長豐（2008）。又可參見郭静云（2016:378-384）第七章“老虎帝國”第三節“地名和族名中的老虎形象”之第三小節“從老虎形象的方國和族團：地望考”之“1.虎方之地望考”。

雅·巷伯》之六章的“投畀豺虎”句[①]：

彼譖人者，誰適與謀？
取彼譖人，投畀豺虎。
豺虎不食，投畀有北。
有北不受，投畀有昊。

《巷伯》是幽王時的寺人孟子因厭惡讒人巷伯而作的詩[②]。鄭玄箋釋“彼譖人者，誰適與謀”說：“適，往。誰往就汝謀乎？怪其言多且巧。”這是反問，意思是說無人願與讒人謀事。接着講如何處置那些令人厭惡的譖人。傳統注家解釋“取彼譖人”之下的六小句，没什麽特殊的進展，下面以《毛詩正義》作爲代表：

豺虎若不肯食，當擲予有北太陰之鄉，使凍殺之。若有北不肯受，則當擲予昊天，自制其罪。以物皆天之所生，天無推避之理，故止於昊天也。豺虎之食人，寒鄉之凍物，非有所擇。言不食、不受者，惡之甚也。故《禮記·緇衣》曰“惡惡如《巷伯》”，言欲其死亡之甚。

至近代，瑞典漢學家高本漢（2012:606–607）《詩經注釋》提出A、B兩種新的説法，都值得抄下來看：

六二一 豺虎不食，投畀有北；有北不受，投畀有昊

A毛傳只説“北”是“北方”，“昊”是“昊天”，這是一般承認的説法。王引之更説“有”是填空的語助詞，可以略而不顧。所以：“如果豺和虎不吃他們（誹謗者），我就要把他們投給北方，如果北方不受他們，我就要把他們投給昊（天）。”

B另一説：一般領域的名稱，一般都帶個“有”字，而主要的是關係於早期傳説中的君主和領土，並且來由又是奇妙的繞圈子。例如舜在虞有領域，就得到“有虞氏”的稱號，從“有虞氏”又把“有虞”兩個字分出來指他的領土，如《左傳》哀公元年：逃奔有虞。早期傳説中的領域有這樣名稱的很多，如“有郃”，“有娀〈娀〉”，“有扈”……。在這裏，“有北”和“有昊”分明也有傳説的，甚或神話的意味。不過它們既和“豺虎”相

---

①本文最初起草於2020年2月27日，之前曾與管文韜同學討論。其後看到朱鳳瀚（2020）論及此器，説：“豺方此前未見於殷墟卜辭與西周金文，豺未知是否該族群自稱，《詩經·小雅·巷伯》‘取彼譖人，投畀豺虎’，豺虎並稱，均被視爲殘惡之獸。”未有更進一步的論述。

②譖人，毛詩、魯詩作“譖”，齊詩、韓詩作“讒”，參見王先謙（1987:719）。又郭店簡《緇衣》“好美如好緇衣，惡惡如惡巷伯”，裘錫圭先生按語指出“讒人即地位較寺人爲高之奄官巷伯”，參見晁福林（2013:449）。

當，而豺虎是活的生物，作爲投棄壞人對象的；所以“有北”一定就是指“有北氏”，而“有昊”也一定是指“有昊氏”，他們是神話中的暴君，比野獸還要可怕。如此，這幾句是：“如果豺和虎不吃他們，我就要把他們投給有北氏，如果有北氏不受他們，我就要把他們投給有昊氏。”Waley（引按：英國翻譯家阿瑟·韦利(Arthur Waley)，1937年曾翻譯全本《詩經》）似乎有相同的見解，因爲他的譯述是：“給在北方的帝君（北極星君？）……給在上的帝君”。不過“昊”只是“大，廣”而不是“上”，而且“在上”也不能表達“有”字的意味。

高本漢的解釋，注意到“有北”“有昊”之“有”字的特殊性，認爲“有北”“有昊”是領土之名或君主之名。根據對這類“有”字用法的許多研究（郭建花，2008；姚振武，2015；喻遂生，2002；姚萱，2016；袁金平，2010）[①]，我們很容易承認高本漢B説較爲合理。現在甲骨金文出現了“犲（豺）方”與“虎方”，而《巷伯》詩中“豺虎”與“有北”“有昊”都位於“投畀”之後，語法地位相同，所以更可以想到，《巷伯》中的“豺”與“虎”，也應該分别解釋爲西周方國名[②]。

三

《巷伯》對譖人的“投畀”行爲，目的是流放譖人至邊疆，而不像《詩經正義》引《緇衣》之後所説的“欲其死亡之甚”。這可以先參考《禮記·大學》對《書·秦誓》的解釋：

《秦誓》曰：“若有一介臣，斷斷兮無他技，其心休休焉，其如有容焉。人之有技，若己有之；人之彦聖，其心好之，不啻若自其口出。實能容之，以能保我子孫黎民，尚亦有利哉！人之有技，媢嫉以惡之；人之彦聖，

①“有”字的這種用法，不少研究者都曾指出，上古漢語“有”字有作代詞的特殊用法，如吴其昌、陳夢家、裘燮君、倪德衛(David S. Nivision)、袁金平等。倪德衛指出，在上古漢語中，名詞性短語“有×”中的動詞“有”具有代詞性或指示性的形容詞用法；在所有者或所存在之處不必指出或無法指出時，“有×”之“有”幾乎可以説等於This、That，參見姚萱（2016）、袁金平（2010）。

②《資治通鑒》卷五十五延熹八年、《通志》、《全後漢文》卷五十一等書引《後漢書·楊秉傳》之《奏劾侯覽》，其中引《巷伯》句作“投畀有虎”。這似乎是對高本漢B説的又一證據。但《巷伯》的原始文本若是“有虎”，則無由訛作“豺虎”，所以“有虎”之“有”應是涉下文“有北”“有昊”而訛。

而違之俾不通。實不能容，以不能保我子孫黎民，亦曰殆哉！”唯仁人放流之，迸（引按：讀爲“屏”）諸四夷，不與同中國，此謂唯仁人爲能愛人，能惡人。見賢而不能舉，舉而不能先，命（引按：讀爲“慢”）也；見不善而不能退，退而不能遠，過也。

《秦誓》以賢臣跟讒人相對比，其中“媢嫉以惡之”“違之俾不通”這兩句所省略的主語，就是讒（譖）人，也即仁君所應該厭惡的人。《大學》在引《秦誓》之後，解釋説：“唯仁人放流之，迸（屏）諸四夷，不與同中國。”即仁君對待讒人的懲罰是將他逐出此間的社會共同體，屏棄流放他到四夷（或稱四裔）去，不與他在同一區域共事。

沈家本（2011:207–256）《歷代刑法考》“刑法分考”對充軍、遷徙、放流之類刑罰的起源與演變有詳盡的資料收集與考證，但並未引及《巷伯》。從沈家本的引文看，在傳世文獻中表示“流放”意義的常用詞，或單稱“流”“放”“遷”“徙”“屏”“棄”“違”等，或作複音詞“流放”“放流”“遷徙”，等等。流放行爲的起源非常古老。《尚書·堯典》有“流宥五刑”，照《堯典》所説，流放是對五刑（四種肉刑和死刑：墨、劓、剕、宮、大辟）的寬宥。先秦早期流放的施用對象，多是同族或貴族中的罪人。有機會向君主進獻讒言的人，都應是有一定身份地位的貴族。早期社會的地緣關係與血緣關係往往重合而穩定，對懷土重遷、重視家族聚居的早期貴族來説，破壞地緣關係的流放，在實際上比死刑和肉刑有更嚴厲的效果。

在西周金文中，也有一些關於流放的記載。表示“流放”意義的動詞，在師旂鼎銘（02462）作“播”，是播遷流放（沈培，2019），即《泰誓》“播棄黎老”之“播”；在散氏盤銘（14542）作“傳棄出”，在大河口西周墓地2002號墓出土霸姬盤銘（41220）作“傳出”“出棄”，與霸姬盤相配的盉銘（14795）作“筭傳出”。裘錫圭（2012）講盉銘“筭傳出”的意思，是“用傳車放逐違誓之人，是爲了儘快將他逐出；用有屏蔽的傳車，是爲了使他在放逐途中無法與外界接觸”。裘先生又講盤銘“第二次誓言前段的‘傳出’和後段的‘出棄’似亦指同一種處罰，當指驅逐出國境或邑境。大概盤、盉銘文所説的是一種很嚴厲的驅逐出境，被驅逐者原來的身份和財産全都要被褫奪，所以，罰金的處罰就不必再提了，在後一段誓言中，甚至連‘鞭身’也不提了”（裘錫圭，2019）。以上四種銘文所記的流放刑，多位於鞭刑或罰刑之後，根據裘先生所講，可知流放比鞭刑和罰刑更嚴重。

界定這些“流放”類刑罰，首先要區分被動的流放與主動的出奔。杜預《春秋釋例》：“奔者，迫窘而去，逃死四鄰，不以禮出也。放者，受罪黜免，宥之以遠也。”第二，以是否安置離開本土者，可以區分爲指定地點的流放和驅逐出境唯其所之。第三，流放地點的選擇，與罪行輕重以及政區疆域、國際關係都有複雜的關係。

有關以上三點的研究，舊有《左傳正義》引杜預《春秋釋例》、陸淳《春秋集傳纂例》引啖助說（卷五、卷七、卷八等）等研究春秋筆法的論著。以下我們主要討論有指定地點的流放，偶爾會涉及驅逐或逃亡的情況。

四

《巷伯》"投畀"既然是對譖人施加的流放刑罰，其後所接應即流放的地點。"豺虎""有北"與"有昊"處於同等的語法位置上，如高本漢所說，都應該是方域名稱，或者可以兼指領土和君主。下面先說"有北"與"有昊"，再說"豺虎"的位置。

光緒十六年（1890）在河北淶水張家窪出土了十幾件"北伯"銘文的周初青銅器（《貞松堂集古遺文》2.22.2）（王國維，1984），目前還能見到五件（北伯鼎1230、北伯烕尊11628、北伯烕尊卣13160、北伯鬲02688、北伯邑辛簋04507）。淶水張家窪在北京西南，西鄰易縣，從國名稱呼和銅器出土位置來說，銘文"北伯"是否即《巷伯》所說的"有北"之君，可以考慮。而"有北"是泛指的可能性更大。

有昊，《巷伯》毛傳說："昊，昊天也。"《緇衣》之《釋文》："本或作皓。"學者早已指出昊、皞與从告聲的皓、晧、俈、浩、嚳等字，都是常見的通假字。

《左傳》僖公二十一年："任、宿、須句、顓臾，風姓也。實司大皞與有濟之祀，以服事諸夏。邾人滅須句，須句子來奔，因成風也。成風爲之言於公曰：'崇明祀，保小寡，周禮也；蠻夷猾夏，周禍也。若封須句，是崇皞、濟而修祀紓禍也。'"可見東方帝"大皞"可以省稱爲"皞"。

"有昊"之"昊"也不能排除是指少昊的可能。《史記·魯周公世家》："封周公旦於少昊之虛曲阜。"《周本紀正義》引《帝王世紀》："少昊邑於窮桑，以登帝位，都於曲阜。"檢得《山海經·大荒東經》開卷第一句：

> 東海之外大壑，少昊之國。少昊孺〈嗣〉帝顓頊于此棄其琴瑟。有甘山者，甘水出焉，生甘淵。

甘淵又見於《山海經·大荒南經》："東〈南〉海之外，甘水之間，有羲和之國。有女子曰羲和，帝俊之妻，生十日，方浴日于甘淵。"甘淵是古人傳說中浴日之所，也即昜谷，《楚辭·大招》有"魂乎無東，湯谷寂寥只"，這是古人想象中的東方之極。此地又是傳說中的少昊之國，因此或可能有"有昊"之名。"有昊"無論是止於東海之濱還是遠在東海之外，在《巷伯》詩中，都用作極東方的代稱①。

西周東方邊境的情況非常複雜。《費誓》書序："魯侯伯禽宅曲阜，徐夷並興，東郊不開，作費誓。"可見周初魯國東部有敵對的夷族。縱觀整個西周時代，東方沿海一綫始終是華夷雜居的地帶，東夷與淮夷常常聯合，深入侵犯周王朝的東方，例如晉侯蘇鐘（15298-15313）記載周厲王時東征討伐位於今山東范縣、鄆城的宿夷。東夷民族的許多政治體，一直到春秋時代仍然處於齊、魯的周圍。至春秋時，東夷逐漸被兼併或者華夏化，東方華夷交争的局面才暫告緩和。

由上述情況，我認爲"有昊"之"昊"應與太昊或少昊有關，在詩中泛指周王朝與東夷交界的東方邊境，也可以選爲流放地點。

上面已根據金文講到了虎方在周之南國。豺、虎並舉，豺方也應是在南土。《巷伯》先説"豺虎"，後講"有北"，是南、北邊境對舉。

一般認爲，虎方是《左傳》哀公四年"楚人既克夷虎，乃謀北方"中的"夷虎"，其地望歷來不詳。在構詞上，"夷虎"是大名冠小名結構，即"虎夷"。虎夷或虎方，有可能都是《尚書•牧誓》西南八國"庸、蜀、羌、髳、微、盧、彭、濮"中的"盧"。盧方早見於殷墟文字材料（孫亞冰、林歡，2010:444-446）。《左傳》桓公十三年記載楚伐羅，羅與盧戎兩軍之，楚大敗。盧從虎聲，夷與戎可以互稱，例如彧鼎（02489）所稱"淮戎"，應就是淮夷。又《左傳》文公十六年："楚伐庸，自盧以往，振廩同食。"盧與羅、庸位置相近，即西漢南郡的中盧縣，治所在今湖北襄陽縣西南。從中方鼎（02383、02384）講昭王命南宫伐反虎方時曾至䙴地（鄾，今湖北襄樊西北鄧城東南漢水北岸）、中甗（03364）講中出使小大邦曾至鄧（地望即前述鄧城）來看，西周虎方是春秋楚國所稱的盧戎、夷虎的可能性很大。最近韓宇嬌（2017）撰文指出，《甲骨文合集》06667中的"虎方""舉"（李學勤先生認爲在漢東舉水流域）與《合》05512+《合》26091的"立事于南""舉""曾"可以合併考慮，各地點相近，都在南國。綜合上述記載，虎方很可能是位於楚國西部的盧。史密簋（05327）的"南夷膚虎"，可能是虎方向東遷徙的一個分支。

①在五方帝學説中，東方之帝謂之大皞，西方之帝謂之少皞。《禮記・月令》正義"大皞"下引《五經異義》引《古尚書》説"元氣廣大謂之皞天"，然後説"則皞皞廣大之意，以伏羲德能同天，故稱皞。以東方生養，元氣盛大，西方收斂，元氣便小，故東方之帝謂之大皞，西方之帝謂之少皞"。可見二者的名義相關。《史記•秦本紀》説秦襄公"祠上帝西畤"，《史記・十二諸侯年表》記載秦襄公八年（公元前770年，同年平王東遷雒邑）立西畤，祠白帝，《漢書・郊祀志》講秦襄公"自以爲主少昊之神，作西畤，祠白帝"。白帝即少昊，也即秦人所謂的上帝。從文獻記載看，少昊本居東方，嬴姓的秦族最初也是東方民族，秦襄公應是在西方恢復早期秦之先人祭祀少昊的宗教，所以少昊就成了配西方之神。這事情比周幽王時寺人孟子作《巷伯》詩的年代晚，因此，我們不能説《巷伯》"有昊"指的是西方。東周秦漢五行學説中，以大皞、少昊分别爲東、西方帝，且都以"皞（昊）"爲名，這很可能是因爲少昊被秦人拿去配西方，而同時東方民族仍有祭祀這個神靈的習慣，因此又重新構造了東方"大皞"這一神格，以與西方少昊相區别。

豺方或可能是《史記•楚世家》“肅王四年，蜀伐楚，取茲方”的“茲方”。舊注以爲茲方今地在湖北松滋。我曾指出，此地名在《漢書•禮樂志》有異文作“茲邡”，王先謙《漢書補註》謂“茲邡蓋即汁邡”，《漢書•地理志》廣漢郡屬縣，寫作“汁方”，今作“什邡”，即今四川什邡。“茲”“才”音相近，常常可通，僅從通假的角度講，西周的豺方或有可能就是戰國楚、蜀之間的茲方（董珊，2010）。又西周甲骨、金文常所見的“繁”地，亦見於𢾊壺、𢾊甗銘文，李學勤（2010:122-125）指出是今四川新繁，位置與什邡亦相鄰近。

以上對豺方、虎方地望的考察，因爲證據單薄，我的意見也游移不定，所以目前的推測只能視爲可能。但這並不至於影響豺方與虎方屬於周王朝南國邊境的基本看法。

五

以上“豺虎”“有北”與“有昊”這三個流放地點，儘管仍難一一考實，但可以肯定的是，三者分別指代西周晚期邊境四至中的極南、極北與極東[①]。詩中唯獨没有將極西之地作爲流放地點選項，這需要做些解釋。

最簡單的解釋，這是一種西方視角。寺人孟子是周幽王的近臣宦者，他應居於西方宗周的宮廷之中。由此來説，因不願與譖人同域共事，因此流放地不選擇西方，這是很可以理解的事情。

更複雜的考慮，這可能與西周晚期的政局有關。

從流放刑的實施情況來看，被流放者的來源與去處之間的關係，是值得仔細考察的。春秋時代，諸侯國貴族被流放的事例有很多。以《春秋》及《左傳》中的國際流放爲例：

莊公六年：“夏，衛侯入，放公子黔牟于周，放寧跪于秦，殺左公子泄、右公子職，乃即位。”

宣公元年《經》：“晉放其大夫胥甲父于衛。”又見同年《傳》。

成公：“五年春，原、屏放諸齊。”

襄公二十九年：“秋九月，齊公孫蠆、公孫灶放其大夫高止于北燕。乙未，出。書曰出奔，罪高止也。”

①近年劉緒先生討論了西周的疆域四至問題，參見劉緒（2017）。

昭公元年："五月庚辰，鄭放游楚于吴。"

昭公三年："九月，子雅放盧蒲弊于北燕。"

昭公八年《經》："冬十月壬午，楚師滅陳，執陳公子招，放之于越。"

哀公三年《經》："蔡人放其大夫公孫獵于吴。"

這都是將犯罪的貴族驅逐出國境，而那些流放地點，多與施刑的諸侯有某種同盟或外交關係。這裏需要區分被動的放逐與主動的流亡之間的不同。被流放者在一定程度上可控制可召回可復位，而流亡者往往是不可控的。也就是説，爲控制流放者，受到此間驅逐的罪人，還得彼方能够接受才行[①]。國際流放可能需要諸侯國之間的協商來决定。異國他鄉對於流放或流亡者的收容與保護，也表明了國際間的敵、友關係。而流放地點的遠近選擇，不但表明罪過或威脅的輕重，也表明其宗主國影響所及的政治地理範圍。

與國際流放不同的另一種情況，是將政敵或罪人放置在國境内的邊緣地帶，可以視爲國内流放。

《左傳》哀公五年講齊景公末年"公疾，使國惠子、高昭子立荼，置群公子于萊。秋，齊景公卒，冬十月，公子嘉、公子駒、公子黔奔衛，公子鉏、公子陽生來奔"。齊靈公滅萊（公元前567年），齊景公時萊是齊國的邊境附庸，置群公子於萊，即逐出國都而安置在邊境，這是一種境内流放。齊景公死後，諸公子又逃出萊去往他國，就不是齊國所能控制的了。又例如《左傳》莊公二十八年講晉獻公"使太子申生居曲沃，重耳居蒲城，夷吾居屈。群公子皆鄙，唯二姬之子在绛"。這種居於鄙，也可以視爲態度較爲緩和的一種境内流放。後來重耳與夷吾又分别從鄙居之處逃亡。類似的國内流放事例，《左傳》還有不少，此不備舉。

古代或將九州之外四方極遠的流放地稱爲"四夷"或"四裔"。《左傳》文公十八年："舜臣堯，賓于四門，流四凶族渾敦、窮奇、檮杌、饕餮，投諸四裔，以禦魑魅。""四裔"與四凶族名號的對應關係，又見《堯典》："流共工（即窮奇）于幽州（引按：北裔），放驩兜（渾敦）于崇山（南裔），竄三苗（饕餮）于三危（西裔），殛鯀（檮杌）于羽山（東裔）。""流""放""竄""殛"與"投"的意思都是流放。這是古人以想象中堯舜時期廣大的地理範圍來説其流放地點，其西裔是三危。

三危的位置，舊注多據《左傳》昭公九年"先王居檮杌于四裔，以禦魑魅，故允

①古書説"逐出"的常用詞爲"出"，召回或復位爲"入"。諸侯接受流亡者的行爲，古書或稱"畜"，《左傳》襄公二十六年"獲罪於兩君，天下誰畜之？"上博簡《姑成家父》第3簡"不幸則取免而出，諸侯畜我，誰不以厚？"第4簡"雖取免而出，以不能事君，天下爲君者，誰欲畜汝者哉？"

姓之姦，居于瓜州。”杜預注“言四裔則三苗在其中，允姓，陰戎之祖，與三苗俱放三危者。瓜州，今敦煌。”認爲瓜州即三危，在敦煌。蒙文通（2015:89-90）則根據《太平御覽・地部》引《河圖括地象》“三危山，在鳥鼠之西南，與汶山相接”等一系列漢晉文獻，指出三危在隴西，今甘肅定西之渭源縣。揆諸早期地理情勢，蒙先生所考訂的這個地點是恰當的。目前考古發現中，可視爲西周西土西至的三個遺址：甘谷毛家坪遺址、禮縣遺址群、清水李崖遺址，均在甘肅天水境内，以此作爲西至，將早期流放地點三危的地望設在今渭源縣境内，也是合適的。

衆所周知，在西周晚期，最嚴重的威脅就是來自西方犬戎，已形成西方戎狄將涌入關中地區大趨勢，周人已漸漸不能有效控制宗周以西的地區。西周晚期的西部邊境行將失去，就不能再作爲流放地點的選項了。在這種情勢下，再跟西方之人去商量奠置流放罪人之事，恐怕已無可能。

對不同時代、不同族群來説，中心與邊疆的概念都不會是一成不變的[①]。就《巷伯》來説，投畀譖人的地點，實與西周晚期的邊境四至有關。“豺虎”“有北”與“有昊”三者都應該是周王朝此時影響力可以達到的邊境地區。作於周昭王晚期的中方鼎銘文“唯王令南宫伐反虎方之年”，可能説明虎方曾有未反叛周邦的狀態，曾經是一度臣服西周王朝的南方方國。從可控制的角度來説，《巷伯》中的“有昊”，也應如前述理解爲泛指山東魯地以東的華夷交界地區，而非遠至東海之外。至於“有北”，若確是周初北伯所在，則可以説明西周晚期周王朝對此地仍有影響和控制能力。《巷伯》詩中的南方“不食”與北方“不受”相對舉，“食”應理解爲詩人的修辭手段。“不食”或“不受”是説，即便在周人可控的南北邊境，也不願意接受寺人孟子所憎惡的這種流放者，極言譖者品德之壞。

①從西周講戰争的金文看，周人在各個方向與戎、狄、夷等異族的戰争不斷，其邊境處於變動之中。講四至，需要先確立中心參照點，早期和晚期的講法也會不一樣。《國語・鄭語》幽王八年鄭桓公友爲司徒，問史伯“何所可以逃死”，史伯説當時的形勢：“當成周者，南有荆、蠻、申、吕、應、鄧、陳、蔡、隨、唐；北有衛、燕、翟、鮮虞、潞、洛、泉、徐、蒲；西有虞、虢、晉、隗、霍、楊、魏、芮；東有齊、魯、曹、宋、滕、薛、鄒、莒；是非王之支子母弟甥舅也，則皆蠻、荆、戎、翟之人也。非親則頑，不可入也。”這是以成周爲參照點。又《左傳》昭公九年，詹桓伯對晉人説：“我自夏以后稷，魏、駘、芮、岐、畢，吾西土也。及武王克商，蒲姑、商奄，吾東土也；巴、濮、楚、鄧，吾南土也；肅慎、燕、亳，吾北土也。吾何邇封之有？”這大致是以周初的宗周作爲參照點的，其南土將巴、濮納入，可參見《牧誓》講到的周人聯盟，在友邦之外，還有“庸、蜀、羌、髳、微、盧、彭、濮”西南八國，以克商前後的周人西土而論，西南八國的地域都位於宗周的南部，或可視爲“西境的南土”。

六

古代流刑是有多重考量的。《左傳》中兩次講流放，都提到“以禦魑魅”。

一次是前引《左傳》文公十八年：“舜臣堯，賓于四門，流四凶族渾敦、窮奇、檮杌、饕餮，投諸四裔，以禦魑魅。”

另一次是《左傳》昭公九年：“先王居檮杌于四裔（杜注：言檮杌，略舉四凶之一。下言四裔，則三苗在其中），以禦螭魅，故允姓之姦居于瓜州（杜注：允姓，陰戎之祖，與三苗俱放三危者。瓜州，今敦煌）。伯父惠公歸自秦，而誘以来，使偪我諸姬，入我郊甸，則戎焉取之。戎有中國，誰之咎也？”這是説三苗與允姓陰戎本被周人流放奠置在瓜州，“以禦魑魅”。

“魑（螭）魅”是站在華夏民族的立場對共同體邊緣非其族類者的污名化，西周時的“鬼方”，也應該不是自名。這與敵對的異族被命名爲“豺”“虎”“狄”“玁狁”等，都是同類立場。

在早期國家，被流放或驅逐的，往往不是個人，而是整個氏族及其黨羽。《左傳》宣公十年：“鄭子家卒，鄭人討幽公之亂，斫子家之棺而逐其族。”《左傳》定公十四年：“衛侯逐公叔戌與其黨，故趙陽奔宋，戌來奔。”被流放者通常是與君主有共同文化傳統的人群，君主令流放者居於邊裔，目的是形成屏障戍衛邊疆，抵禦異族對領地的入侵，即所謂的“禦魑魅”。竹添光鴻（2012:1389）講到《巷伯》，曾説“投豺虎猶禦魑魅”，已對“投畀”與“流放”的關係有所察覺。唐崔曄墓誌説誌主：“左降白州司馬，尋遷於古州。白璧無瑕，黄金有鑠，始於亮采，與夔龍等價；終於投畀，與豺虎爲群。”（周紹良，1992:1169）也已正確領略《巷伯》這幾句詩的旨意，又加以化用。

近年來，根據傳世文獻與出土文獻討論上古時期的族群遷徙，已逐漸形成一個學術熱點。族群遷徙的原因非常複雜，可能包含封建、殖民等諸多歷史概念，而流放、逃亡等概念亦應納入考慮。《禮記・樂記》：“下車而封夏后氏之後於杞，投殷之後於宋。”“封”“投”並舉，事類相當。又例如，周初對秦的遷徙，清華簡《繫年》第三章講到“成王伐商蓋，殺飛廉，西遷商蓋之民于邾圄，以禦奴虘之戎，是秦之先，世作周危（衛）”。在周人戰勝之後，西遷商蓋之民於邾圄令其禦戎守邊，應可以理解爲對秦之先人的流放處置。西周中期恭王世的詢簋（05378）銘文有“秦夷”和“戍秦人”，戍秦人是對秦夷的看守和控制者。從長時段來説，處於社會邊緣的棄民，往往是社會中最重要的變數。秦人最終逆襲成功，就是一個顯著的例子。至於流放、驅逐或逃亡行爲，在客觀上可以造成遠距離的交流以及邊疆的開發，則又是另外的話題了。

七

綜合上述，本文據甲骨文、金文所見的“虎方”“豺方”重新討論了《巷伯》篇的相關詩句，指出“投畀”是流放行爲；“豺”“虎”與高本漢所揭示的“有北”“有昊”都是流放地點，可以用來討論西周晚期的邊界情況；“不食”“不受”則反映了流放刑中的地域間的政治關係。這爲討論早期中國流放刑罰增加了一條新資料。

2020年2月27日起草

2021年3月24日修改

2021年5月2日再改

看校補記：《文物》2021年第9期刊布清華簡《五紀》的一些情況，其中與二十八宿“東壁”相當的星宿名，寫作“皀壁”。我懷疑“皀”字應有“昊”類的讀音（有可能就是《説文》中“讀若皎”的“皛”字異體），即以東方昊天之“昊”表示“東”的詞義，屬於同義換讀，與《巷伯》“有昊”相同，可以互證。

參考文獻：

曹錦炎　2019　《新見螒卣銘文及其相關問題》，清華大學出土文獻研究與保護中心（主編）《半部學術史，一位李先生：李學勤先生學術成就與學術思想國際研討會論文集》，中西書局。

晁福林　2013　《上博簡〈詩論〉研究》，商務印書館。

董　珊　2010　《釋楚文字中的“汁邡”與“朐忍”》，《出土文獻》（第一輯），中西書局。

郭靜雲　2016　《天神與天地之道：巫覡信仰與傳統思想溯源》，上海古籍出版社。

高本漢　2012　《高本漢詩經注釋》，董同龢譯，中西書局。

郭建花　2008　《古國名、族名前的有字再討論》，《漢語音韻詞彙研究論集》，厦門大學出版社。

韓宇嬌　2017　《卜辭所見商代曾國》，《中原文物》第1期。

李學勤　2007　《論螒甗銘及昭王南征》，《仰止集——王玉哲先生紀念文集》，天津人民出版社。

李學勤　2010　《論繁蜀巢與西周早期的南方經營》，《通向文明之路》，商務印書館。

劉　緒　2017　《西周疆至的考古學考察——兼及周王朝的統治方略》，朱鳳瀚（主編）《青銅器與金文》（第一輯），上海古籍出版社。

蒙文通　2015　《古族甄微》，《蒙文通全集》（第四卷），巴蜀書社。

裘錫圭　2012　《翼城大河口西周墓地出土鳥形盉銘文解釋》，《中國史研究》第3期。

裘錫圭　2019　《大河口墓地2002號墓出土盤盉銘文解釋》，《出土文獻與古文字研究》（第八輯），上海古籍出版社。
孫慶偉　2007　《從新出青銅器看昭王南征與晉侯燮父》，《文物》第3期。
單育辰　2020　《甲骨文所見動物研究》，上海古籍出版社。
沈家本　2011　《歷代刑法考》，商務印書館。
沈　培　2019　《説古書中跟“波”“播”相關的幾個問題》，中國社會科學院語言研究所《歷史語言學研究》編輯部編《歷史語言學研究》（第十三輯），商務印書館。
孫亞冰　林　歡　2010　《商代地理與方國》，中國社會科學出版社。
王先謙　1987　《詩三家義集疏》（吳格點校本），中華書局。
王長豐　2008　《“虎”族器整理與研究》，張光裕、黄德寬編《古文字學論稿》，安徽大學出版社。
王國維　1984　《北伯鼎跋》，《觀堂集林》（第18卷），中華書局。
姚振武　2015　《上古漢語語法史》，上海古籍出版社。
喻遂生　2002　《甲骨文的詞頭“有”》，《甲金語言文字研究論集》，巴蜀書社。
姚　萱　2016　《説花東卜辭的“入有函”及相關問題》，《安徽大學學報（哲學社會科學版）》第2期。
袁金平　2010　《新蔡葛陵楚簡“大川有介”一語試解——兼論上古漢語“有”的特殊用法》，北京大學漢語語言中心（主編）《語言學論叢》（第四十二輯），商務印書館。
朱鳳瀚　2020　《新見西周金文二篇讀後》，《青銅器與金文》（第四輯），上海古籍出版社。
周紹良（主編）　1992　《唐代墓誌彙編》，上海古籍出版社。
竹添光鴻　2012　《毛詩會箋》，鳳凰出版社。

附圖：

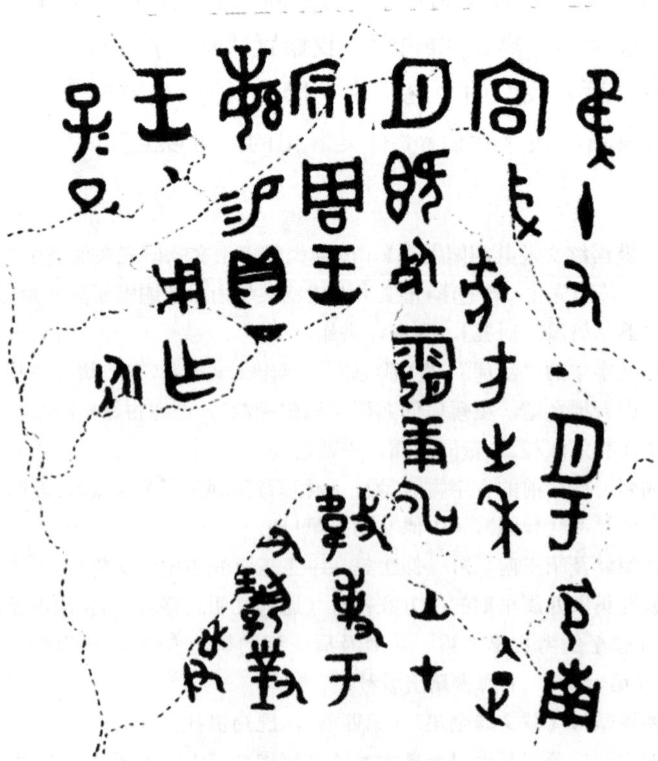

圖1：𣪕甗銘文摹本

圖2：𣪕壺銘文拓本（蓋）

圖3：𢦚壺銘文拓本（器）

A New Analysis on Xiangbo(巷伯) in Light of the Bronze Inscriptions ——the Exile in Early China and the Four Farthest Borders in Western Zhou Dynasty

Dong Shan

Abstract: This article gives some new interpretations on Xiangbo(巷伯). First, based on Hufang(虎方) and Chaifang(豺方) in Oracle and Bronze inscriptions, this article points out that the words Toubi(投畀) refer to an important kind of penalty in Western Zhou, which means to banish someone to the boundaries of the country. Second, as same as Bernard Karlgren's explanation of Youbei(有北) and Youhao(有昊) , Chai(豺) and Hu(虎) in Xiangbo(巷伯) are also the places where people are exiled. Third, from the perspective of penalty, what the words Bushi(不食) and Bushou(不受) describe is the political relationship between different places of exile. According to these new interpretations, we can have a more detailed and in-depth understanding about the boundary of the late Western Zhou Dynasty and get a new material in the research of the exile in early China.

Key words: Chaihu(豺虎); Xiangbo(巷伯); exile; the four farthest borders in Western Zhou; center and border

（董珊，北京大學考古文博學院　北京　100871）

“燮”字補釋*

王志平

摘　要：《説文》：“燮，和也。”又：“燮，大熟也。”舊多以爲本係一字分化。但其字形分析及造字本義則衆説紛紜。本文從“燮/燮”的初文溯源，重新分析了其造字初期的形音義，認爲古文字“燮/燮”並象手持火炬之形，應爲《説文》“燋，所以然（燃）持火也”之“燋”字初文。或變形音化爲从“帀”聲，而“帀”爲“樵”之本字，則爲象形兼形聲。隨着語音演變和文字分化，“燋”行而“燮”廢。出土文獻中用爲“燮”（和）、“襲”者均應爲“燮/燋”字的假借用法，由於後人未睹造字初文，日久天長，“燮”字的本義漸泯。端賴地不愛寶，使得“燮”“燮”古義方才得以重見天日。

關鍵詞：燮；燮；燋；造字本義

一、舊説整理

今本《説文》中分别有“燮”“燮”兩個字，學者多以爲本係一字分化。

《説文·又部》：“燮，和也。从言，从又、炎。籒文燮。从羊。讀若溼。”徐鉉注：“燮字義大孰也。从炎，从又。即孰物可持也。此燮蓋从燮省。言語以和之也。二字義相出入故也。”清桂馥《説文解字義證》卷八云：

> “從又、炎”者，徐鍇本、《五經文字》、《六書故》並作炎聲。“籒文燮從羊，羊音飪”者，畢君以珣曰：籒文燮從羊，此上當脱籒文。注云“羊音飪”，此三字後人所加。徐鉉以《炎部》有燮字，此處又脱籒文，遂以從羊

* 本文是國家社科基金項目“古文字特殊通轉研究”（17BYY127）、國家社科重大項目“出土簡帛文獻與古書形成問題研究”（19ZDA250）階段性成果之一。

之燮與從辛之燮相混，疏謬之甚。馥案：《玉篇》“籀文作燮，讀若溼”者，溼乃燮字音，非羊字音也。中有籀文之説雜廁其閒，讀者不了，當云：“和也。從言、從又，炎聲，讀若溼。”

段玉裁注依小徐本改爲“从言、又，炎聲”。並增改爲“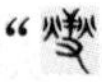，籀文燮。从羊”：“羊音飪，籀文燮如此作。按此重文也，舊不分別出之，殊誤。《炎部》有燮字，云：‘大孰也。从炎、从又持辛。辛者，物孰味也。’《廣韻》謂此爲曹憲《文字指歸》之説。然則《炎部》蓋本無燮字，俗用《文字指歸》説增之。因羊、辛相似，羊音同飪，飪義訓孰。遂依《又部》之籀文，加《炎部》之小篆，未爲典要。”王筠《説文句讀》：“大徐注本字，引作‘燮’，譌从屰。”徐灝《説文解字注箋》：“戴氏侗曰：燮、燮、燮實一字。羊之譌爲辛，辛之譌爲言也。灝案：戴説是也。蓋‘燮’爲烹飪熟物之偁，从又持二火，會意，羊聲。引申爲調和之義。”

又《説文・炎部》：“，大熟也。从又持炎、辛。辛者，物熟味也。”段玉裁注：“此與《又部》燮篆義别。”

依諸家之説，“燮”“燮”古本一字，後世誤析爲二，但兩字的本末源流則各家衆説紛紜，意見不一。因此需要我們重新繼續從字源上對其形音義加以根本解决。

人們認識比小篆更早的“燮”“燮”字形，是從金文開始的。王國維（1983:11）云：

《説文・炎部》又有燮字，云：“燮，大熟也。从又持炎、辛。辛者，物熟味也。”案：《又部》之燮，疑亦从辛。羊乃辛之譌。《又部》既重燮字，又出之於《炎部》者，亦如歔字例也。古金文曾伯霥簠作，晉邦盦作，皆从丁，非羊，亦非辛也。《考古圖》所載盄龢鐘作燮，與篆文同。

高田忠周《古籀篇》五十六與王氏所説略同（李圃，2001:397）。林義光（2012:233）也指出：

《説文》云：“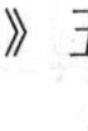，大孰（熟）也。从又，从炎、辛。辛者物孰味也。”按：古作（曾伯霥匿），象手持火熟物，熟物器底，鬻字古作，象熟飪五味形，亦與形近。《説文》云：“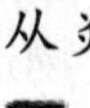，和也。从言、又，炎聲。”按：古从辛之字或訛爲从言。燮訓爲和，亦熟飪五味之義。燮、燮當同字。

總之，都是從“燮，大熟也”的本義分析的。但是，在甲骨文出土後，人們對於其造字本義又有了新的看法。羅振玉《增訂殷虛書契考釋》中把甲骨文“”釋爲“燮（燮）”（宋鎮豪、段志洪，2001:115-116）：

《說文解字》：“燮，大熟也。从又持炎、辛。辛者，物熟味也。”此字从又持炬，从三火，象炎炎之形。殆即許書之燮字。許从辛，殆炬形之訛。（此字又疑爲許書訓“火華”之“燚”字，附此俟考。）

其甲骨文字考釋已獲公認。于省吾（2009:286）進一步梳理了該字的形體源流：

契文燮字作、、等形，金文燮卣作，燮毁作，曾伯簠作。《說文》：“燮，大熟也。从又持炎、辛。辛者，物熟味也。”又：“燮，和也。从言、从又、炎。籀文燮从羊，讀若溼。”按：清儒多以“籀文燮从羊讀若溼”移於燮下。羅振玉云：“此字从又持炬，从三火，象炎炎之形。殆即許書之燮字。許从辛，殆炬形之訛。”按：羅謂从又持炬，可備一說。戴侗謂：“燮、燮、燮實一字，羊之譌爲辛，辛之譌爲言也。”是也。

此文後亦收入《甲骨文字釋林》（于省吾，1979:88-90），可見于氏始終認爲字形排比是正確的。其他各家對於造字本義亦有推測。高鴻缙《中國字例二篇》認爲（周法高，1974:6008）：

“燮和”猶調和。原从又（手）持棍疏火使燃之形，故曰燮理。字倚又畫其持棍入火中疏之使燃之形。由文又生意，故托以寄燮理之意。動詞。周文火亦作，字之構造仍不異。秦時棍變爲言聲，與其他聲化字同例。隸楷本之，故爲今形。疏水使流曰治（理），疏火使燃曰燮。

饒宗頤《殷代貞卜人物通考》卷八認爲（李圃，2001:399）：

燮者，燮之籀文。《說文》云：“燮，和也。”（《又部》）又：“燮，大熟也。”（《炎部》）《玉篇》云：“燮，火熟也。”故燮疑指祭時薦熟，爲合烹銰俎之事。

魯實先（2015:222）又以爲：

案：燮於卣銘作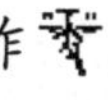，簋銘作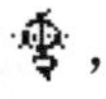，並从又、炎，帀聲（燮、帀古音同屬奄攝齒音），示持火以匊帀孰物。……籀文从羊作燮，乃从又、炎、羊會意。羊者，飪之古文，是籀文之从羊，與彝銘之从帀，皆以調和熟物，引申爲凡調和之名。

姚孝遂《甲骨文字詁林》按語云（于省吾，1996:1246）：

《説文》《又部》之"燮"與炎部之"燮"同字。"燮"之籀文作"燮"。戴侗謂"羊"譌爲"辛"，"辛"又譌爲言，其説是對的。

王國維《史籀篇疏證》謂："燮疑亦从辛，羊乃辛之譌。……古金文曾伯霥簠作，晉邦盦作，皆从丅，非羊，亦非辛也。"實則金文所从之"丅"乃契文"▽"之省變，王氏疑"羊乃辛之譌"，適本末顛倒。其演變之迹當爲：

▽——丅——羊——辛——言

甲骨文還有另外一個字形，（《合集》28019）、（《輯佚》0565）、（《焦三》29）（李宗焜，2012:460），李宗焜（2012）排序爲第1501號，編次於第1500號"燮"字頭之下。此字姚孝遂《甲骨文字詁林》按語云："字不可識，其義不詳。"（于省吾，1996:1247）。而張亞初（2014:1507-1508）則指出：

燮字有兩種形體，均見於殷墟卜辭。一種从四火、从辛，从又（手），是火起成災（辛訓罪，此引申爲過失、災禍）以手撲滅之的會意字，故此字訓和。▽演變成言（言），情况同哉。四火亦作三火，省變爲二火，分置左右，許慎説从炎，是不確切的。後世學者以炎爲聲，更不妥。如从辛（愆）或言聲的話，這個字應該是形聲兼會意。春秋時的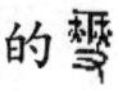，在戰國璽文中又省去又旁，字義更不明。

卜辭中另一形體从火，从屰，从又（手），屰爲生之倒寫，意爲火起（生）而以手撲滅之，是會意字。這種結構的字在西周燮簋銘文中有之，但左右各从一火。左右對稱是爲書寫美觀，一火、二火意義相同。許慎所説的籀文燮从羊，羊很可能是從這種字形訛變成的。

黄德寬（2007:4010）云：

甲骨文燮，从焱，从又持物，會燒熟之意。金文所持物作帀（帀）、干、丅，戰國文字燮或省又。

總之，各種字典和文字編基本上都把燮、燮視爲一字衍變，此説至今已成定論，並無多少可以置喙的空間了。

二、燮、燮新釋

自從清華簡出土後，楚文字“燮”又省形作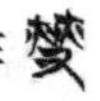（《耆夜》5）、（《繫年》89）、（《四告》28）等，整理者隸定爲“燮”。《清華簡一·耆夜》5-6：“方壯方武，克燮（燮）仇讎。”李學勤（2010:153）注：“燮，可視爲‘燮’或‘燮’的省文。”《清華簡二·繫年》88-89：“楚王子皮會晉文子燮（燮）及諸侯之大夫。”李學勤注：“文子燮，《左傳》作‘士燮’。”（2011:175）楚簡中“燮”字多作“燮”形。但是《清華簡十·四告》28字形又有不同，其文曰：“燮鄦（懿）朕心，毋懋（慆）於非彝、埜德，埜德多不歸厥吉。”黄德寬（2020:122）注：“燮，和。懿，美。”

前兩個清華簡字形並無从丁或羊之形，似乎直接上承商代甲骨文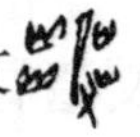（《合集》18793）、（《合集》26631）等形的寫法，而與兩周金文字形不符；後者簡文字體省去“又”形，與春秋晉國子犯編鐘（《銘圖》15200）形體接近。這説明清華簡的文本字體有各種不同來源，值得我們深入發掘其字形在時間和空間上的差異。

雖然各家對於燮、燮一字並無異詞，但是各家對於字形初文的分析則衆説紛紜，未能統一。在新的文獻資料出土後，我們有必要根據最新綫索，對於“燮”“燮”造字初文的既往舊説重新檢討。

甲骨文“燮”字或作以下之形：

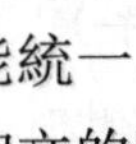（《合集》18178，賓組）、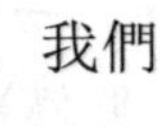（《合集》18793，賓組）、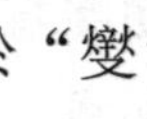（《合補》6455，賓組）、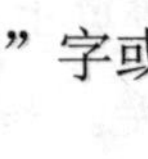（《合集》26631，出組）（參看劉釗，2014:166；王蘊智，2017:243；夏大兆，2017:107）並象手持的熊熊燃燒的火把之形，从五火、四火或三火不等。至於張亞初所説的“燮”字第二種形體，即甲骨文中的（《合集》28019）、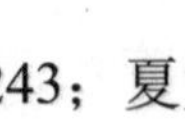（《輯佚》0565）、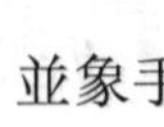（《焦三》29）等形，很顯然二者的文字構意是相同的，張亞初、李宗焜等認爲兩種字形本係一字異體，應當是正確的。

從甲骨初文來看，均象从又持炬之形，从五火、四火、三火、二火甚至一火同意，並表示燎燭之勢，只是火勢大小略有不同而已。顯然，從造字本義來看，無論是“燮，和也”還是“燮，大熟也”的意義都應當是後起的，甚至是錯誤的。“燮，和也”在文獻中還有實際用例，而“燮，大熟也”之訓僅僅只有《説文》孤證。因此我們懷疑“熟”實際上是“爇”之誤字，本當作“燮，大爇也”。《説文·火部》：“爇，燒也。从火，蓺聲。”“辛者，物熟味也”可能是校者所加而誤入正文，未必即許慎原書如此。

魯實先、黄德寬均分析“燮”或體从（帀），魯實先甚至以爲字“从又、炎，帀聲”，揆諸甲骨文“”、金文《燮卣》（《集成》4743）“”“”、《燮簋》（《集成》4046）等字形，其説似乎不無道理。甲骨、金文字形並象手持樹枝或荆條燃燒之形，其中手持的“”或“”就是“帀”。“”字兩側的旁枝後來又被拉平了，成爲子犯編鐘（《銘圖》15200）、清華簡《四告》28、《古文四聲韻》（徐在國，2006:284）等訛變爲省“又”的字形。卅四年頓丘戈（《集成》11321）猶可看出左右兩側斜筆字形被逐漸拉平的過渡階段。

“燮”字之“又”可以省去，説明其不是“燮”字的主要構形成分，字形側重表達的是燃燒的火把，只要能够清晰地傳遞出火把這層意思，至於是否手持（从“又”）在字形表現上就並不重要了。

“帀”字下横後來縮減爲一小短横，變成曾侯與編鐘（《銘圖續編》1029）之形。再進一步去除短横並拉直，就成爲从“丅”形的晉公盞（《集成》10342）、曾白霥臣（《集成》4631、4632）等字形了。如果再省去“又”，即是《古璽彙編》3286的字形。但不管千變萬化，上述字形“帀”字之筆意猶在；但是清華簡《耆夜》5、《繫年》89等形則已完全看不出从“帀”之筆意，僅可分辨出手持二火之形，但仍然可以看出手持火炬的文字構意。這種字形從另外一個角度説明，“𤇾”才是“燮”字構形的骨幹，而“帀”字也可視爲在“𤇾”字象形上的添加聲符。

帀、褋、集古本同源。《新莽嘉量》：“黄帝初祖，德帀（集）於虞；虞帝初祖，德帀（集）於新。”“帀”古音精母緝部，或歸爲葉部，但從“帀”“集”相通來看，“集”爲緝部，當以歸入緝部爲是。“帀”與心母緝部之“燮”字古音接近。“燮”字或歸葉部，但從“燮”字“讀若溼”來看，“溼”爲緝部，亦當以歸入緝部爲是。

“帀”甲骨文作（《合集》26845）、（《合集》27894）等，學界多無異議。林義光（2012:136）以爲：“帀者，集也。象群集之形。”李孝定《金文詁林讀後記》卷六（李圃，1999:70）以爲：“帀訓匊，其形不可解。”而王恩田（1996:249；1997:811-821）認爲帀“字形象動物的尾”，“應是犛牛尾的象形”，張亞初

（2014:802）認爲“帀字从巾、从一，是束縛巾的會意字”，皆與字形初文不符，純屬憑空臆測。

按《說文·帀部》：“帀，周也。从反之而帀也。凡帀之屬皆从帀。周盛說。”段玉裁改“周”爲“匊”：“匊，各本作周。誤。今正。《勹部》：‘匊，帀徧也。’是爲轉注。按古多假襍爲帀。”帀爲精母緝部字，從字形初文來看，疑當爲表示柴火義的薪樵之“樵”的本字。

“帀”可讀爲“集”，而集、樵古音接近。雲夢睡虎地秦簡《法律答問》：“可（何）謂㠆人？古主取薪者殹（也）。”張政烺（1981:346–350）指出“㠆（集）人”應讀爲“樵人”。《說文·口部》：“噍，嚌也。从口、集聲，讀若集。”“噍”“嚌”聲訓。又《大戴禮記·保傅》：“忿怒說喜不以義，賦與集讓不以節。”方向東（2007:126–139）已指出：

> 孔廣森曰：“集，當爲‘譙’字形之誤。古讀集或亦如譙。《小雅》：‘是用不集’，與咎、道字爲韻。”王聘珍曰：“集，聚也。”盧校《新書》作“噍”，云“當作譙”。
>
> 向東按：噍、譙字通，从口从言之字多相通。《史記·萬石張叔列傳》：“歲餘不噍呵綰”，司馬貞《史記索隱》：“噍呵，一作譙呵。”《漢書·高帝紀》：“樊噲譙讓項羽。”顔師古曰：“譙讓，以辭相責也。”王聘珍依集釋義，非是。

劉釗（2018:110–112）則認爲，《大戴禮記·保傅》的“集讓”讀爲“譙讓”，實際是上古音幽宵兩部與侵緝談盍四部的通轉關係。甚是。《集韻·宵韻》：“樵、蕉、蘘，慈焦切。《說文》：‘散木也。’或作蕉、蘘。”又《正字通·木部》：“蘘，同樵。”蘘、蘘等字亦當分析爲从艸、集聲，與从木、焦聲之樵恰爲聲符替換之字例。

至於“焦声”的歸部，各家也頗不一致。陳復華、何九盈（1987:337）指出：

> 江有誥、王力、周祖謨歸宵部，嚴可均、段玉裁、孔廣森、朱駿聲、黄侃歸幽部。
>
> “焦”字本身在《詩經》中没有作爲韻字的。从“焦”得聲的“譙”字見於《詩·豳風·鴟鴞》四章：“予羽譙譙，予尾翛翛。”孔廣森“譙翛”相協，歸幽部。段、江二氏却認爲是幽、宵通韻，但怎麽個通法，意見不一致。段氏認爲“譙”屬幽部，“翛”乃“消”字之誤。這樣，全章“譙消翹摇嘵”相協（幽宵通韻）。江有誥的通法是：“翛”从“攸”聲，古屬幽部，“譙翹摇嘵”歸宵部。但江氏又作了一點保留，“翛”字若依注疏作“消”字，則在本部，此章就不存在通韻的問題了。江氏的意見是可取的。嚴可均

還把“雔”聲“焦”聲混而爲一。他說“焦”从“火”“雥”聲，“雥”與“雔”，讀若“疇”。“雔”在《廣韻》十八尤，“焦”在四宵。即使主張“焦”聲歸幽的段、孔、朱，也是將“焦”聲“雔”聲加以分開的。

按《說文·雥部》認爲“雧”是“从雥，从木”的會意字，對於集、雥、焦的音義關係，劉釗（2018:109-112）已有詳細解說。雥、焦、雔古音接近。《說文·火部》：“爨，火所傷也。从火，雥聲。焦，或省。”段玉裁注：“今以許書焦字从雥聲訂之，則知雥之古音讀如揫、如椒，雧者會意字，非用雥聲。後人昧其本音，乃以襍字之反語爲雥之反語，非也。”又《說文·隹部》：“雥，羣鳥也。”宋育仁《說文部首箋正》：“雥，古文襍字，鳥群則躁，其聲嘈雜。”以“雥”爲“嘈雜”之“雜”的本字，音徂合切。因此，從音義上看，精母緝部的“帀”也即从母幽部的“樵”，這是非常典型的幽緝侵通轉關係。

又《說文·言部》：“訬，訬擾也。一曰訬獪。从言，少聲。讀若毚。”王筠《說文解字句讀》：“顧亭林曰：‘毚當作㲋。’桂氏曰：‘當云讀若狡毚。本書：毚，狡兔也。《廣雅》：‘毚，獪也。’’故段玉裁從顧炎武說改爲“讀若㲋”，其說不確。“訬”爲初母宵部字，“毚”爲崇母談部字，則是典型的宵談通轉關係。《說文·㲋部》：“㲋，獸也。似兔青色而大，象形。頭與兔同，足與鹿同。”“㲋”爲徹母藥部字。又《說文·㲋部》：“毚，狡兔也。兔之駿者。从㲋、兔。”《說文》以“毚”爲从“㲋”的會意字。而《玉篇·木部》：“欃，仕杉切。木蘭也。又楚咸切。《爾雅》云：‘彗星爲欃槍。’又鋭也。梟，同上。《說文》音訨，落也。與籜同。”視欃、梟爲同字，顯以“㲋”“毚”爲聲符替換之例。則“毚”字亦應分析爲“从兔，㲋聲”方是。藥部爲宵部之對轉，其與談部的通轉關係猶藥部之“雀”與緝部之“雥”“雜”同源關係也①。

小徐本《說文·木部》：“樵，散也。从木，焦聲。”而徐鍇《說文解字繫傳》則作：“樵，散木也。從木，焦聲。臣鍇曰：散木不入于用也。《莊子》曰：‘樗，散材也。’”桂馥《說文解字義證》卷十六則云：

> “散木也”者，《廣韻》引作“木也”，《一切經音義》十五引云“木也。亦薪也”。《五經文字》：“樵，木也。一曰薪。”《華嚴經音義》：“樵，薪也。”本書：“柴，小木散材。”《莊子》：“樗，散材也。”謂木之不入用者也。既不入用，惟堪作薪焚燒耳。桓七年《公羊傳》：“焚之者何？樵之也。”因謂采薪者爲樵。桓十二年《左傳》：“請無扞采樵者以誘之。”昭六年《傳》：“禁芻牧採樵不入田。”又云：“不樵樹。”《史記》：“樵蘇後爨。”注云：“樵，取薪。蘇，取草。”《梁書·阮孝緒傳》：“家貧無以爨，僮妾竊鄰

①此承孟蓬生教授提示，謹致謝忱。

人樵以繼火。”《通鑒》：“劉世龍獻策李淵，請伐六街及苑中樹爲樵。”

姚文田、嚴可均《說文校議》亦同：“《一切經音義》卷十五引作：‘樵，木也。亦薪也。’《華嚴音義》卷十三引作：‘薪也。’按《釋木》《釋文》引《字林》亦云：‘薪也。’”《左傳》桓公十二年：“請無扞采樵者以誘之。”杜預注：“樵，薪也。”《詩·小雅·白華》：“樵彼桑薪，卬烘于煁。”

“帀”甲骨文作（《合集》26845）、（《合集》27894），金文作（帀鼎，《銘圖》1711）、（師寰簋，《集成》4313–4314）、（鐘伯戛鼎，《集成》2668）等，正象薪樵等雜木之形。“帀”疑爲“樵”之象形初文，“樵”則爲“帀”之後起形聲字，周帀之“帀”乃其假借字義。湖北隨州葉家山西周墓地出土青銅鼎銘一作（帀鼎，《銘圖》1711），一作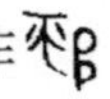（師鼎，《銘圖》1712），明爲一字異體，後者顯即“師”字。甲骨文“師”作“𠂤”，李學勤認爲“師”字是在𠂤旁加上“帀（師）”作爲聲符構成的（李學勤，1981）。則“帀（師）”是後加聲符。《說文》分析“師”爲从帀、从𠂤會意不確。何琳儀則認爲，古文字“帀”均讀“師”，“帀”精母緝部，“師”心母脂部。精、心均屬齒音，大徐反切已由脂部轉入緝部。兹據古文字歸“帀”爲脂部，並以“帀”聲首代替“師”聲首（何琳儀，1998:1280）。但是嚴可均、朱駿聲均認爲“師”从“𠂤”聲（陳復華、何九盈，1987:70），“𠂤”聲嚴可均歸脂部，朱駿聲歸履部。嚴可均、朱駿聲時代脂、微尚未分部，如依二氏之說，“師”从“𠂤”聲實當歸微部。從甲骨文作“𠂤”來看，“師”最早就應是微部字。微部、緝部古音接近。“帀”與“師”的通用關係其實不過是緝部與微部相同元音之下的韻尾交替而已。

王子楊（2013:355–358）認爲“帀”在甲骨卜辭中用爲範圍副詞，訓爲“周遍”之義：

（1a）弜帀饗，叀多尹饗。

（1b）弜帀元簋。

（1b）元簋，叀多尹饗。大吉。（《合集》27894）

但是以“帀”爲範圍副詞，不能直接修飾名詞“元簋”。姚孝遂《甲骨文字詁林》（于省吾，1996:2516）按語以爲卜辭“釋‘帀’可從。《英》337辭云：‘戊午卜，賓貞：叀永帀……’，似用为动词。”所以此處的“帀”似乎也應該讀爲動詞“集”，方才文從字順。

至此，我們已經可以對“燮”“燮”的造字本義進行一番徹底的解讀了。“燮”字初文，《說文》分析不妥。按甲骨文、金文字形本義，象手持的熊熊燃燒的火把之形，當即《説文・火部》精母幽部的"燋"字初文。火把的""或省形爲（朿），也即樵薪的"樵"。《公羊傳》桓公七年："焚之者何？樵之也。"何休注："以樵燒之，故因謂之樵之。樵之，齊人語。"則薪樵可用於焚燒助燃。甲骨文、金文"燮""燮"之从"朿"聲者，也是變形音化的結果。《説文》分析"燮"字篆形爲"从又持炎、辛"，未嘗没有讀"辛"爲"薪"之可能。淺人不解，誤增"辛者，物熟味也"入正文，遂致舛訛。

《説文・火部》："燋，所以然（燃）持火也。从火，焦聲。"燋从焦聲，二者可以通假。馬王堆《五十二病方》："令雞、蛇盡燋（焦）。"段玉裁《説文解字注》："持火者，人所持之火也。《禮記・少儀》：'執燭抱燋。'凡執之曰燭，未爇曰燋，燋即燭也。《士喪禮》注曰：'燎，大燋。'大燋即大燭也。大燭樹於地，燭則執於手。人所持之火，以燋然之。燋者，苣爲之，卜之用燋，其一耑（端）也。《士喪禮》：'楚焞置於燋，在龜東。'注云：'荆焞，所以鑽灼龜者。燋，炬也，所以然火者也。'《周禮・菙氏》：'凡卜以明火爇燋，遂吹其焌契，以授卜師。'杜子春云：'明火，以陽燧取火於日也。'按：以苣然契，契即楚焞。以楚焞灼龜而作其兆，是卜之次第也。"王筠《説文句讀》："蓋鑽燧出火，必有燋以傳之于薪，蓋如今之火寸，以粲稭蘸石流黄作之者。"《玉篇・火部》："燋，炬火也，所以然火也。"《周禮・春官・菙氏》："（菙氏）掌共燋契，以待卜事。"孫詒讓《正義》："凡灼龜，先用燋取火，而後以契就燋然之，乃以灼龜。"《儀禮・士喪禮》"燭俟於饌東"，鄭玄注："燭，燋也。……火在地曰燎，執之曰燭。"又《儀禮・士喪禮》："楚焞置於燋，在龜東。"鄭玄注："荆焞，所以鑽灼龜者。燋，炬也，所以然火者也。"其實"灼龜"之"燋"即《説文・火部》的"𤋏"字："𤋏，灼龜不兆也，从火、从龜。《春秋傳》曰：龜𤋏不兆。讀若焦。"對於"灼龜"的過程，陳夢家（1956:12）概括説：

> 據《周禮》，作龜所用之火有二：一是有火焰的然火，即菙氏所掌"凡卜以明火爇燋"，其材料爲燋，即薪樵；一是硬木枝，放在然火上燒之吹之使成熾炭而後直接灼之於甲之鑽處，即菙氏所掌"遂吹其焌契"的焌契。契即《爾雅・釋木》"楔，荆桃"之楔，亦即鄭玄注"以契柱燋火而吹之也"的契柱，亦即《士喪禮》"楚焞置於燋，在龜東"的楚焞，亦即《禮・三正記》"灼龜以荆"、《白虎通》"以荆火灼之"、《龜策列傳》"荆支卜之""灼以荆若剛木""荆灼而心"的荆，或"荆支（枝）"或剛木，《索隱》云"按古之灼龜，取生荆枝及生堅木燒之，斬斷以灼龜"。

依陳夢家説，則"燮"之、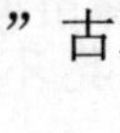二形，或即堅木與荆枝之别也，並當爲"燋"之本字。因此，我們認爲"燮""燋"古本一字，後世易象形字爲形聲字耳。"燋"从

“焦”聲，“焦”从“雥”（从母緝部）聲，與“集”音近。

“燋”古通“爝”。《集韻·藥韻》：“爝、燋、焳、爠，火炬。或作燋、焳、爠。”即約切。《莊子·逍遥游》：“日月出矣，而爝火不息；其於光也，不亦難乎！”成玄英疏：“爝火，猶炬火也，亦小火也。”《釋文》：“‘爝’本亦作‘燋’。一云：燋火，謂小火也。”清朱珔《説文叚借義證》：“‘爝’爲‘燋’之通借，《集韻》以爲一字，非。”按《説文·火部》：“爝，苣火袚也。从火，爵聲。”段玉裁注：“苣，束葦燒之也。袚，除惡之祭也。”又《玉篇·火部》：“爝，炬火也。”“炬”爲“苣”之俗字。《説文》：“苣，束葦燒。从艸，巨聲。”徐鉉注：“今俗别作炬，非是。”段玉裁注：“《後漢書·皇甫嵩傳》：‘束苣乘城。’俗作炬。以此爲苣藤、萵苣字。”“爝”是精母藥部字，與精母幽部之“燋”字同源。《吕氏春秋·本味》：“湯得伊尹，袚之於廟，爝以爟火，釁以犧猳。”又《續漢書·禮儀志中》：

先臘一日，大儺，謂之逐疫。其儀：……因作方相與十二獸儛。嚾呼，周徧前後省三過，持炬火，送疫出端門；門外騶騎傳炬出宫，司馬闕門門外五營騎士傳火棄雒水中。

明曹學佺《蜀中廣記》卷三十六《邊防記第六·下川南道》記當地習俗：“六月二十四日，通夕以高竿縛火炬照天，小兒各持松明火相燒爲戲，謂之驅禳。”即古代燃燒火炬以袚惡逐疫禮俗之遺留。

按照古書記載，“燋”是專用於取火或引火的一類火炬，一般是用葦束蘸上松脂、油膏和硫磺等易燃物質，類似後代的“發燭”或“火寸”。因此甲骨文字形有的甚至多達五個火苗，特别强調其火焰熊熊的引火一面。

至於“燮”在古文字中的用法，則衆説不一。兹先列舉有關材料如下：

（1）癸亥卜，史貞：旬亡𡆥（憂）？一日，甲子夕燮，大爯，至于相☒。（《合集》18793）

（2）癸亥卜，兄貞：旬亡☒。夕燮，大爯☒。（《合集》26631）

（3）□□卜：方同燮。（《合集》28019）

（4）秦公鎛（《集成》270）：咸畜百辟胤士，盞盞文武，鍓静不廷，柔燮百邦。

（5）燮簋（《集成》4046）：王令燮在市、旅，對揚王休。

（6）曾白霥匿（《集成》4631、4632）：曾白霥哲聖元武，元武孔黹。克狄淮夷，印燮繁湯，金道錫行。

（7）晋公盞（《集成》10342）：我皇且唐公，膺受大命，左右武王。龢燮百緣（蠻），廣嗣四方。至于大廷，莫不來王。……敢帥井先王，秉德孂孂，咔燮萬邦。

（8）子犯編鐘（《銘圖》15200）：燮諸侯，得朝王。

（9）曾侯與編鐘（《銘圖續編》1029）：吾用燮謞（驕）楚（蔣偉男，2017）。……伐武之表，懷燮四旁（方）（凡國棟，2014）。

（10）倗戟（《銘圖》17355）：用燮厥不廷。①

（11）清華簡一《耆夜》5-6：克燮仇讎。

（12）清華簡一《説命中》2-3：故我先王滅夏、燮强，翦蠢邦。

（13）清華簡三《芮良夫毖》13：畏（威）燮方讎。

（14）清華簡三《芮良夫毖》14：燮仇啓國。

（15）清華簡九《治政之道》8：夫遠人之燮服於我。

（16）清華簡十《四告》28：燮鄣（懿）朕心。

于省吾（2009:286-287）釋曰：

其言夕燮或夕曌者，亦均爲不吉之義，燮應讀爲溼。《方言》一：“溼，憂也。……陳楚或曰溼。……自關而西、秦晉之間或曰惄，或曰溼。自關而西、秦晉之間凡志而不得、欲而不獲、高而有墜、得而中亡謂之溼，或謂之惄。”注：“溼者，失意潛沮之名。”錢繹《箋疏》云：“溼訓爲幽溼，故聲之卑小者謂之溼，情性之鄙陋者謂之溼，行誼之污下者、意念之潛沮者，皆謂之溼，其義一也。”按錢繹釋溼憂之義，至爲明確。《廣雅·釋詁》：“溼，憂也。”王念孫《疏證》云：“《荀子·不苟篇》‘小人通則驕而偏，窮則弃而儑’楊倞注云：‘儑當爲濕。’引《方言》：‘濕，憂也。’濕與溼通。”按：王説是也。契文言夕燮即夕溼，謂夕有憂患也。其言“大爯至於相者”，相地名，言某方來侵大舉至於相也。

朱歧祥（2013:487）説法又有不同：

《通釋稿》：“象手持火杖之形，示光亮意，即燮字。《説文》：‘大熟也。从又持炎、辛。辛者，物熟味也。’段作燮，和也。卜辭習言夕燮，即貞問該晚祥和無事否之意。”

魯實先（2015:222）則據金文以爲：

《曾白霥簠》云：“印燮鄒、湯”，“印”讀如“抑”，義謂鎮抑和輯鄒、

①或以“戟”爲“戈”。參見河南省文物考古研究所等：《淅川下寺春秋楚墓》，文物出版社，1991年，第187頁圖一四〇·3、第188頁圖一四一·4。陶亮《新命楚王戈相關問題考》（《中原文物》第4期，2016年）稱爲“新命楚王戈”，據照片在銘文後加“厥”字，玆從之。

湯二邑也。若夫《大雅·大明》云“燮伐大商”，又云“肆伐大商”，“燮”“肆”並爲“殺”之雙聲借字（三字古音同屬心紐），“燮伐”“肆伐”，義皆如《太誓》之“殺伐”。《詩》傳訓燮爲和，訓肆爲疾，是皆悖於詩義矣。

方述鑫等（1993:755）認爲“燮”字用法有三種：1.“夕燮”，祭名。2.和，調和，諧和。《晉公𥂴》：“䛨燮萬邦。”3.人名。《燮簋》：“王令燮在市、旂。”

張世超等（1996:2440-2441）認爲“燮”字用法有三種：1.協調，和也。《晉公𥂴》：“䛨燮萬邦。”《書·顧命》：“燮和天下。”2.征伐。《曾白𩁹簠》：“克狄淮夷，印燮繁湯。”郭沫若曰：“此簠與《晉姜鼎》同時，彼云：‘征繁湯原’，此云‘印燮繁湯’，蓋晉人與曾同伐淮夷也。”（《大系考釋》186頁）《詩·大雅·大明》：“燮伐大商。”3.人名。

張亞初（2014:1509-1510）也指出“燮”字在古文字中的用法有四種：1.殷卜辭燮訓和，春秋《秦公鐘》“柔燮百邦”，“柔燮”即和燮，重文迭義。《尚書·顧命》：“燮和天下。”“燮和”義同“柔燮”。或以爲卜辭之“燮”是祭名。2.春秋時《曾伯簠》：“抑燮繁湯。”“燮”也訓和，“抑燮”義同平定。3.西周時《燮簋》：“王令燮在市、旂。”“燮”是人名。西周時的《燮卣》僅銘一字，是人名或族氏名。4.戰國古璽文“燮王梁”，“燮”是姓氏名。

陳初生（2004:912）把“燮”字用法分爲兩種：1.治理。《曾伯𩁹簠》：“克狄淮夷，印燮繁、湯。”《詩·大雅·大明》：“燮伐大商。”馬瑞辰謂“燮伐”即“襲伐”之假借。“印燮繁、湯”即“抑襲繁、湯”。2.人名。《燮簋》：“王令燮在市、旂。”

按馬瑞辰《毛詩傳箋通釋》認爲《詩·大雅·大明》“燮伐大商”之“燮伐”即“襲伐”：

> 燮與襲雙聲，燮伐即襲伐之假借。猶《淮南子·天文篇》“而天地襲矣”，高注：“襲，和也。”“襲”即“燮”字之借也。《春秋左氏傳》曰：“有鐘鼓曰伐，無曰襲。”《公羊》僖三十三年何休注：“輕行疾至，不戒以入，曰襲。”《周書·文傳解》引《開望》曰：“土廣無守可襲伐。”“伐”與“襲”對文則異，散文則通。《風俗通·皇霸篇》引下章“肆伐大商”作“襲伐”。竊謂“襲伐”本此章“燮伐”之異文，《三家詩》蓋有用本字作“襲伐”者，應劭偶誤記爲下章文耳。“燮伐”與“肆伐”義相成，“襲伐”言其密，“肆伐”言其疾也。據《公羊》注以“襲”爲“輕行疾至”，則“襲伐”與“肆伐”義亦相近。傳、箋並訓“燮”爲“和”，失之。

李平心（1979:57；1983:257-258）也認爲金文“燮伐”即“襲伐”：

> “印燮”與“克狄”對舉，義訓相近，印當讀爲膺，燮當訓爲征。《晉

姜鼎銘》云：“卑（俾）串通弘，征繁湯原。”可爲明證。以此爲例，《詩・大雅・大明》“燮伐大商”，與下文的“肆伐大商”義實相類；“肆”當訓殺。《風俗通・皇霸篇》引《詩》“燮伐”作“襲伐”，正是燮訓征的佳證。

曹錦炎（2014:72）認爲：

> 按“燮”字過去一般訓爲“和”，義爲調和、協和，此處“懷燮”連言，義同“安撫”亦講得通。但是，此句是承接上文“伐武之表”而言，則用舊訓未必曰是。……近年李家浩先生利用青銅器銘文資料，進一步論證“燮”字確實可以讀爲“襲”，義同“征”（李家浩，2008:12–13；2013:13–14）。如此，本銘則亦或可讀“燮”爲“襲”。

白於藍（2017:927–928）則據楚簡文例按曰：

> “燮”似當讀作“襲”。《白虎通義・誅伐》：“襲者何謂也？行不假途，掩人不備也。”《呂氏春秋・悔過》：“昔秦穆公興師以襲鄭。”高誘注：“不鳴鐘鼓密聲曰襲。”《公羊傳・僖公三十三年》：“秦伯將襲鄭。”何休注：“輕行疾至，不戒以入曰襲。”

我們前面已經分析説“燮”或从“帀”聲，而“帀”“集”通用。古書“集”“襲”相通。《史記・陳丞相世家》：“誠各去其兩短，襲其兩長，天下指麾則定矣。”《漢書・陳平傳》“襲”作“集”。因此，心母緝部的“燮”讀爲邪母緝部的“襲”是没有任何問題的。

至於卜辭中“燮”的用法，似亦當讀爲“襲”。例（1）、（2）的“夕燮，大爯”，“爯”通“稱”，訓舉，卜辭謂晚上有襲擊，大舉出兵。例（3）《合集》28019的“方同燮”也應讀爲“方同襲”，謂一同襲擊。

至於金文與楚簡中的用法，則主要有三種。一是人名，有關辭例暫且不論。二是訓爲和，如例（4）秦公鎛“柔燮百邦”，例（7）晉公盞“龢燮百蠻”“咭燮萬邦”，例（8）子犯編鐘“燮諸侯”，例（9）曾侯與編鐘“懷燮四旁（方）”，例（15）清華簡《治政之道》“夫遠人之燮服於我”，例（16）《四告》“燮鄮（懿）朕心”等，應該都是燮和的意思。三是訓爲“襲”，例（6）曾伯霥匿“印（抑）燮繁湯”，例（10）倗戟“用燮厥不廷”，例（11）清華簡《耆夜》“克燮仇讎”，例（12）《説命中》“燮强”，例（13）、（14）《芮良夫毖》“威燮方讎”“燮仇啓國”等，均應讀爲襲擊之“襲”。至於“燮，大熟也”的古訓，則在出土文獻中没有發現任何蛛絲馬迹。

綜上所述，本文借鑒清華簡等新的出土文獻，對於“燮”“燮”的造字本義進行了重新分析，認爲該字初文本象手持的熊熊燃燒的火把之形，爲“燋”字的初文，本指引火之火炬（“燋”作動詞用時意指用火炬點火）。或變形音化爲从“市”聲，“市”爲“樵”之本字，則爲象形兼形聲。由於“燮”字本義原指引火之“燋”，表示手持義的“又”是附加構形，故在古文字中常可省略。而清華簡或作“燮”，則爲象形初文演變，而省略了聲符“市”。隨着語音演變和文字分化，“燋”行而“燮”廢矣。出土文獻中用爲“燮（和）”“襲”者均應爲“燮/燋”字的假借用法，由於後人未睹造字初文，日久天長，“燮”字的本義漸泯。端賴地不愛寶，使得“燮”“燮”古義方才得以重見天日。

附記：初稿承孟蓬生教授指正，謹致謝忱。

參考文獻：

白於藍　2017　《簡帛古書通假字大系》，福建人民出版社。
曹錦炎　2014　《曾侯殘鐘銘文考釋》，《江漢考古》第4期。
陳初生　2004　《金文常用字典》（修訂本），陝西人民出版社。
陳復華　何九盈　1987　《古韻通曉》，中國社會科學出版社。
陳夢家　1956　《殷虛卜辭綜述》，科學出版社。
凡國棟　2014　《曾侯與編鐘銘文柬釋》，《江漢考古》第4期。
方述鑫等　1993　《甲骨金文字典》，巴蜀書社。
方向東　2007　《〈大戴禮記〉歷代校釋辨誤》，《古文獻研究集刊》（第一輯），鳳凰出版社。
何琳儀　1998　《戰國古文字典》，中華書局。
河南省文物考古研究所等　1991　《淅川下寺春秋楚墓》，文物出版社。
黄德寬（主編）　2007　《古文字譜系疏證》，商務印書館。
黄德寬（主編）　2020　《清華大學藏戰國竹簡（拾）》，中西書局。
蔣偉男　2017　《曾侯與鐘銘“用燮驕楚”臆解》，《淮南師範學院學報》第1期。
李家浩　2008　《説“貎不廷方”》，《古文字學論稿》，安徽大學出版社。
李家浩　2013　《安徽大學漢語言文字研究叢書·李家浩卷》，安徽大學出版社。
李平心　1979　《〈保卣銘〉新釋》，《中華文史論叢》第1輯。
李平心　1983　《李平心史論集》，人民出版社。
李　圃（主編）　2001　《古文字詁林》第3册，上海教育出版社。
李　圃（主編）　2003　《古文字詁林》第6册，上海教育出版社。
李學勤　1981　《論多友鼎的時代及其意義》，《人文雜志》第6期。
李學勤（主編）　2010　《清華大學藏戰國竹簡（壹）》，中西書局。
李學勤（主編）　2011　《清華大學藏戰國竹簡（貳）》，中西書局。
李宗焜　2012　《甲骨文字編》，中華書局。
林義光　2012　《文源》，中西書局。
劉　釗　2018　《“集”字的形音義》，《中國語文》第1期。
劉　釗（主編）　2014　《新甲骨文編》（增訂本），福建人民出版社。
魯實先（著）　王永誠（注）　2015　《文字析義注》下册，台灣商務印書館。

宋鎮豪　段志洪（主編）　2001　《甲骨文獻集成》第7册，四川大學出版社。
陶　亮　2016　《新命楚王戈相關問題考》，《中原文物》第4期。
王恩田　1996　《釋𠂤（自）、𠂤（官）、帀（師）》，《于省吾教授百年誕辰紀念文集》，吉林大學出版社。
王恩田　1997　《釋𠂤（自）、𠂤（官）、帀（師）補證》，《第三屆國際中國古文字學研討會論文集》，問學社有限公司。
王國維　1983　《史籀篇疏證》，《王國維遺書》第6册，上海書店據商務印書館1940年版影印。
王蘊智（主編）　2017　《甲骨文可釋字形總表》上册，河南美術出版社。
王子楊　2013　《甲骨文字形類組差異現象研究》，中西書局。
夏大兆（編著）　2017　《商代文字字形表》，上海古籍出版社。
徐在國　2006　《傳抄古文字編》，綫裝書局。
于省吾　1979　《甲骨文字釋林》，中華書局。
于省吾（主編）　1996　《甲骨文字詁林》，中華書局。
于省吾　2009　《釋燮》，《雙劍誃殷契駢枝•雙劍誃殷契駢枝續編•雙劍誃殷契駢枝三編》，中華書局。
張世超等　1996　《金文形義通解》，中文出版社。
張亞初　2014　《商周古文字源流疏證》，中華書局。
張政烺　1981　《秦律"集人"音義》，《雲夢秦簡研究》，中華書局。
周法高等　1974　《金文詁林》，香港中文大學。
朱歧祥（編撰）　2013　《甲骨文詞譜》第2册，台灣里仁書局。

Supplementary Notes on the Characters of "燮" and "燮"

Wang Zhiping

Abstract: The following two characters "燮" which means "concord" and "燮" which means "well heated", are always regarded as the same derives and their forms, sound and meanings are analyzed with divergent way. This paper reminds the origins of the characters, reanalyzes the oldest form, sound and meaning within the period of words' invention, and recognizes that the earliest paleography of "燮" and "燮" imitates the form of holding a torch, which is actually the derivation of the character of "燋" found in "Shuowen" text. The other derivatives contain the phonetic component "帀",which is actually the derivation and then the substitution of the character of "㸌". As the form and sound change, the character "燋" has substituted the character "燮". The reading such as the "燮" or "襲" found in excavated texts is in fact the using of the loan character of the word of "燮/燋", the meaning of the word of "燮" has lost its original derivation within the period of words' invention, and at last the timing of unearthed texts recovers the origins of the characters of "燮" and "燮".

Key words: the character of "燮"; the character of "燮"; the character of "燋"; the original derivation within the period of words' invention.

（王志平，中國社會科學院語言研究所　北京　100732）

《出土文獻綜合研究集刊》稿約

（2021年啓用）

《出土文獻綜合研究集刊》是由西南大學出土文獻綜合研究中心、漢語言文獻研究所主辦的學術刊物，旨在探賾索隱，推陳出新，宏揚原創，發表海内外有關出土文獻語言研究、文字研究、文獻研究等方面的學術論文和學術評論。本刊2012年开始籌辦，2014年正式創刊（半年刊），由巴蜀書社出版，現爲中文社會科學引文索引（CSSCI）收録集刊和人大複印資料來源刊物，並已收入中國知網和維普中文期刊服務平臺。

一、注意事項

（一）來稿若不屬本刊範疇，或經查證一稿多投，將直接作退稿處理。

（二）來稿字數以不超過3萬字爲宜，請按本刊规定格式用繁體字（一律使用新字形）排印，全文1.25倍行距。

（三）來稿請寄Word和PDF格式各一份至本刊編輯部電子郵箱，並以“《題目》、作者、（單位）、投稿日期（如《×××××》張三××大學20210609）”格式命名的附件發送。來稿切勿投寄個人，以免延誤審稿進度。

（四）來稿若用到特殊字體，請用附件形式把相應的字體文件發送過來；若用到自造字、圖表或其他特殊形式，請做成圖像文件發送過來；將Word文件轉換成PDF文件時，請確認來稿内容（尤其是自造字和生僻字）可以在PDF文件中正確顯示。

（五）來稿引文務請核對原文，確保準確無誤。

二、稿件格式

來稿請按16開（18.4cm×26cm）、每頁34（行）×36（字）排印。稿件内容請按如下順序撰寫：題目、作者、摘要、關鍵詞、正文、（徵引書目）、參考文獻、題目（英文）、作者（英文）、摘要（英文）、關鍵詞（英文）。作者簡介與聯繫方式請另附文檔。

（一）題目、作者、摘要、關鍵詞

來稿的中文題目限20字以内，摘要限300字以内，關鍵詞一般在3至6個。題目字體與字號爲宋體三號加粗（副標題宋體小三號），作者姓名爲仿宋體四號。“摘要”“關鍵詞”爲黑體小五號，摘要、關鍵詞的内容爲宋體小五號（左右縮進2個字符，並且首行縮進2個字符）。

題目、作者、摘要、關鍵詞的英文置於參考文獻後，字體爲Times New Roman。英文題目字號爲小四號加粗，其餘内容字號均爲小五號。英文題目與關鍵詞請注意大小寫問題。

（二）題注

來稿若有所關涉的項目及需要向有關人員表示感謝等，應以“*”題注的形式標在稿件正文首頁下方，字體與字號爲宋體小五號，左側縮進2個字符，同時括注項目批准編號。

（三）正文

1. 正文文字請用宋體11號。

2. 正文中標題編排格式爲：一級小標題用“一”（居中、黑體四號）；二級小標題用“（一）”（左側縮進2個字符，宋體11號加粗）；三級小標題用“1. ……”（左側縮進2個字符，宋體11號）。

3. 正文中徵引的文獻例句用楷體11號（左右縮進2個字符，並且首行縮進2個字符），可於句後括注出處；例句如需排列，請采用（1）（2）（3）……的形式連續編號。例如：

（1）牧隻羌。(《甲骨文合集》39490/《合集》39490)

（2）韋橐，大、小十。(《敦煌漢簡》1147)

（3）躍躍毚兔，遇犬獲之。(《詩經·小雅·巧言》)

引文獨立成段時格式如下：

《風俗通義·過譽》有下面這樣的話：

孔子稱：“可寄百里之命，託六尺之孤，臨大節而不可奪。”相於之義，具於此矣。

4. 正文中涉及公元世紀、年代、年、月、日、時刻和計數等，均使用阿拉伯數字。

5. 正文中的圖片一定要清晰（不低於300dpi），達到出版標準；自造字或表外字一律采用圖片格式插入正文（不使用編碼方式造字），未經隸定的原形圖片字應儘量脱去底色。

6. 正文中圖片、表格如超過一個，請分别用“圖1”“圖2”……及“表1”“表2”……的形式標明序號。表格若跨頁，續表加排表頭，同時要標注“續表”

二字。圖表内文字一律用宋體小五號，圖片名位於圖片下端並居中；表格名位於表格上端，齊表頭。

7. 正文中引述文獻標注順序爲：作者（編者）、發表年份、（頁碼），作者（編者）與發表年份中間加逗號，發表年份與頁碼中間加“:”號，外加圓括號。例如：（朱德熙，1986）；（裘錫圭，2013:32）。參看文獻格式爲：參看、作者（編者）、發表年份、（頁碼），作者（編者）與發表年份中間加逗號，發表年份與頁碼中間加“:”號，外加圓括號。例如：（參看裘錫圭，1992）；（參看李學勤，1995:78）。

如果引述或參看文獻不止一個，中間用分號隔開。例如：（參看朱德熙，1982；裘錫圭，2013:69）。正文中已出現作者姓名時，可在其後括注發表年份。例如：朱德熙（1986）指出；李學勤（1998:75）認爲；可參看裘錫圭（1992）。

8. 注釋

正文中的説明性注釋均采用當頁脚注（左側縮進2個字符，宋體小五號），每頁重新編號，注碼采用①②③……的形式。僅是參考或引述的文獻等内容一般不作爲注釋出現。

（四）參考文獻

排在正文後，空一行。“參考文獻”黑體小五號，頂格。所引文獻、書目等宋體小五號，另起一行，頂格，回行空7個字符。參考文獻格式爲：

1. 期刊、輯刊或論文集中的文章書寫順序爲：作者或編者（2人以上，中間空1個字符）、出版年份（前後各空1個字符）、文題（加書名號）、（編者名）、刊名或論文集名（加書名號）、（出版社）、期數、（頁碼）。例如：

喻遂生　2002　《甲骨文單個祭祀動詞句的轉换和衍生》，《語言研究》第2期。
裘錫圭　1983　《戰國璽印文字考釋三篇》，《古文字研究》（第10輯），中華書局。
李學勤　2016　《清華簡的文獻特色與學術價值》，姚小鷗（主編）《清華簡與先秦經學文獻研究》，生活·讀書·新知三聯書店。

2. 學位論文書寫順序爲：作者（2人以上，中間空1個字符）、出版年份（前後各空1個字符）、文題（加書名號）、學位授予機構及學位論文類型。例如：

陳　劍　2001　《殷墟卜辭的分期分類對甲骨文字考釋的重要性》，北京大學博士學位論文。

3. 專著書寫順序爲：作者或編者（2人以上，中間空1個字符）、出版年份、書名（加書名號）、有關章節的編號、出版社。例如：

張顯成　2004　《簡帛文獻學通論》，中華書局。
馬承源（主編）　2001　《上海博物館藏戰國楚竹書（一）》，上海古籍出版社。
太田辰夫　2003　《中國語歷史文法》（修訂譯本），蔣紹愚、徐昌華譯，北京大學出版社。

4. 報紙上的文章書寫順序爲：作者（2人以上，中間空1個字符）、出版年份（前後各空1個字符）、文題（加書名號）、報紙名（加書名號）、日期。例如：

黃德寬　2017　《漢語史研究要避免落入新材料的陷阱》，《文匯報》2月3日。

5. 外文參考文獻等書寫順序同中文。文章、書名排斜體。例如：

鷹取祐司　2017　《肩水金関遺址出土の通行証》，鷹取祐司編《古代中世東アジアの関所と交通制度》，汲古書院。

William H. Baxter, Laurent Sagart　2014　*Old Chinese: A New Reconstruction*, New York: Oxford University Press.

6. 其他。

非正式出版的論著或非紙質媒體發表的論著，可以當頁脚注的形式注明。

同一作者（編者）如有數條文獻的，逐條分行排列，按文章发表年份顺序排列。作者（編者）在三人以上時，可在第一作者（編者）後加“等”字。

中文目録的編排順序以作者（編者）姓氏的音序排列；譯著按中文目録格式寫。外文目録一律排在中文目録後，順序先日文（文獻順序按作者姓氏中文讀音排序）後西文。

（五）作者簡介與聯繫方式

宋體五號。作者簡介包括：作者姓名、出生年月、籍貫、單位、職稱、學位、研究方向等。作者聯繫方式包括：通訊地址、郵政編碼、電子郵箱、聯繫電話等。

三、來稿處理

（一）本刊采用雙向匿名審稿制度。編輯部一般在收到來稿後三個月内將審稿結果通過電子郵件告知作者。若編輯部未能如期處理稿件，作者可在三個月後來信咨詢。若需撤稿，請及時告知編輯部。

（二）本刊不向作者收取版面費、審稿費等。稿件一經發表，本刊將贈送樣書兩册並支付薄酬。

四、聯繫方式

通訊地址：重慶市北碚區天生路2號西南大學漢語言文獻研究所《出土文獻綜合研究集刊》編輯部（400715）

電子郵箱：ctwxzhyj@163.com

聯繫電話：023-68252385

圖書在版編目（CIP）數據

出土文獻綜合研究集刊. 第十三輯/西南大學出土文獻綜合研究中心、西南大學漢語言文獻研究所主辦. —成都：巴蜀書社，2021.12

ISBN 978-7-5531-1550-4

Ⅰ.①出… Ⅱ.①西…②西… Ⅲ.①出土文物－文獻－研究－中國－叢刊 Ⅳ.①K877.04-55

中國版本圖書館CIP數據核字(2021)第202490號

出土文獻綜合研究集刊（第十三輯）

CHUTU WENXIAN ZONGHE YANJIU JIKAN

西南大學出土文獻綜合研究中心
西南大學漢語言文獻研究所 主辦

責任編輯	周昱岐
封面設計	冀帥吉
出　　版	巴蜀書社
	成都市槐樹街2號　郵編 610031
	總編室電話（028）86259397
網　　址	www.bsbook.com
發　　行	巴蜀書社
	發行科電話（028）86259422　86259423
經　　銷	新華書店
印　　刷	成都蜀通印務有限責任公司
	電話（028）64715762
版　　次	2021年12月第1版
印　　次	2021年12月第1次印刷
成品尺寸	260mmx185mm
印　　張	11.75
字　　數	230千
書　　號	ISBN 978-7-5531-1550-4
定　　價	70.00圓